『ドイツ・イデオロギー』の研究

初期マルクスのオリジナリティ

渡辺憲正 著

桜井書店

序

　本書で私が目指したのは，初期マルクス論の新規開拓，あるいは「カール・マルクス問題」解決への寄与である。

　初期マルクスは，今日それほどの関心をもたれないテーマであろう。社会主義体制が崩壊し，「もはやオルターナティヴは存在しない」と叫ばれたにもかかわらず，なぜ初期マルクスなのか。たしかに，1990年代に40億人規模の市場経済が成立して以後，資本主義体制もまた――地球温暖化などのエコロジー危機と同時に――地球的限界に逢着し，「失われた30年」から脱却できず，マルクス『資本論』の資本主義批判が見直される状況も生まれた。しかし，それでも関心は，まず初期マルクスには至らない。こうした状況で，『『ドイツ・イデオロギー』の研究』というタイトルの著作を刊行するには，なにがしかの説明が必要である。では，なぜいま初期マルクスなのか。

　それはひとえに，初期マルクスの達成したオリジナリティによる。マルクスは1843年に試みたヘーゲル法哲学批判を通して土台＝上部構造論を発見し，政治・法律・宗教・道徳・哲学という近代のあらゆる理論――啓蒙主義的な理論構成をもつ近代イデオロギー――に対するトータルな批判にもとづく理論転換を果たした。また市民社会分析によって疎外論と共産主義論という市民社会の内在的変革を指向する独自の理論の基礎を築いた。そしてこれらの成果を歴史全体に拡張することによって唯物論的歴史観（唯物史観）を形成した。ここに，マルクスの果たした近代批判（資本主義批判）と近代イデオロギー批判が明確に示される。これこそ，現在でも生きる初期マルクスのオリジナリティではなかろうか。ところが，それは今日ほとんど忘却されているように見える。この「失われた30年」の苦難――そしてコロナ禍での苦悩――を思い，現存の理論および運動の政治主義的傾向（「公共性」論など）や「第三領域としての市民社会」論などの現実主義を見るにつけ，その感を深くする。マルクスが独自の理論家〈マルクス〉に生成したのは，紛れもなく初期においてのことである。それゆえ初期マルクスの理論生成史はそれ自体として，なお考察すべき価値の高い対象であると考えられるのである。

4

　初期マルクスを論ずるにあたって，さしあたり問題となるのは，基本的に2つある。第1は初期マルクスの理論形成史における「断絶」問題であり，第2は『ドイツ・イデオロギー』(とりわけフォイエルバッハ章)のテキスト問題(オーサーシップ問題)，である。

　第1の問題は，『経哲草稿』と『ドイツ・イデオロギー』とを断絶させる諸解釈(アルチュセール，廣松渉ら)をどう批判的にとらえるか，に帰着する。批判の詳細は本文に譲るほかないとしても，ここで指摘してよいと思われる断絶説の欠陥は，断絶説をとった場合，『経哲草稿』から『ドイツ・イデオロギー』への転換根拠および後者の成立条件が不明確になり，マルクスの理論が天啓として降り立った理論，あるいは天才の直感としてひらめいた理論として「神秘化」され，把握不能になるということである。さらにいえば，断絶説では『ドイツ・イデオロギー』における疎外論が見失われ，私見によれば初期マルクスのオリジナリティが廃棄される。こうした不整合を解消するには，マルクス自身が『経済学批判』序文に示唆するように，『独仏年誌』以来のマルクスの著作・草稿と『ドイツ・イデオロギー』とを接合して把握するほかはない。私が本書で試みる第1の作業は，1843-44年の著作・草稿と『ドイツ・イデオロギー』とを接合し，マルクスの理論およびイデオロギー批判の諸要素の生成過程を解明することである。

　第2の問題は，テキスト編集問題と絡んで，『ドイツ・イデオロギー』のオーサーは誰なのか，という問題である。周知のとおり，『ドイツ・イデオロギー』フォイエルバッハ章の草稿の筆記はほとんどがエンゲルスによるものである。ここから『ドイツ・イデオロギー』における唯物史観成立に関しては，「エンゲルス主導」説，「マルクス＝エンゲルス共同執筆」説，「マルクス口述・エンゲルス筆記」説，などが提唱され，これと関連して，フォイエルバッハ章執筆に関するマルクスとエンゲルスの持分問題などが提起されてきた。結果として看過できないのは，これらによって，『ドイツ・イデオロギー』はマルクスの著作・草稿とは見なされにくくなり，マルクスの理論形成史に「間隙」が生じたということである。『ドイツ・イデオロギー』の研究は，マルクス理論形成史研究から事実上除外されることになった。

　しかし，今日ではオンライン版編集後の成果として「マルクス口述・エンゲ

ルス筆記」説が有力となった。かくて『ドイツ・イデオロギー』をマルクス主
導説に立ってマルクスの著作・草稿としてとらえ，マルクスの理論形成史を文
献的に一貫させて把握することが要請される。私が本書で試みる第2の作業
は，1843-44年の著作・草稿との接合関係を前提に『ドイツ・イデオロギー』
における唯物史観の形成過程や意識形態論／イデオロギー論をマルクスの理論
形成史に組み込むことである。

　私としては，以上の2つの作業にもとづいて初期マルクスのオリジナリティ
を考察し，私なりの初期マルクス論を開拓することによって，かつて問われた
「カール・マルクス問題」の解決に一定の寄与を果たしたいと願う次第である。

　謝辞。私の研究は，故良知力先生をはじめとする先人の研究成果に多くのも
のを負っている。本書ではスペース上研究史に立ち入ることは最小限に抑制し
た。しかし，先行研究に対する敬意と感謝の念を抱いていることに変わりはな
いつもりである。このことを本書刊行にあたり，とくに記しておきたい。

凡　例

1　マルクス／エンゲルスからの引用

1) マルクスからの引用は主に新 MEGA 版（K. Marx/F. Engels *Gesamtausgabe*, Berlin 1975ff.）に拠っている。引用にあたっては，部門，巻数，ページ数の順に，たとえば第 I 部門第 5 巻 60 ページは，I/5：60 と表記する。

2) 新 MEGA 版未刊行の場合のみ，MEW 版（K. Marx/F. Engels *Werke*, Berlin 1956-90.）に拠った。引用にあたっては，巻数，ページ数の順に，たとえば第 2 巻 91 ページは，MEW 2：91 と表記する。

3) 新 MEGA 版 I/5 の区分（cf. I/5：723-727）にしたがって，『ドイツ・イデオロギー』の草稿群を，H^1, H^2, などと区別する（フォイエルバッハ章を構成する主要草稿群 H^5 [Konvolut zu Feuerbach] は，成立事情からさらに H^{5a}, H^{5b}, H^{5c} に細分される）。また新 MEGA 版 I/5：H^5 の「成立と伝承」は，『ドイツ・イデオロギー』の執筆過程を 4 つの階梯に分けて論じており（cf. I/5：832-850），これにしたがって本書も，第 1 階梯（1845.10 末〜11 末）と第 2 階梯（1845.12 末〜）以後を区別して論じる。とくに第 1 階梯に属する H^{5a} 基底稿は，オンライン版『ドイツ・イデオロギー』（URL@ http://online-dif.com/index.html）の Layer 2 左欄（L）にあたるテキストであり，引用にさいしては，マルクスのページ付にしたがって M 13^{2L} などと表記する。

4) 1972年公表の《リスト評注》（K. Marx [1972], Über F. Lists Buch „Das nationale System der politischen Ökonomie", in: *Beiträge zur Geschichte der Arbeiterbewegung*, H. 3.）からの引用は，Marx [1972] 425 などと表記する。

2　参考文献からの引用

1) 以下の文献については，略号を用いて表記する。引用にさいしては，略号，巻数，ページ数の順に，たとえば原典カント全集第 6 巻 314 ページは，KGS6: 314 と表記する。

　　ALZ：„Allgemeine Literatur-Zeitung", hrsg. von Bruno Bauer, Charlottenburg 1843-44.

　　FGW：*L. Feuerbach Gesammelte Werke*, hrsg. von W. Schuffenhauer, Berlin 1967ff.

FBN：*L. Feuerbach in seinem Briefwechsel und Nachlass sowie in seiner Philosophischen Charakterentwicklung*, dargestellt von K. Grün, Leipzig und Heidelberg 1874.

GES：A. Smith, *Glasgow Edition of the Works and Correspondence of A. Smith*, Oxford 1976-83.

HS：*Moses Heß Philosophische Sozialistische Schriften* 1837-1850, herausgegeben und eingeleitet von A. Cornu und W. Mönke, Berlin 1961.〔Einleitung＝コルニュ／メンケ［1972］『モーゼス・ヘスと初期マルクス』未来社〕

HW：G. W. F. Hegel, *Werke in zwanzig Bänden*, Suhrkamp 1969-71.

KGS：I. Kant, *Kant's gesammelte Schriften*, herausgegeben von der Königlich Preußischen Akademie der Wissenschaften, Berlin 1912-1914.

2）一般研究文献その他からの引用については，巻末掲載の「文献一覧」により，著者，刊行年とページ数を示す。

3）ヘーゲル『法哲学』からの引用は，ページ数ではなく，HW 7 #の後に節数を示す。

3　訳文その他

1）外国語文献に関して，翻訳書がある場合には，適宜，＝以下に邦訳ページを示した。ただし，必ずしも訳文は翻訳書にしたがっていない。

2）訳語は一貫性をもたせるようにつとめたが，特例的な場合は個々に注記した。

3）訳語に原語を示す場合は，原著の表記に準じている。

4　括弧記号の扱い

1）括弧記号の扱いは通例にしたがう。ただし，以下の括弧記号はやや特別な扱いをする。

《　》(二重山括弧)：論文名

〈　〉(山括弧)：特別な意味をもつ概念の表示

［　］(角括弧)：引用における補足または原語表示

（　）(丸括弧)：本文中の注記など

2）列挙には，1），2）などの片括弧を，摘要を示す場合は［1］，［2］などを，用いた。

目　次

『ドイツ・イデオロギー』の研究

— 初期マルクスのオリジナリティ —

序論　初期マルクス論によせて

　マルクス／エンゲルスの草稿『ドイツ・イデオロギー』(1845-46) は，長い間アクセスがきわめて困難な文献であった。理由は，およそ3つある。

　第1は，テキスト問題である。執筆から数十年の紆余曲折を経て，草稿の一部をなすフォイエルバッハ章 (リャザーノフ版) がモスクワのマルクス＝エンゲルス研究所によって公刊されたのは，ボリシェヴィキ党内の覇権抗争が開始された1926年であり，草稿全体 (アドラツキー版) が旧MEGA版 I/5 として公刊されたのは，ウクライナ大飢饉の始まる1932年であった。そして戦後，『ドイツ・イデオロギー』のテキストとして刊行された版本は，MEW版 (1958)，バガトゥーリヤ版 (1965)，西ドイツ研究版 (1971)，新MEGA試作版 (1972)，廣松渉版 (1974)，新MEGA先行版 (2004) 等，数種類に及び[1]，近年ようやく，本格的な版本として，新MEGA版 (2017) が刊行され，オンライン版 (2019) が公開された，という次第である[2]。かくてテキスト問題を長期に抱えた事情は，『ドイツ・イデオロギー』を研究から遠ざける結果を生み出した。

　第2は，草稿『ドイツ・イデオロギー』が公刊される前にマルクス主義のドグマ化がはかられ，これによって『ドイツ・イデオロギー』の研究そのものが根本的に制約されたことである。アドラツキー版はまさにマルクス主義のドグマ化をテキスト編集に持ち込み，改竄した版本であり，MEW版はそれを継承することによって，戦後『ドイツ・イデオロギー』がようやく広範な研究対象となり，マルクス主義のドグマ化への批判が起こった段階でも，長期にわたって研究を制約した。

　第3は，『ドイツ・イデオロギー』研究そのものである。テキスト問題の未解決と絡んで提起された編集問題，持分問題 (オーサーシップ問題)，さらには初期マルクスの「断絶」説などの解釈図式によって，『ドイツ・イデオロギ

1）これまでのテキスト編集史に関しては，さしあたり新MEGA版 I/5 編者解題を参照。
2）これ以外に，原典テキストではないものの，独自の版本として，渋谷正版 (1998) がある。

ー』はそれ自体が研究するにはハードルの高い文献となった。もとより『ドイツ・イデオロギー』は，ヘーゲル左派のイデオロギー論争に対する批判であり，それらの論争に通じるだけでも困難がある。しかし，それ以上に，錯綜した解釈を示す諸研究によってアクセスしがたい文献――そもそもオーサーがマルクスなのか否かも判定しがたい文献――に仕立てられ，諸研究は『ドイツ・イデオロギー』においてマルクスが達成した理論の把握を不確定ないし不可能ならしめる結果にも行き着いた。

　今日，第1のテキスト問題は基本的に解決したと見られる。第2の制約も，ドグマ化したマルクス主義が凋落することによって，主要な問題では――なお深甚の反省を要するとはいえ――なくなった。そして第3の研究状況に関しては，新MEGA版刊行／オンライン版公開と最近の研究によって，編集問題，持分問題（オーサーシップ問題）に一定の見通しが与えられた。オンライン版の検証にもとづく大村泉の研究[3]によれば，もっぱらエンゲルス筆記になるフォイエルバッハ章でも，「マルクス口述・エンゲルス筆記」説――マルクス主導説――が確認される。『ドイツ・イデオロギー』に提示された理論を主導的に形成したのはマルクスであったという結論は，初期マルクスの理論形成史に関する私の研究とも合致しており，今日では大村の研究成果に依拠してマルクス主導説をとることができる。ただし，それでも，とくに『ドイツ・イデオロギー』におけるマルクス理論の不確定化，あるいは初期マルクスからの離反，という状況は解消されていない。いまや求められるのは，『ドイツ・イデオロギー』で達成された初期マルクスの理論的オリジナリティを確証することである。

初期マルクスに関する問題設定

　初期マルクスは1843年秋–44年に，旧来の理論構成を根本的に転換することによって独自の理論形成を果たし，それを『ドイツ・イデオロギー』ではじめて定式化した。それは，以後一切の研究に対する「導きの糸」となる礎石をなし，後年いかなる理論彫琢，認識の深化がなされようとも失われることのな

3）大村／渋谷／窪編［2015］，大村編［2018］などを参照。

いオリジナリティを有していた。この意味で初期マルクスはいまなお独自に把握される価値がある。

　初期マルクスの失われることのないオリジナリティは、さしあたり『ドイツ・イデオロギー』を構成する諸要素、すなわち、1）土台＝上部構造論、2）市民社会分析、3）変革理論（共産主義）、4）歴史理論（唯物論的歴史観）の構想、に現れる。これらの要素はいずれも周知の事柄に属するであろうが、にもかかわらず、これらに内在するオリジナリティは、冒頭に記したようないくつかの要因によって曖昧化させられてきた。肝心なのは、旧来の研究と異なり、『ドイツ・イデオロギー』の上記諸要素を新しい脈絡に置いて、それぞれがもつ独自の意味を解明することである。

　新しい脈絡に置くとは、『ドイツ・イデオロギー』の諸要素を、第1に、ヘーゲル法哲学批判以来のマルクスの理論形成史と接合してとらえること、第2に、当時のイデオロギー論争のうちでとらえること、を意味する。

　では第1の脈絡に関して、マルクスはいかにして独自の理論を形成しえたのか。独自の理論形成という学問的業績のオリジナリティを全体として問うこの問題は、「カール・マルクス問題」とも規定され論じられてきた。だが、『ヘーゲル国法論批判』(1843.3-8, 以下『国法論批判』)から『独仏年誌』(1844.2)の2論文──《ユダヤ人問題によせて》と《ヘーゲル法哲学批判序説》(以下《批判序説》)──、『経済学・哲学草稿』(1844.5-8, 以下『経哲草稿』)、《ミル評注》(1844 夏)、『聖家族』(1844.9-11 執筆, 1845.2 刊)を経て、《フォイエルバッハに関するテーゼ》(1845 春, 以下《テーゼ》)、『ドイツ・イデオロギー』に至るマルクス理論の生成過程 [Genesis] は、端的にいえば〈マルクス〉の生成過程は、必ずしもこれらの著作・草稿を十分に接合した上で解明されてこなかった。とりわけ理論形成に「断絶」を設定する研究では、『ドイツ・イデオロギー』は理論的隔絶を強いられ、それがいかにして成立したのかを再構成する前提条件が失われる結果になった[4]。

4）他方、初期マルクスの諸著作・草稿を「断絶」させず理論の生成過程を把握しようとする「連続」説は、必ずしも少なくないとはいえ、「連続」説であれば反対に、〈マルクス〉の生成過程における理論転換がいつ（1844 年以前に）、いかにして起こったのかが問題になるはずであるにもかかわらず、これは解明されてこなかった。

　この事情は今日でも基本的に変わりがない。たとえば新 MEGA 版 I/5『ドイ
ツ・イデオロギー』の編者解題も初期マルクスにある種の「断絶」を設定して，
次のように述べた。──完結した作品である『ドイツ・イデオロギー』は存在
せず，あったのは独自の季刊誌を刊行しようとして編集された草稿群だけであ
る[5]。マルクスとエンゲルスの中心思想および諸概念（唯物史観／変革理論）
の生成は「純粋な理論形成の結果というのではなく，むしろ同時代の諸論争の
枠内で生じた」(I/5：728)。しかも，この場合，「出発点をなしたのは，フォイ
エルバッハとの対決ではなくて，バウアーおよびシュティルナーに対する批判
であった」(ibid.) のであり，とくにシュティルナーとの対決によってマルクス
らの独自の歴史把握はいっそう明確な輪郭を与えられるに至ったのである。

　新 MEGA 版 I/5 編者解題に示されるこの見解は，『ドイツ・イデオロギー』
執筆過程の分析にもとづく判定であるだけに，ある種の説得力がある。しかし，
ここには肝心な考察が欠落しているように見える。それはすなわち，なぜマル
クスらは青年ヘーゲル派を批判できたのか，という，イデオロギー批判の条件
形成がほとんどまったく解明されていないということである。イデオロギー批
判は，何の前提もなしに遂行されるものではない。あるいはイデオロギー論争
のうちで天啓としてマルクスの頭脳に降り立つものでもない。それは，マルク
ス理論の生成過程を前提し，唯物史観／変革理論の生成の結果としてなされる
のであり，その反対ではない（後述）。しかし，新 MEGA 版 I/5 編者解題は，
1845 年以後のイデオロギー批判こそむしろ唯物史観／変革理論の生成の根拠
であるととらえるのである。その要因の 1 つは，『経哲草稿』評価にある。と
いうのは，編者解題は無条件に，「フォイエルバッハ哲学は，マルクスが 1844
年夏に着手し始めた『経済学・哲学草稿』の基礎をなしていた」(I/5：733) と述
べ，『経哲草稿』ではイデオロギーに囚われていたという解釈を示すからであ
る。この解釈を前提すれば，『聖家族』のフォイエルバッハ評価（後述）と合わ
せて，マルクスらにドイツ・イデオロギー批判を為さしめた根拠はシュティル
ナー『唯一者とその所有』刊行以後の論争にあり，唯物史観はこの過程でしか

5）このことは事実として認められてよい。ただし，以下では，通例に倣って，これらの草稿
　群全体を『ドイツ・イデオロギー』と表記する。

生成しないという結論が導かれるのも，1つの必然である。かくて新 MEGA 版 I/5 編者解題でも，『経哲草稿』等と《テーゼ》・『ドイツ・イデオロギー』との間に「断絶」が置かれ，マルクス理論の生成過程の解明は後景に退けられることになった。そして，この場合には，唯物史観の形成はまさに天啓のごとくに，あるいは天才の直感として，語られるほかはない。

　だが他方，周知のように，マルクスは『経済学批判』(1859) 序文に，1843 年の「ヘーゲル法哲学の批判的検討」(II/2：100) によって理論形成の端緒が開かれた過程を記し，そして，草稿『ドイツ・イデオロギー』で措定されたはずの理論の内容を，大略，下記のように定式化した。

　　「人間［各個人］の生産諸関係の総体は社会の経済的構造を形成する。これが現実的土台となり，この土台の上に一個の法律的政治的上部構造がそびえ立ち，そしてこれに特定の社会的意識諸形態が照応する。……社会の物質的生産諸力は，発展のある段階で，それらが運動する場をなしていた既存の生産諸関係と，あるいはその法律的な表現であるにすぎない所有諸関係と，矛盾するようになる。これらの関係は，生産諸力の発展形態からその桎梏に転化する。このときに社会革命の時期が始まる。……／大づかみに言って，アジア的，古典古代的，封建的，近代ブルジョア的の生産様式が，経済的社会構成の累進的な諸時期として表示されうる。ブルジョア的生産諸関係は，社会的生産過程の最後の敵対的形態である」(II/2：100-101)

マルクスはのちの研究にとって「導きの糸」となったこの「一般的結論」を，『ドイツ・イデオロギー』の回顧より前に記した。このことは，1843-46 年の理論形成を把握するさい大いに示唆を与えるものであり，一考に値する。じっさい私見によれば，初期マルクスは『独仏年誌』期に基本的な理論転換──『国法論批判』期に構想した〈民主制〉理論から〈人間的解放〉理論への転換──を遂げ，『経哲草稿』において市民社会の批判的分析と変革理論の形成を果たした。それゆえ，本書第 1 章で示すように，マルクス理論の諸要素の大半は，すでに『独仏年誌』の 2 論文や『経哲草稿』等，1843 年秋-44 年に執筆された著作・草稿（以下，一括する場合のみ「1843 年秋-44 年の著作・草稿」）に現れるのであり，理論の生成過程を解明するには，これらの著作・草稿と『ドイツ・イデオロギー』を，細部に差異はあれ，接合可能な関係において把握すること

20

が求められるのである。

　さて，第2の脈絡は，『ドイツ・イデオロギー』を当時のイデオロギー論争のうちでとらえることであった。もちろん，これは，新 MEGA 版 I/5 編者解題と異なり，バウアーおよびシュティルナーとの対決からマルクスの理論形成を論じることを意味しない。そうではなくて，『ドイツ・イデオロギー』を，それに先行するイデオロギー批判の生成と関連づけて把握することである。

　結論的にいえば，マルクスの理論形成の過程は，同時にイデオロギー批判の条件形成過程であり，理論の4要素は，イデオロギー批判の条件をなす諸要素でもあった。この結論自体は，イデオロギーとは何かの了解を必要とし，それゆえに『ドイツ・イデオロギー』におけるイデオロギー批判の論証を前提する事柄であり，のちの考察（本書第5章）によって確定されるべきことである。しかし，この段階で結論を予め記すならば，イデオロギーとは，1）歴史から自立化された普遍的理性的原理（人間的本性，自然法，自由など）を根拠・前提として構成された——端的に言えば「啓蒙主義的理論構成」にもとづく——意識形態[6]であり，2）現実の社会的関係構造（私的所有）と個人の隷属／貧困との関連（疎外）を把握せず，それゆえに，3）市民社会の変革ではなく，せいぜいのところ現状に適合的な理念にもとづく改革を提起するだけの，本質的には市民社会を受容する理論である，ととらえることができる。それゆえ，これを前提していえば，1）に対する批判は土台＝上部構造論の生成から，2）の批判は市民社会分析から，3）の批判は変革理論（共産主義）の形成から，生じることが判明する。かくて，イデオロギー批判の条件形成は，少なくとも，理論の上記3要素の形成から生じるとみなすことができる[7]。

　じっさい，マルクスは『独仏年誌』期に土台＝上部構造論を形成すると同時に，ヘーゲル，フォイエルバッハ，バウアーらの哲学理論を『ドイツ・イデオロギー』にも継承される独自の水準で批判するに至る。そして『経哲草稿』期にも，市民社会の批判的分析と変革理論（共産主義）の形成を経て，やはりヘーゲル，フォイエルバッハ，バウアーらに対する批判を遂行する（詳細は本書第

6）「イデオロギー」や「意識形態」などの独特な概念に関しては，本書第5章を参照。
7）唯物史観の構想というイデオロギー批判の第4条件は，1845年前半までには現れない。これに関しては，本書第2章4節，第5章1節を参照。

2章）。かくて理論形成はそれ自体がイデオロギー批判の生成という意味をももっていたと見られるのである。

　言うまでもなく『ドイツ・イデオロギー』はヘーゲル左派のイデオロギー論争を前提として成立した。イデオロギー論争への関与によって彫琢された部分があることも否定されない。新 MEGA 版 I/5 編者解題の言うように，イデオロギー批判の脈絡で『ドイツ・イデオロギー』をとらえることは，マルクス理論のオリジナリティを確証するためにも不可欠である。しかし，イデオロギー批判の条件をなす諸要素はイデオロギー批判の過程で案出されたものではなく，1844 年までのマルクスの理論形成過程を前提していた。これまでの研究は，それを切り離すことによって『ドイツ・イデオロギー』のマルクスを把握するための前提条件をほとんど欠落させたのである。

　本書の課題は，マルクス理論の生成とイデオロギー批判の条件形成の過程を上記 4 つの要素に即して考察し，言い換えれば，『ドイツ・イデオロギー』に至るまでの初期マルクスの思考を可能なかぎり「再現」し，マルクスの 1843 年秋-44 年の著作・草稿と『ドイツ・イデオロギー』（正確には第 1 巻[8]）との接合関係を確認することによって，初期マルクスのオリジナリティを把握すること，にある。草稿『ドイツ・イデオロギー』は，初期マルクスによる近代批判および近代イデオロギー批判を告げる文書である。それゆえ，それ自体が社会思想・社会理論史上に固有の位置をもち，今日でも〈マルクス〉を理解するための本質的な価値を失わない。このオリジナリティを把握することが本書の目的である。

マルクスのフォイエルバッハ批判

　さて『ドイツ・イデオロギー』研究に関してとりわけ問題となるのは，上記にも示唆されるように，フォイエルバッハ哲学の評価であった。

　フォイエルバッハは『キリスト教の本質』(1841) において，神的存在は人間の類的本質——愛・意志・理性——が対象化され疎外されたものにほかならな

8）本書は，課題の性格上，『ドイツ・イデオロギー』第 2 巻の真正社会主義批判を主要な考察対象としない。

22

い（宗教的疎外）と論じて，疎外された類的本質を人間に返還し，類の共同を現実化しようとした。そして，ここに提起された現実的人間主義を「新しい哲学」として，《哲学改革のための暫定的テーゼ》（1842，以下《暫定的テーゼ》）や『将来の哲学の根本命題』（1843，以下『将来の哲学』）で定式化した。

　この現実的人間主義を，たしかにマルクスは 1843 年段階で受容し，『経哲草稿』や『聖家族』でも擁護した。たとえば『経哲草稿』にはこうある。

　　「加えて国民経済学の批判および実証的批判一般はその真の基礎づけをフォイエルバッハの諸発見に負うている。実証的な人間主義的かつ自然主義的批判はフォイエルバッハにこそ由来する。フォイエルバッハの諸著作は，ヘーゲルの『現象学』と『論理学』以来の，真に理論的な革命を含む唯一の著作であり，その作用は，もの静かであるが，それだけにますます確実で深く，そして包括的かつ持続的である」（I/2：317）

　明らかにマルクスは，フォイエルバッハの現実的人間主義を受容している。フォイエルバッハの唯物論に対する評価は依然として高い。ここに『経哲草稿』と『ドイツ・イデオロギー』とを「断絶」においてとらえる解釈の生まれる余地がある。しかし他方，『ドイツ・イデオロギー』等には，これらの解釈と整合しない証言が存在することも事実である。

　　「フォイエルバッハは，宗教的世界を地上的世界──これは，彼にあってはまだ「空文句」として現れるだけのものだが──の幻想であると指摘した。このことによって，フォイエルバッハには答えられていない疑問がドイツの理論にも自ずから生じることになった。すなわち，それは，人間がこれらの幻想を己れの「頭の中に入れた」事態はいかにして起こったのか，ということである。この疑問は，ドイツの理論家たちにさえも，唯物論的な世界観への途を……拓いた。この行程は，すでに『独仏年誌』所載の 2 論文《ヘーゲル法哲学批判序説》と《ユダヤ人問題によせて》において示唆されていた」（I/5：291）

　唯物論的な世界観への途を拓く具体的な行程は，のちに論じるとして，それがすでに『独仏年誌』の 2 論文に示唆されていたというのは，注目に値する。じっさい唯物論的な世界観にもとづくと見られる宗教批判は《批判序説》冒頭に次のように示される。

　　「反宗教批判の基本は，人間が宗教をつくるのであって，宗教が人間をつ
　　くるのではない，ということである。……ただし，［宗教の基礎をなす］この
　　人間とは，世界の外にうずくまっている抽象的存在ではない。人間とは，
　　人間の世界のことであり，国家，社会のことである。この国家，この社会
　　が倒錯した世界であるがために，倒錯した世界意識である宗教を生み出す
　　のである」(I/2：170)

　肝心なのは，「人間とは，人間の世界のこと，国家，社会のこと」であり，
宗教は倒錯した世界／社会ゆえに生み出される，とする箇所である。この趣旨
は，たとえば《テーゼ》の第4テーゼあるいは第6テーゼに現れる啓蒙主義的
理論構成[9]に対する批判（および宗教批判）と異なるものではない（本書第2章4
節を参照）。それゆえ，上記の『ドイツ・イデオロギー』証言によれば，マルク
スはすでに『独仏年誌』期に――フォイエルバッハ哲学受容の上に――，フォ
イエルバッハの啓蒙主義的理論構成に対する批判を始めていたのである[10]。

　要言すれば，1844年時点におけるマルクスのフォイエルバッハ評価は二面
性をもつのである。たしかにフォイエルバッハ批判へ明確に転じたのは1845
年春の《テーゼ》においてであった。しかし，じつは『経哲草稿』でも『聖家
族』でもマルクスのフォイエルバッハ評価は，二面的かつ限定的であり，評価
の一方で，以上のような理論構成上の批判を果たしていたと見なければならな
い。これらの前提なしに《テーゼ》は成立しなかった。それゆえ，ここでも問
題は《テーゼ》におけるフォイエルバッハ批判を可能にした条件形成であり，
そして，私見によれば，それは『独仏年誌』の2論文や『経哲草稿』で生成し
たのである（本書第1章）。かくて，マルクスによる啓蒙主義批判の生成を見極
める作業が，とくにフォイエルバッハ哲学受容のうちに，その啓蒙主義的理論
構成に対する批判を生成させる二重の過程として1843年秋-44年の著作・草

9）フォイエルバッハ哲学も，「人間的本質」をアプリオリに前提して現実を批判し変革しよ
　　うとするかぎり，啓蒙主義的理論構成を免れない。
10）啓蒙主義的批判は，現実と普遍的原理との本質的対立に基礎づけられる。しかし，もし普
　　遍的原理が真に現実と対立しているなら，原理は何故にそれに反する現実を生み出すかと
　　いう問いに啓蒙主義的批判は答えることができず，したがって，現実を普遍的原理ゆえに
　　変革できないという限界をもち，現実に適合的であるほかはない。これは，私見によれば，
　　1843年秋にマルクス自身が経験的に獲得した認識でもあった。

24

稿を解釈する作業が，要請されることになる。

諸論点と本書の構成

　1843 年秋–44 年の著作・草稿と『ドイツ・イデオロギー』との接合可能性は，いま示したフォイエルバッハの理論構成——あるいは一般に啓蒙主義的理論構成——に対する批判に現れるだけではない。イデオロギー批判の条件形成に関して示唆したとおり，同じことは，土台＝上部構造論，市民社会分析，変革理論（共産主義），という理論の諸要素すべてについて，確認することができる。

　かくて結論を先取りしていえば——詳細は本文に譲るとして——，草稿『ドイツ・イデオロギー』の理論に示される諸要素の大半は，基本的に『ドイツ・イデオロギー』執筆以前に形成されるのであり，それゆえに，『ドイツ・イデオロギー』は，1843 年秋–44 年の著作・草稿と接合して解釈されなければならない。

　以上の結論はもとより論証を要する（本書第 4 章）。しかし，ここでは，あえて論証に代えて，エンゲルス《共産主義者同盟の歴史によせて》(1885) の証言を引くことにする。

　「その間に，同盟やヴァイトリングの共産主義と並んで，それとは本質的に異なる第 2 の共産主義がつくり出されていた。私がマンチェスターでまざまざとみせつけられたのは，これまでの歴史記述では何の役割も演じていないか，取るに足らない役割を演じるにすぎない経済的諸事実が，少なくとも近代世界では決定的な力をもち，この経済的諸事実が今日の階級対立の成立する土台をなす，……ということである。マルクスはこれと同じ見解に達していたばかりでなく，すでに『独仏年誌』(1844) でそれを次のように一般化していた。すなわち，総じて国家が市民社会を条件づけ規制するのではなく，市民社会が国家を条件づけ規制するのであり，したがって政治および政治史は経済的諸関係とその発展によって説明されるのであって，その反対ではない，ということである。1844 年夏に私がパリでマルクスを訪ねたとき，あらゆる理論分野でわれわれの意見が完全に一致することが明らかになった。そしてそのときからわれわれの共同活動が始まるのである。1845 年春 [4 月] にわれわれがブリュッセルで再会したと

きには，マルクスはもう上記の原理を発展させ，彼の唯物論的な歴史理論
を大綱において完成していた。そこで，新しく獲得した見方をさまざまな
方面で細目にわたって仕上げることに，われわれは取りかかった。／これ
で分かるように，歴史科学を変革するこの発見は，根本的にマルクスの業
績であって，私がそれに寄与したと言えるのはごくわずかでしかないので
ある」(I/30：96-97)

　この証言には，土台＝上部構造論の生成，市民社会概念の変容，変革理論
(共産主義)，歴史理論の形成等に関する証言——イデオロギー批判／疎外論等
に関しては明示的ではないにせよ——が存在する。そしてここからも示唆され
るのは，1843 年秋-44 年の著作・草稿と『ドイツ・イデオロギー』との接合を
可能にする上記諸論点の存在である。

　本書の課題は，繰り返せば，マルクス理論の生成とイデオロギー批判の条件
形成の過程を上記 4 つの要素に即して考察し，マルクスの 1843 年秋-44 年の
著作・草稿と『ドイツ・イデオロギー』(第 1 巻)との接合関係を確認すること
によって，初期マルクスのオリジナリティを把握することにある。かくて，本
書の構成は以下のとおりである。

　　第 1 章　生成期のマルクス理論
　　第 2 章　イデオロギー批判の生成
　　第 3 章　ヘーゲル左派イデオロギー論争
　　第 4 章　唯物史観の生成 (1845-46)
　　第 5 章　イデオロギー批判の総括
　　第 6 章　初期マルクスのオリジナリティ

第 1 章　生成期のマルクス理論

　『ドイツ・イデオロギー』に示されるマルクス理論の諸要素は，大半が 1843 年秋–44 年の著作・草稿に現れる。それゆえ，各要素の意味を把握するには，その生成史に立ち返えらなければならない。本章では，土台 = 上部構造論等の形成過程に遡って，生成期のマルクス理論を考察する[1]。

1　ヘーゲル法哲学批判と土台 = 上部構造論の形成

　マルクスの土台 = 上部構造論は 1843 年に，ヘーゲル法哲学批判をとおして形成された。ここで，マルクスの草稿『ヘーゲル国法論批判』を詳細に論じることは必要ない。しかし，ヘーゲル法哲学批判をとおして土台 = 上部構造論を形成した過程は，マルクスの果たした理論転換——〈民主制〉理論から〈人間的解放〉理論への転換——を把握するためにも，また『ドイツ・イデオロギー』のイデオロギー批判の条件が端緒的に生成する過程をとらえるためにも，論じておかなければならない。

『ヘーゲル国法論批判』の〈民主制〉理論

　マルクスは周知のとおり，1843 年，『ライン新聞』編集長を辞任した後に，ヘーゲル法哲学の批判的検討を企てた。ヘーゲルは，一方で人倫的共同体 [Gemeinwesen] =「普遍的自由の実現態」——特殊的意志と普遍的意志の一体性，あるいは市民社会と政治的国家の一体性——を理念的に設定しながら，他方では，市民社会と対立する政治的国家において普遍的意志を担う主体を，主として普遍的身分（官僚）と君主に限定し，政治体制 = 君主制を「上から」権力的に構成した（ヘーゲルの二元主義）。それゆえ最初の草稿『ヘーゲル国法論批判』

---

[1] 本章で論じる内容の大半は，渡辺 [1989] において考察済みであるが，『ドイツ・イデオロギー』の理論との接合関係を確証するために再論が不可欠である。あらかじめ了解を得たい。

は，ヘーゲル法哲学の国家理念を前提として，国家理念と政治体制＝君主制の構成との矛盾を衝き，〈民主制〉によって「普遍的自由の実現」を構想するものであった。

　マルクスは，政治的国家が他の圏域（家族／市民社会）から自立し，これらに対立的に現れることを「疎外」(I/2：33) と規定し，ヘーゲルの二元主義の矛盾を廃棄しようとした。この廃棄の過程は二重である。第 1 にマルクスは，自立した政治体制＝君主制の疎外を廃棄し，本来，国家を構成する根拠であるはずの現実的人間に，国家を返還しようとする（政治的疎外の廃棄→政治的解放）。ここに成立するのが，〈民主制〉である。〈民主制〉では，体制は「たんに即自的に，本質からのみならず，現存，現実からしても，それの現実的根拠に，現実的人間，現実的国民に，つねに返還され，それ自身のつくり出すものとして，措定される」(ibid. 31) といわれる。だが，〈民主制〉の意味はそれだけではない。第 2 に〈民主制〉では，市民社会の私的立場 [Privatstand] ＝私的在り方をも廃棄することが構想される。マルクスは，近代的二元主義の解消を求めて，市民社会が選挙／議会を通じて国家に接近することに積極的意味を見出す。市民社会は，政治的意義と働きを獲得するためには，私的立場としての自己を捨象し，それと真っ向から対立する「自己のいま一つの本質部分」(ibid. 86) を発揮するのでなければならない。要請されるのは，市民社会の「実体転化 [Trans-substanziation]」(ibid.)，自己否定である。それゆえ，マルクスによれば，以上の捨象の完成は，同時にその捨象の廃棄でもある。市民社会は，選挙を通じて，その政治的存在を現実にその真の存在だと措定することによって，同時にその市民的存在を非本質的なものとして措定したのであり，それゆえ選挙改革は「政治的国家の解体の要請であるが，それはまた市民社会の解体の要請でもある」(ibid. 131)，とされる。こうしてマルクスによれば，〈民主制〉にあっては，「形式的原理が同時に実質的原理」(ibid. 31) となり，「普遍」が「特殊」となるばかりでなく，「特殊」が「普遍」となる。ここにはじめて「普遍と特殊との真の一体性」(ibid.) が実現される。これは理念的には「人倫的共同体」に等しい。

　かくて〈民主制〉理論を成立させる根拠は，政治的理性と市民社会の私的立場との本質的対立，あるいは上記の「実体転化」であり，マルクスはこれを，フォイエルバッハの宗教批判に示される「意識の改革」(I/2：488) によって為し

遂げようとした（本書第2章2節を参照）。マルクスはこの啓蒙主義的批判（意識の改革）にもとづいて，君主制において疎外された政治体制の返還と各個人の「実体転化」を要請し，〈民主制〉を実現しようとしたのである（ヘーゲル法哲学批判の第1段階）。

　問題は，はたしてこの「実体転化」が起こるのか否かにある。もし可能であるなら，つまり各個人が政治的解放によって私的立場を廃棄し，真に政治的（＝普遍的）立場に立ちうるなら，たしかに二元主義は廃棄される。しかし，そうであるとすれば，じつは反対に——個人はいつでも二元主義を廃棄できるのだから——，近代に市民社会と政治的国家の二元主義がなぜ存立するのかが，そもそも説明不能になる。〈民主制〉理論において「実体転化」が同一個人の内部に起こるべき過程として要請されたとき，矛盾が顕在化する。〈民主制〉理論を措定することによって，かえってマルクスはこの矛盾に逢着したのである。

ヘーゲル法哲学の「決定的」否定——〈民主制〉理論の破綻

　じっさいマルクスは，『独仏年誌』期には市民社会の「実体転化」を想定しなくなる。というよりも「実体転化」は不可能と見るようになる。マルクスは《ユダヤ人問題によせて》に至り，近代国家を生み出した政治的解放の限界を語るようになるのである。

　政治的解放は，1）「公民としての人間の解放」，2）「私人としての人間の解放」あるいは「市民社会の解放」，という2つの脈絡から理解される。

　第1の「公民としての人間の解放」とは，国家に対するあらゆる特権の廃止，万人の同等の権利（公民権）の実現，要するに，上記の「政治的疎外の廃棄」を意味する。ここでは「政治的民主制」（I/2 : 154）が実現されるとマルクスは述べる。政治的解放は民主制において，人びとの間に存在する私的所有や身分，教養，職業，宗教（後述）等の区別を非政治的区別として廃棄する。たとえば選挙資格に関して，財産制限を撤廃し，政治的に「私的所有」を廃止する。これを「政治的超出」（ibid. 148）という。人びとは公民として同等に政治に関与する。もしそうであるなら，マルクスの想定した〈民主制〉理論によれば，人びとは実体転化を遂げて，私的所有そのものを廃棄しなければならないはずだろう。だが，いまやマルクスが確認するのは，政治的超出においては「私的所有は廃

止されないだけでなく，かえって前提されてもいる」(ibid.) という限界である。一般に，国家は市民社会における私的所有や教養などの諸要素の区別を前提してはじめて存立し，自己の普遍性を確立しうる（政治的超出の限界）。それゆえ政治的解放の完成とは，市民社会と国家の二元主義の完成でしかなく，公民と私人への人間の分裂は，政治的解放の一階梯ではなく，その完成を意味するのである (cf. ibid. 150)。もはや，政治的理性は私的立場を超出すべきだとは言われない。両者は互いに相応関係にあるとされる。しかも，かかる二元主義のなかで人びとはかえって「疎遠な威力に弄ばれる」(ibid. 149) のである（後述）。

　では，第2の「私人としての人間の解放」はどうか。マルクスは，山岳党による《人および市民の権利宣言》(1793, 以下《権利宣言》) を分析し，政治や法律等の核心に私的所有という経済的基礎が存在していることを発見した。《権利宣言》は前文に「人間のもつ自然権の忘却および軽蔑が世界の不幸の諸原因にほかならない」と謳い，政府が人間の自然権を保障するために設けられたと規定する。人間の自然権とは，第2条によれば，「平等，自由，安全，所有」である。だが，これは私人（市民社会の成員）としての人間のもつ自由の条件を表す。それゆえマルクスは，「いわゆる人権のどれ1つをとっても，エゴイスト的な人間，市民社会の成員であるような人間を超えない」(I/2：158)，「市民社会の成員であるこの人間［利己的人間］が，いまや政治的国家の土台 [Basis] であり，前提である」(ibid. 161) と結論づけた。こうしてマルクスは，政治的解放が市民社会の私的立場を超えないことを次のように把握するのである。

　　「政治的革命は，市民的生活をその構成部分に解体するが，これらの構成部分そのものを革命し批判に付することはしない。それは，市民社会に対して，すなわち欲求と労働と私的利害と私的権利の世界に対して，己れの存立の基礎，それ以上に基礎づけられることのない前提，したがって自己の自然的土台に対する態様で関係するのである」(ibid. 162)

　『ヘーゲル国法論批判』期の段階では，市民による政治への関与（政治的解放）は，私的立場を超えること，したがって人倫的共同体を実現することを意味するはずであった。いまやマルクスが語るのは，むしろ市民社会の私的立場こそ政治的国家の土台をなす，ということである。

　政治的理性は市民社会の原理に相応するものでしかない。だから，政治的解

放の完成が「民主制」を意味するならば，それはマルクスの想定した〈民主制〉
を実現するのではなく，近代の二元主義を実現するだけである。というより，
〈民主制〉も理論構成上は，政治的解放の完成態を意味するにすぎない。ここ
に民主制概念を「政治的民主制」に限定する必然性があった。マルクスは『独
仏年誌』の論文《ユダヤ人問題によせて》において，独自の意味での〈民主制〉
概念を消失せしめ，「民主制」概念を限定する。

　　「政治的国家が真に完成を遂げた段階では，人間は，ただ思考，意識にお
　　いてばかりでなく，現実に，生活において，二重の，すなわち天上の生活
　　と地上の生活を営む。前者は政治的共同体 [Gemeinwesen] における生活で
　　あり，ここでは人間は共同的存在 [Gemeinwesen] として認められる。後者
　　は市民社会における生活であり，ここでは人間は私人として活動し，他人
　　を手段とみなし，自らも手段に貶めて，疎遠な威力に弄ばれるに至る」
　　(I/2：148-149)

　　「政治的国家の成員は，個人的生活と類的生活の間の，市民社会の生活と
　　政治的生活の間の，二元主義ゆえに宗教的である。……政治的民主制 [po-
　　litische Demokratie] はキリスト教的である。なぜならこの民主制にあっては，
　　人間が，一人の人間が，ではなく，あらゆる人間が，至高の存在，最高の
　　存在と認められながら，他方において，……現代社会の全機構によって転
　　落させられ，自己自身を喪失し，他に売り渡され，非人間的な諸関係や諸
　　要素の支配のもとにおかれている人間，一言でいえば，なお現実的な類的
　　存在 [Gattungswesen] ではない人間だからである」(ibid. 154)

政治的民主制は「完成された民主制」(I/2：154) とも表現されており，「政治
的民主制」と「民主制」とが区別されているわけではない。他方，この民主制
と『国法論批判』において構想された〈民主制〉とが理念的に同一であるという
こともできない。だから，この段階でマルクスは〈民主制〉概念を廃棄し，「民
主制」概念を「政治的解放の完成態」の意味に限定したと考えなければならな
い。マルクスは〈民主制〉理論を破綻させたのである。

　この段階では，ヘーゲル法哲学の評価も変化する。『ヘーゲル国法論批判』
では，ヘーゲルのいう「人倫的共同社会」理念にもとづいて政治体制の疎外
（ヘーゲル法哲学の二元主義）が問題とされ，政治的疎外の廃棄と市民社会の

私的在り方の廃棄による〈民主制〉の実現が構想されたとすれば，政治的疎外を廃棄した近代の民主制にあっても二元主義は解消されないことが判明した『独仏年誌』段階では，政治体制はもはや問題とならず[2]，とくに《批判序説》では，ヘーゲル法哲学そのものを近代諸国民の為し遂げた政治的解放一般と関連づけ (cf. I/2：175)，政治的解放の限界——市民社会における人間の「自己喪失」，貧困と隷属を解決しえない限界——ゆえにヘーゲル法哲学を原理上でも「決定的」に否定するに至るのである。

> 「ドイツの国家＝法の哲学は，ヘーゲルによって最も一貫した，最も豊かな，究極的な表現を得た。それに対する批判は，1 つには近代国家とこれに関連した現実の批判的分析，いま 1 つはドイツの政治的＝法的意識の従来の様式 [Weise] 全体——この意識の最も重要な，最も普遍的で，学にまで高められた表現がまさに思弁的法哲学にほかならない——の決定的な否定から成る」(ibid. 176)

ヘーゲル法哲学の理論構成は，市民社会の原理を超える政治的理性を前提としていた。だが，それは，マルクスによれば市民社会の私的本質＝在り方を土台・目的としており，それゆえ，ヘーゲル法哲学もまた政治的解放の在り方と限界を共有する。さらにいえば，それは啓蒙主義的理論構成を超えない。この結論がヘーゲル法哲学批判の第 2 段階の成果にほかならない。

『独仏年誌』期の宗教批判

さて，ヘーゲル法哲学批判の過程は，土台＝上部構造論の形成過程でもある。まずマルクスは以上のように，あらゆる政治と法（権利）が土台——市民社会——の在り方を超えないことを確認した。だが，そればかりではない。マルクスは宗教についても，土台＝上部構造論的視角を獲得したものと考えられる。

宗教は当時，政治と並ぶ主要問題であった。それゆえ，マルクスは《ユダヤ人問題によせて》において，ブルーノ・バウアーの政治的解放論を批判しつつ，政治的解放と宗教とを関連づけて次のように論じた[3]。

---

[2] これ以後マルクスは，民主制，君主制等の政治体制間の闘争を本質的な問題とみなさなくなる（本書第 2 章 3 節を参照）。これに関する言及は，『ドイツ・イデオロギー』でも繰り返される (cf. I/5：34, 90)。

　政治的解放は，国教を廃止し，国家を宗教から解放する (cf. I/2 : 147)。しか
し宗教からの政治的解放は，宗教からの徹底した，矛盾のない解放ではない。
人間 (市民社会の成員) は，宗教そのものから解放されるわけではない (→国
家から市民社会への宗教の転位)。人間は，政治的国家と市民社会の二元主義
を生きている。マルクスは人間のこの在り方と宗教とを関連づけて，いまや，
民主制国家こそ「完成されたキリスト教国家」(ibid. 151) であると指摘する。そ
れは，この国家においてこそ「キリスト教の人間的基礎」(ibid. 154) が実現され
るからである。

　　「宗教的精神が現実化されうるとすれば，それはただ，宗教的精神におい
　　て宗教的に表現されていた人間精神の発展段階が，現世的形態をとって現
　　れ構成される場合に限られる。このことは民主制国家でなされる。キリス
　　ト教がではなく，キリスト教の人間的根拠が，この国家の根拠をなす。宗
　　教は依然として，その成員の理念的な非現世的な意識として存続する」
　　(ibid.)

「キリスト教の人間的基礎」とは，フォイエルバッハ『キリスト教の本質』に
従えば，愛と信仰である。愛 (共同性) は普遍的要素を，信仰は自己救済，す
なわち心情の全能を求める利己的要素を表すとすれば，それは，まさに近代の
二元主義——国家における権利等の普遍性と市民社会における私的立場の分裂
——に合致する。マルクスが民主制においては「キリスト教の人間的基礎」が
実現されているというのは，この意味である。

　では，なぜ人間的基礎が実現されながら，宗教は廃棄されないのか。それは
人間的基礎の実現に「何らかの欠陥」(I/2 : 146) が存在するからである。たしか
にキリスト教の人間的基礎とされる愛 (普遍的要素) と信仰 (利己的要素) は民
主制の二元主義のうちに現れるが，しかし民主制は，それぞれを完全には実現
できないという欠陥をもつ。普遍性は抽象的であり，人間は最高の存在と認め
られながら，私利私欲にまみれ，「現代社会の全機構によって転落させられ，
自己自身を喪失している」。だから，宗教は近代民主制の二元主義に現世的根

3）以下の宗教批判は，バウアー『ユダヤ人問題』に対する批判としてなされている。これに
　　ついては，本書第 2 章 2 節を参照。

34

拠をもって存在するだけでなく，それの欠陥の現象でもあるのである。

　「宗教は，われわれにとって，もはや根拠ではなく，かえって現世的制限
　性の現象にすぎない。われわれは自由な国家市民の宗教的囚われを，その
　現世的囚われから説明するのである」(ibid.)

宗教は，現世的制限性，現実の欠陥——上述の二元主義，人間の自己喪失や
貧困——を根拠（土台）とする現象にすぎない。もはやマルクスは，フォイエ
ルバッハの宗教批判と異なり，普遍的要素と私的信仰的要素との本質的対立を
認めない——両要素はむしろ相応関係にある——のであり，それゆえ，意識の
改革にもとづく宗教からの解放という構想を断念し，むしろ宗教批判を現実批
判に転化する。こうして獲得された認識が《批判序説》で示されたマルクスの
宗教批判である。

　「ドイツにとって宗教の批判は本質的にはすでに終わっている。そして宗
　教の批判はあらゆる批判の前提である。……反宗教批判の基本は，人間が
　宗教をつくるのであって，宗教が人間をつくるのではない，ということで
　ある。しかも宗教は自己自身をまだ獲得していないか既にふたたび喪失し
　た人間の自己意識にして自己感情である。ただし，[宗教の基礎をなす]この
　人間とは，世界の外にうずくまっている抽象的存在ではない。人間とは，
　人間の世界のことであり，国家，社会[Societät]のことである。この国家，
　この社会が倒錯した世界であるがために，倒錯した世界意識である宗教を
　生み出すのである」(I/2 : 170)

人間が宗教をつくるとはいえ，人間とは，「人間の世界」，社会のことであり，
この社会が「倒錯した世界」であるがゆえに，「倒錯した世界意識である宗教を
生み出す」。それゆえにマルクスは，「天上の批判は地上の批判に転化する」
(I/2 : 171)と述べ，宗教の廃棄のために，「倒錯した世界」そのものの変革を要
請する。この批判は，宗教の改革→現状の変革を目指すフォイエルバッハの宗
教批判とは根本的に異なる。それは，《テーゼ》第4テーゼないし第6テーゼ
にも相当する認識（後述）であり，フォイエルバッハの啓蒙主義的理論構成を超
えたものであった。『ドイツ・イデオロギー』が『独仏年誌』期の宗教批判につ
いて，フォイエルバッハの啓蒙主義的な宗教批判を超えたことを証言した（本
書序論）のも，ここに根拠があるということができる。

土台＝上部構造論の形成

　では，哲学はどうか。マルクスは《批判序説》において，実践的党派と理論的
党派を対比して哲学（じっさいにはドイツの法哲学・国家哲学）を論じている。

　　「ドイツの実践的な政治党派が哲学の否定を要請するのは正しい。［しか
　　し］……彼らの視野は狭隘であり，哲学もやはり，ドイツの現実の範囲内
　　に属するものとはとらえない。……一言でいえば，諸君は哲学を実現する
　　ことなく，哲学を廃棄できるとしたのである」(I/2：175-176)

　同じ間違いを，哲学から始める理論的な政治党派も犯している。

　　「この党派のほうは，今日の闘争のなかに，ただドイツ的世界に対する哲
　　学の批判的闘争だけをみて，これまでの哲学そのものがこの世界に属し，
　　観念的なものにせよこの世界の補完物であったことに思い至らなかった。
　　……彼らの根本的欠陥は，哲学を廃棄することなしに哲学を実現できると
　　思い込んだことに帰せられる」(I/2：176)

　このことを具体的にヘーゲル哲学について考えてみれば，原理とされる普遍
的自己意識も自由意志も，いまや市民社会の私的原理を超えないのであり，哲
学もまたこの世界に属する（現実世界を土台とする）補完物——しかもドイツ
にはまだ現実化されていない近代世界の補完物——である。このとき，哲学の
否定は現状を変革しないかぎり実行不能であり，また哲学の実現も現状肯定に
帰結する。かくてマルクスは，哲学をも現実社会と関連づけて，それを超えな
いものと把握する視角を獲得したと見られる。

　最後に道徳について。すでにヘーゲルが『法哲学』の市民社会論で「道徳が
それ固有の場をもつのは，この圏域［欲求の体系としての市民社会］においてであ
る」(HW 7 #207)と論じていたことを想起すれば，マルクスが道徳をも，市民社
会という現実を土台とする意識形態と把握しただろうことは容易に了解される。
道徳の原理は，個人の在り方と共同的普遍性との結合という理念的要請である。
この要請は，現実には，各個人の在り方と共同的在り方の分裂が存在していれ
ばこそなされる。道徳は，市民社会の分裂を前提して成立する。つまり，道徳
もまた，市民社会を土台として成立するのである。この認識は『独仏年誌』期
のマルクスにとっては困難ではなかっただろう。

　いまやマルクスにとって，政治＝法律の意識だけでなく，宗教や哲学，道徳

36

等という，近代の社会理論を構成する主要な「意識形態」[4]がことごとく市民社会を現実的土台としていること，そして，これらの意識形態によっては市民社会の原理は超えられないことが判明する。こうして事実はある全体性を獲得し，原理——のちの土台＝上部構造論の原型[5]——となる。

　結論的に，土台＝上部構造論の端緒は『独仏年誌』期に形成された。それは，マルクスに新しい境地と理論の新たな基礎づけという困難な課題を与えた。土台＝上部構造論は今日，比喩にすぎないとして軽視される傾向にある。しかし，それはマルクス独自の発見（第1の発見）にもとづくものであり，理論形成にとっては決定的であった。また，これこそマルクスが終始一貫して維持した視角であり，このことの基本的意味を把握することが肝要である。

　第1は，「土台」概念によってマルクスが市民社会を人間の「本質」的領域，再生産領域としてとらえたことである。再生産領域とは，生産‐所有にもとづく経済的次元と婚姻‐家族形成の社会的次元を包括した領域であり，男女両性からなる経済的社会的領域である。これまでの歴史観は，国家・法律，宗教などに示される在り方を人間（主として男性）の本質的在り方となし，再生産領域を副次的な領域としてとらえてきた。しかし，人間の本質的在り方とされた国家・法律等が市民社会という現実を土台・目的にしていることが判明するとすれば，反対に，この現実こそが「真理」なのであり，人間の「本質」的領域ではないのか。たしかに市民社会において人間は，「現代社会の全機構によって転落させられ，自己自身を喪失し，他に売り渡され，非人間的な諸関係や諸要素の支配のもとにおかれている」（前出）。だが，それもまた，否定的現象をとおして，再生産領域が人間にとって「本質」的領域であることを証示する。男女両性の関わる再生産領域こそ，人間の存在および歴史的現実の全体に関わる「本質」的領域である。この認識をマルクスは獲得したのである。

　第2は，従来のあらゆる哲学／思想が基礎とする理論構成を廃棄し，イデオロギー批判の条件を——イデオロギー概念は未形成ながら——築いたことで

4）「意識形態」という表現は『ドイツ・イデオロギー』段階に現れる（本書第5章1節を参照）。
5）『独仏年誌』期には「上部構造」概念は現れない（第4章3節を参照）。「原型」という所以である。

ある。近代の社会理論は，一般に，政治・法律，あるいは哲学・道徳等の普遍
的原理を根拠・前提として構成されていた——啓蒙主義的理論構成。だが，市
民社会を土台とする「上部構造」をなすとすれば，それだけをもってしては貧
困と隷属という土台に存在する諸問題は解決されないという結論が導かれるの
であり，それらはもはやマルクスにとって，ことごとく理論の根拠たる資格を
失う。この把握は尋常なものではない。近代の社会理論を形成する意識形態が
総体として妥当性を疑われ，普遍性の根拠を剝奪される。要するにマルクスは，
〈民主制〉理論を破綻させるだけでなく，いまやヘーゲル法哲学と近代の理論
的パラダイム全体——300 年に及ぶ近代社会思想史の全体——を転換すべきも
のとして把握するに至るのである。ここにマルクスの為し遂げた理論的な成果
（オリジナリティ）がある。

　かくて〈民主制〉理論の最終的破綻が確定する。代案は存在しない（政治，
宗教，道徳，哲学等は代案にならない）。マルクスは理論的に依拠すべき根拠
をすべて失い，「理論的空白」に陥る。ここにマルクスの理論転換の必然性が
ある。土台＝上部構造論は，これほどの衝撃的意味をもっていた。

　マルクス理論の生成は，この「理論的空白」から始まる。もとより問題とさ
れていた人間の自己喪失，貧困と隷属は存続している。他方，それらを解決し
うる理論的原理は存在しない。このとき，いかにして市民社会における貧困と
隷属を解決しうるのか。この困難な課題をマルクスは——既存の理論的原理を
前提せずに——解かなければならない。あるいは問題はこうも設定しうる。こ
の現実を超えることはいかにして可能なのか。

2　1843 年の理論転換と市民社会概念の変容

　理論的空白と関連して確認されてよいのは，マルクスが批判していた近代の
二元主義，市民社会の分裂性——人間の自己喪失，貧困と隷属，あるいはヘー
ゲルが市民社会論において指摘していたような富と貧困の両極分解——という
事実が，いまや政治的理性等によっては原理的に解決されない問題として顕在
化する，ということである。それだけではない。そもそもマルクスは市民社会
の現実を批判する根拠をも喪失するのである。〈民主制〉理論に前提されてい

た「普遍的自由」等の理念は失われた。それはもはや近代の市民社会を前提し
た理念にすぎない。このとき，マルクスは何を根拠に市民社会の現実を批判し
うるのか。近代の二元主義と市民社会そのものを批判的に変革しうる根拠をい
かにして開拓するのか。

1843 年の理論転換

　人間の自己喪失等の事実が，もはや政治的理性等によっては解決されない，
市民社会独自の問題として現れるという事態に直面し，なおも，その問題解決
——〈民主制〉理論の目指していたもの——を志向するとすれば，マルクスは
市民社会の内在的批判・変革を考えるほかはない。人間の自己喪失等の問題を
解決するとは，すなわち人間の自己確証 [Selbstbetätigung]，欲求 [Bedürfniß]・能
力・感覚等を——これらを価値として肯定するかぎり，市民社会が人間にとっ
て「本質」に属する領域であることを認めた上で——実現することである。マ
ルクスはいまやそれを，政治的解放と区別して，〈人間的解放〉と規定する (cf.
I/2：163)。またマルクスの直感では，人間の自己喪失，貧困と隷属等が市民社
会の原理である私的所有にもとづく問題であることは——なお自己喪失等と私
的所有との関連は把握されていないとしても——明らかであった（このことは
基本的にヘーゲル市民社会論にも示唆されていた）。それゆえ，ここで求めら
れるのは，〈人間的解放〉と市民社会の原理の廃棄を結合することである。か
くてマルクスは，「人間が自己の「固有の力」を社会的諸力として認識し組織し
たとき，したがって社会的力をもはや政治的力という形姿で自己から分離させ
ないとき，はじめて人間的解放は完遂される」(I/2：162-163) という構想を立て
るに至る。しかし，それにしても，この構想はいかにして可能なのか。
　このさいに肝心なのは，マルクスが市民社会を人間の「本質」的領域として
とらえたということである（前述）。貧困にせよ隷属にせよ，市民社会の領域が
人間の存在に本質的な意味をもたないなら，それらは取るに足らない問題であ
る。しかし，それらは人間の「本質」的領域としての市民社会の問題，あるい
は人間の「本質」に関わる問題である。かくて問題はこの「本質」的領域たる市
民社会において，なぜ人間は自己喪失等に陥るのか，人間が市民社会の原理
（私的所有，私的権利）——この段階ではまだ，市民社会の原理は抽象的に万

人に共通の私的所有一般，私的権利一般として理解されている——を批判的に超える根拠は何に求められるのか，というように措定されることになる。マルクスは，市民社会のうちに市民社会の批判・変革の内在的根拠を見出さなければならない。

〈人間的解放〉は，私的所有の廃棄を前提する。しかるに他方では，私的所有こそ人間存在の前提ではなかったか。いかにしてそれを否定しうるのか。マルクスは《ユダヤ人問題によせて》において，ユダヤ人が実利的欲求，エゴイズム——「実利的欲求，エゴイズムこそ市民社会の原理である」(I/2：166)——という自己の実利的な在り方を「空無なもの」と認めて，これを廃棄しようとするなら，ユダヤ人は「端的に人間的解放そのものに力を傾けることになる」(ibid. 164-165)と述べる。しかし，いかにしてユダヤ人は自己の在り方を「空無なもの」として否定しうるだろうか。要するに，人間は〈人間的解放〉のためには市民社会の原理を否定しなければならないが，それは原理なるがゆえに否定されえない。ここに，1つの二律背反が現れる。

《ユダヤ人問題によせて》では，市民社会は「欲求と労働と私的利害と私的権利の世界」(I/2：162)であると規定されていた。市民社会を本質的にこのように規定して固定するかぎり，すべての人間は市民社会の原理——私的所有，私的権利——に立つのであり，上記の二律背反は解くことができない。それゆえ市民社会を本来的に私的所有の原理にもとづく領域とする以上の抽象は廃棄し，市民社会を歴史的に相対化して，一方では人間の「本質」的領域＝再生産領域であると同時に，他方では人間の「本質」(欲求・能力等)を否定する私的原理をもつ歴史的領域であるとして，把握する必要が生じる。そしてじっさい，マルクスは市民社会のうちに，「貨幣と教養とを有する」(ibid. 179)市民社会の一階級たる「ブルジョアジー」(ibid. 180)と「従来の世界秩序の事実上の解体[6]」

---

6) マルクスは，「プロレタリアートが従来の世界秩序の解体を告知するとすれば，それはただそれ自身の存在の秘密を表明したにすぎない。というのは，プロレタリアートこそこの世界秩序の事実上の解体だからである。プロレタリアートが私的所有の否定を要求するとすれば，それは，社会がプロレタリアートの原理に高めたものを，すなわちプロレタリアートのうちに社会の否定的な結果としてすでにその関与なしに体現されているものを，社会の原理にまで高めるだけにすぎない」(I/2：182)と述べている。世界秩序の原理たる私的所有がプロレタリアートにあっては解体されてあること，プロレタリアートが私的所有

40

(ibid. 182) としてのプロレタリアート，を発見すること（第2の発見）によって，かかる相対化を果たすのである。市民社会は，すべての構成員が私的所有者として自由かつ平等に関係を形成する領域ではない。むしろ内部に私的所有と無所有とを包括した階級社会である。市民社会には市民社会の原理を前提できない階級が存在する。この認識によってこそ，二律背反は解くことができる。

　以上の認識は，政治的解放についても新しい知見をもたらす。《ユダヤ人問題によせて》によれば，政治的解放は，私的所有（市民社会の原理）等を前提して万人の普遍的権利にもとづく国家を建設するはずのものであった。しかし，《批判序説》段階ではマルクスは，政治的解放を市民社会の特定の階級（ブルジョアジー）による解放として，階級的に把握するようになる。

　　「部分的な革命，単に政治的であるにすぎない革命［政治的解放］は，何にもとづくのか。それは，市民社会の一部分が自己を解放し，普遍的支配を達成すること，ある特定の階級［ブルジョアジー］が自己の置かれた特殊な立場から，社会の全般的な解放を企てること，にもとづくのである」(I/2 : 179)

　ブルジョアジーの置かれた「特殊な立場」とは，私的所有（私的権利）と等価交換等の存在条件を表す。かくて政治的解放は，「全社会が同じこの階級の立場にあるという前提の下でのみ全社会を解放する」(I/2 : 179) という，ブルジョアジーによる解放として把握される (cf. ibid. 180)。またそれゆえに，マルクスがこれまで受容してきた市民社会の抽象的規定は，ブルジョアジーの支配する社会，ブルジョア社会の規定であったことが判明する（マルクスによる市民社会概念の変容）。他方，市民社会には，「市民社会のいかなる階級でもない市民社会の一階級」(ibid. 181)，「あらゆる身分の解体としてある一身分」(ibid.) として，私的所有を否定されたプロレタリアートが存在する。プロレタリアートは，一言で言えば「人間の完全な喪失」(ibid. 182) である。市民社会はこのように分極化されるのである。

　では，以上の「市民社会の歴史的相対化」を前提するなら，〈人間的解放〉の現実的可能性は何に求められるのか。それは，普遍的理性にもとづくものでは

―――――――――
　　の廃棄を要求していることを，マルクスが認識していたと見られるであろう。

ありえない以上，市民社会の構造的矛盾，あるいは自己喪失，貧困と隷属のうちに生まれるほかはない。いまやマルクスにとって依拠すべきものは，市民社会に存在する事実，自己喪失，貧困・隷属そのものである。これまで自己喪失等は外部に，「解決されるべき問題」として存在したにすぎなかったとすれば，いまやそれだけが現実を超える根拠をなすものとしてとらえ返されるのである。自己喪失等は1つの経験的事実である。しかし存在するのは1つの事実だが，各個人には，自己の形成する諸関係（「自己関係」と表現する）に存在する矛盾，分裂として，苦悩として，経験される事実である。市民社会の感性的現実に，個人の生活の否定（自己喪失）が存在するとすれば，このときに，現実を矛盾，分裂，苦悩として，自己喪失等としてとらえる個人もまた存在する。現実を矛盾，分裂，苦悩としてとらえるということは，現実を感情や欲求レベルでは超える（否定する）ことである。それゆえ，個人のうちに，この現実を超えうる根拠も現実的に生成するのではないだろうか。もし人間（プロレタリア）の欲求，能力が私的所有という市民社会の原理の下において否定されるとしたら，この矛盾は「本質」に関わる原理的な対立であり，それゆえに現実的に原理を否定できないだろうか。自己喪失，貧困や隷属はたんに否定的な事実なのではない。それはいまや自己否定をも孕む動態的な現実として，主体的矛盾として現れる。マルクスはおそらくこのような思考を通して，市民社会批判の次元を開拓したのである。

　かくてマルクスは〈人間的解放〉を市民社会に生成する現実的要素——欲求——と結びつけるに至った。

　　「ラディカルな革命はラディカルな欲求の革命でしかありえない」(I/2：178)

　ここに言われる「ラディカルな革命」とは「私的所有の廃棄」にもとづく〈人間的解放〉のことである。そして，〈人間的解放〉理論は「人民の欲求の現実化」という脈絡でとらえられる。

　　「理論は，つねにそれが人民 [Volk] の欲求の現実化であるかぎりにおいてのみ，人民のうちに現実化される」(I/2：178)

　ラディカルな革命は，プロレタリアートの解放として為し遂げられる。マルクスによれば，プロレタリアートは，「もはや特殊的な権利 [Recht] を要求する

42

のではなくて，……ただ人間的な権原 [Titel] しか拠りどころにできない」(I/2：181-182) 階級であり，人間の完全な回復によってしか自己自身を獲得できない階級である。この階級は「その直接的状態，物質的な必然性，その鎖そのもの」(ibid. 181) によって，「普遍的解放の欲求と能力」(ibid.) を形成しうる。マルクスによる「プロレタリアートの発見」とはこの形成可能性の発見（第3の発見）を意味する。この発見によってこそ，マルクスは理性を前提として要請する啓蒙主義的理論構成を超えることができた。

　以上が，1843 年に起こった理論転換の概要である。マルクスは〈人間的解放〉をプロレタリアートの解放と結合することによって，事実上「共産主義」へと理論転換を遂げた。転換の根拠は，すでに述べた土台＝上部構造論の原理的生成にある。それゆえに，マルクスは市民社会の内在的批判を課題として立て，市民社会のうちにある私的所有と無所有の対立にもとづいて，〈人間的解放〉理論への転換を果たしたのである。『ドイツ・イデオロギー』の土台＝上部構造論の意味（オリジナリティ）は，かかる理論転換をもたらしたという脈絡でこそ理解されるのである。

市民社会概念の変容

　初期マルクスの理論転換において注目されるのは，市民社会概念の変容である。マルクスが土台＝上部構造論の生成過程においても，理論転換の過程においても，市民社会概念を構造的に，あるいは階級的に変容させたことはすでに論じたとおりである。しかし，市民社会概念の変容はこれだけに尽きるものではない。じつは，『経済学批判』序文にも言われるように，すでにヘーゲルが市民社会概念を「転換」せしめ，それをマルクスが受容したという，いま1つの事情が存在する。理論転換の意味を把握するには，これらの過程を理論的に反省することが必要である。

　市民社会はアリストテレスに由来する伝統では，国家に等しい領域として把握されてきた [7]。アリストテレス『政治学』によれば，国家 [polis] は国家共同体 [koinonia politike] を意味する。ただし，この場合，国家共同体を政治体制と

---

7 ）詳細は，さしあたり Riedel [1975] を参照。また私見については渡辺 [2017] を参照。

して狭くとらえ，経済領域と対立させるのは正しくない。アリストテレスによ
れば，国家共同体は，家［oikos］や村をも包括する最高の共同体［koinonia］であ
り，男女両性からなる全体社会を意味し，したがって対内的に——とはいえ政
治体制の外部に——女性や奴隷に対する支配構造を形成した。国家はこの二重
構造を包括する全体社会を意味するのである。そして koinonia politike は中世
に，communitas politica, communicatio politica などと訳されて継承され，さ
らに，civitas, societas civilis などとも表記された。近代はこれを受容し，ホッブ
ズやロックらは civitas, societas civilis を，commonwealth とも，civil society,
political society とも，表記した。かくて伝統的に市民社会は政治社会であり，
国家を意味した（以下，この意味での市民社会を〈市民社会〉と表記する）。

　ただし，近代において肝心なのは，王権神授説が退けられ，国家が人間の本
性にもとづく組織ではなく，歴史的に設立された制度——したがって何らかの
「自然状態」を前提する制度——として認識されたことであった。国家は，一
般の組織と異なる独自の性格をもつ。それは人為的に形成された制度でありな
がら，構成員全員を一人の例外もなく拘束する——「受動的服従［passive obedi-
ence］」を強制する——という性格である。国家はなにゆえに一人の例外もなく
構成員を拘束しうるのか，その根拠が求められる。ロックらは，この根拠を，
自然状態[8]から出発して「自然状態の不都合」によって説明した。

8）「自然状態」概念は，ホッブズ，ロック，ルソーだけでなく，モンテスキューにもファー
　ガソンにも，さらにはカントにもヘーゲルにも現れる概念である。たとえばカント『人倫
　の形而上学』は，法的でない状態を，「自然状態［status naturalis］」（KGS 6：306）と呼び，
　私法に関して，1）物権（所有権），2）債権（対人権），3）物権的債権（婚姻権，両親の
　権利，家長権）を論じて，それぞれが自然状態に成立することを認める。「自然状態にお
　いても適法な社会は存在しうる（たとえば婚姻社会，家長制社会，一般に家社会がそうで
　あるし，他に任意の社会が存在する）」（ibid.）のであり，自然状態は，土地所有関係，所
　有の移転と契約などの経済的諸関係（経済的次元），「性共同体」＝婚姻関係，親子関係，
　総じて家族関係（社会的次元）を包括する。つまり自然状態はやはり再生産領域において
　成立するものと了解される。またヘーゲルも，経済的次元と社会的次元とを包括する「自
　然状態」（HW 7 #93 Anm.）を国家設立に先立って設定した。国家の存在しない状態が歴
　史的事実として確定されることによって，王権神授説は否定される。そして国家の設立が
　歴史的事実として確定したとき，近代の哲学者たちが抱えたのは，自然状態から何を根拠
　に国家が成立し，特定の領域内の人民を一人の例外なしに支配服従させるに至ったのかを
　説明し，それによって国家の支配を正当化するという課題であった。

　自然状態は「国家の存在しない状態」であり，歴史的事実として設定される。それは，１）労働‐所有にもとづく経済的次元と，２）婚姻‐家族等の社会的次元から構成される再生産領域の有史以前的状態である。自然状態に想定される自然権と自然法も，所有権や両親の権利，交換的正義にもとづく権利と法であった。世界の「最初期」は，経済的には貨幣使用以前の，とりわけ初期農耕段階（狩猟・牧畜段階を含みながら）にある世界であり，社会的には「最初の社会」たる「夫婦社会」や家族，さらにはそれを土台とした家父長制的な社会からなる。そして，たとえばロックは，歴史に狩猟→牧畜→農耕→商業の発展段階を設定し，農耕段階における「自然状態の不都合」（Locke [1988] 276）から国家設立を説明した。

　ロックによれば，１）定住農耕以後に，土地（不動産）の「私的所有」が成立し，２）生産物の交換とともに「貨幣使用」（Locke [1988] 299）が始まって，３）富の蓄積，不平等の進展とともに自然法に反する権利侵害が起こり（cf. ibid. 301-302），争いが恒常化する戦争状態に転化した。問題は，私的占有物に対する侵害，とりわけ貧者が富者の所有権を侵害する事態（「自然状態の不都合」）である。かくて国家は，この侵害を阻止して所有権（とりわけ富者の）を保全する機関として設立を正当化された。

　では国家（市民社会）が設立されたとき，自然状態に存在していた経済的次元と社会的次元はどのように編成されるのであろうか。すべての次元が政治的次元に移されるのであろうか。否。社会契約後の政治社会＝国家体制に関与する市民は人民のごく一部にすぎない。大多数の男性，すべての女性は，政治社会に支配（包摂）されながら，それに参与することはなく，相変わらず生産‐所有の次元と婚姻‐家族形成の次元という再生産領域において，生活を営むのである。それゆえ，政治社会には恒常的に，能動市民と受動市民の二重構造が存立することになる。国家（市民社会）は，いかなる時代にもつねに再生産領域を包括し，これを前提に存立している[9]。〈市民社会〉は，対等な市民の自主的共同関係を表す概念ではない。古代から近代まで一貫して内部に二重構造

---

[9] この国家＝市民社会は支配の二重構造を形成するだけではなく，戦争・植民地化を遂行し，対外的にも二重構造を形成する主体であった。

を抱えた階級的制度であった[10]。以上が市民社会概念の第1了解である。

　さて，18世紀後半以降の近代市民社会論は，市民社会になお2つの要素を付け加えた。1つは法的統治の拡充であり，もう1つは普遍的富裕化である。いずれも文明化ないし近代化の内実をなすものであり，ロックを先駆として，ヒューム，ファーガソンやスミスらが明確に示したところである。こうして〈市民社会〉は，「文明的商業的ネイション」（Ferguson [1966] 59），「富裕な商業社会」（GES 2：567）といわれる近代文明社会と同化される。

　伝統的な〈市民社会〉は近代市民社会論に継承された。しかし，近代に至って「市民社会」概念は内実において変容を遂げた。それは主に3つの要因によって説明されうる。第1は，旧市民社会の政治体制を構成する階級・身分（土地貴族等）が没落したとき，市民社会は政治的・階級的に変容を遂げたということである。国家を構成する新しい階級・階層は王権と結びついた都市市民（商人）層であり，したがって身分的に固定された特権階層ではなく，互いに対等な権利をもつ「人間」——とはいえ財産等によって区別された能動市民——であった。第2は，市民社会における経済的基礎の変容である。旧市民社会では，経済は基本的にオイコスや村の単位に閉じ込められた。ところがいまやネイション単位で統合された経済が成立し，ネイション経済の主体が政治の主体としても現れた。近代市民社会の政治主体は同時に経済的な生産主体でもあり，ネイションは富の蓄積を推進する主体であった。第3は，市民社会の歴史化である。歴史の四発展段階説によって，市民社会は歴史的に，文明以後に成立する社会であるだけでなく，それ自体が段階的に発展を遂げ，法的統治の拡充と普遍的富裕化を目的とする「近代文明社会」として形成されるという把握が生まれた。市民社会概念の第2了解[11]。

---

10) たとえばカントにあっても法的状態は再生産領域の次元を引き継ぎ，支配下に包括する。このことを示すのが，「能動市民」と「受動市民」の区別（KGS 6：314）である。前者は自らの選択意志にしたがって国家に関与する主体（男性市民）をいう。それに対して後者は自立性を欠いている層，たとえば「商人や手工業者の下で働く職人，使用人」，「未成年者，すべての女性」などをいい，この層は「市民としての人格を欠いている」（ibid.）とされる。

11) 法的統治と普遍的富裕化を実現する近代文明社会は，国家＝市民社会の二重構造を解消するものではなかった。むしろ二重構造を拡大再生産したのである。第1に，法的統治は，対内的に二重構造——能動市民と受動市民——を抱え込んだだけでなく，対外的に，未

46

　カント以後，近代文明社会に対する批判が現れる。これによって市民社会概念にも分岐が生ずる。カントは，一方では——『人倫の形而上学』で——公布された法律＝公法の下にある状態（法的状態）を「市民状態 [status civilis]」，この状態にある諸個人の全体を「国家 [civitas] または市民社会 [societas civilis]」（KGS 6：311）と規定し，この国家の成員を「国家市民／国民 [Staatsbürger]」ないし「市民 [cives]」(ibid. 314) ととらえた。この意味では，カントの「市民社会」は何よりもまず伝統的な〈市民社会〉を表す。ところが他方では——論説《世界市民的見地における普遍史の構想》において——，人類は，たしかに法的状態（文明）を実現しながらも，「この最後の歩み（つまり諸国家の結合）がなされる前に……[国家による野蛮な戦争において] 偽りの外見だけの福祉の下で極悪の災禍を蒙る」（KGS 8：26）と述べた。それは，文明化を果たしたはずの近代諸国家が戦争などをとおして破壊をもたらしたからであり，まだ道徳性に甚だしく欠けるからである。かくてカントは，「自然が解決を迫る人類最大の問題は，普遍的に [世界規模で] 法を施行する市民社会を達成することである」(ibid. 22) と論じ，諸国家の連合による完全な市民社会の形成という課題を提起した。ここに至って〈市民社会〉は現実の文明社会と理念化された「完全な市民社会」とに分岐する。カント『人倫の形而上学』によれば，純粋共和制こそ「唯一の永続的な国家体制」であり，「あらゆる公法の最終目的」，「市民社会の絶対的法的状態」（KGS 6：341）である。そして，それは世界市民体制となってはじめて「完全な市民社会」として完成されるのである。

　ヘーゲル『法哲学』における市民社会は，たしかに第1には「欲求のシステム」，すなわち欲求—労働（生産）—交換—享受のシステムであり，経済領域によって構成された社会である。しかし第2に，市民社会は「外的国家」「強制国家」であり，一定の法的統治—— 司法制度，ポリツァイ（国内行政）——を予定する。ヘーゲルはこの意味で市民社会を「欲求と労働と私的利害と私的権利の世界」として，法的統治の拡充と普遍的富裕化を目指す社会，すなわち文

開・野蛮と文明との間に分断線を引き，戦争・植民地化を正当化し拡大する根拠となった。第2に，普遍的富裕化は，これまた対内的に二重構造——富と貧困——を生み出しただけでなく，対外的に世界貿易（自由貿易）と戦争・植民地化を通して，世界規模での破壊（貧困・隷属）をつくり出した。

明社会として把握していたとみることができる。他方，ヘーゲルによれば，市民社会は現存する貧困と隷属のゆえに「人倫の喪失態」であり，かくて市民社会の上位に，人倫的共同体としての政治的国家が設定されるのである。

ヘーゲルの市民社会理解には，近代国家論の批判が前提される。

「もし国家が諸人格の統一体，ただの共同関係にすぎないような統一体であるととらえられる場合には，これによって考えられているのは，ただ市民社会の規定であるにすぎない。近代の国法学者の多くは，国家について，この規定以外の見解に行き着くことはできなかった」(HW 7 #182 Zusatz)

ヘーゲルは，〈市民社会〉を否定したわけではない。むしろ，近代の国法学者がとらえた国家＝市民社会を，『法哲学』に市民社会として組み込んだのである（そして，それは政治的国家と対比されたがゆえに，経済的性格を強く帯びる概念になった）。これまでヘーゲルの市民社会は経済領域たる市民社会として了解されてきたが，それは〈市民社会〉の批判的改作と把握されるべきものである。

では，なぜヘーゲルは「市民社会」の規定を限定したのか。それは〈市民社会〉が，法的統治の拡充と普遍的富裕化という原則にもかかわらず，隷属と貧困を免れることができないことを洞察したからである。ヘーゲルにとって〈市民社会〉はいまや問題的領域に転化した。批判は，たんに経済に及ぶだけではない。〈市民社会〉の政治――私的所有と私的権利の政治――の全体にも及ぶ。それは，私的原理を超えないからである。

かくてヘーゲルは，従来の支配秩序＝国家である〈市民社会〉を超えるべく，政治的国家を構想した。肝要なのは，ヘーゲルの場合，政治的国家が原理的に私的立場を超えるとされたことである。それは従来の〈市民社会〉の原理を超える普遍性にもとづく。ヘーゲルが果たそうとしたのは，この意味での旧来の政治の転換であった。このとき，ヘーゲルのいう「市民社会」は，通説的に理解されるような経済社会としての市民社会をもっぱら示すものではなかった。ヘーゲルは概念的には市民社会を依然〈市民社会〉として理解しつつ，それを政治的国家によって超えようとしたのである。こうして〈市民社会〉が政治的国家によって相対化されるかぎり，従来の国家＝市民社会の了解は1つの「転換」を蒙ることになる。これが市民社会概念の第3了解をなす[12]。

48

　マルクスがヘーゲル法哲学批判をとおして確認したのは，ヘーゲルの「政治的国家」もまた近代の国家＝市民社会を超えないということであった。マルクスが為し遂げた市民社会概念の変容は３つの内容を含む。

　第１は，市民社会を，国家の土台とすることによって経済的次元と社会的次元を包括する再生産領域としてとらえたことである。この性格づけは，すべての市民社会概念の了解に前提されていた。しかし，マルクスの土台＝上部構造論に至ってはじめて，それが他のあらゆる領域の土台をなすという「本質」性格が認められた。この場合，市民社会を土台として国家に対立させるかぎり，市民社会は主要に経済領域を指すように了解されるとしても，対立はあくまで相対的なものであり，市民社会が国家を包括するという側面は失われない。第２は，市民社会を，人間の「本質」に属する普遍的次元，再生産領域であると同時に，他方では人間の本質（欲求・能力等）に対立する歴史的原理，私的所有の原理にもとづいて成立する階級的社会として分極化したことである。ブルジョア社会としての市民社会把握。そして第３は，このブルジョア社会を廃棄する根拠の生成する領域としての市民社会という了解である。以上の３つの内容を含むマルクスの理解こそ，市民社会概念の第４了解をなすのであった。それは第１了解以来の概念伝統を継承し，かつ市民社会における階級的構成などの歴史的な発見を加えて成立する。

3　市民社会分析——『経哲草稿』疎外論の性格

　〈人間的解放〉を論ずるさいに，マルクスは貧困を「人為的に生み出された貧困」(I/2：182) と述べ，プロレタリアートを「社会の急激な解体，とりわけ中間階級の解体から出現する人間大衆」(ibid.) であると指摘していた。しかし，この認識は，なお直感の域を超えていなかった。その事実の解明をなすべき経済学研究はまだ果たされていないからである。では，なぜ私的所有は一方に富を蓄積しながら，他方に貧困を生み出すのか。人間は市民社会の原理の下でなぜ

12）ただし，近代市民社会を超えたヘーゲルの政治的国家も，１）市民社会の二重構造を解消せず，２）〈文明—野蛮〉図式と結びついた植民を推奨するものであった。

自己喪失等に陥るのか。マルクスは土台＝上部構造論に立ち，ここにはじめて経済学研究——市民社会分析——を自らの課題として設定する。

　それはたまたま選択された領域の研究なのではない。政治・法律・宗教・哲学・道徳等の土台として，人間の「本質」に関わる再生産領域として把握された市民社会の分析であり，〈人間的解放〉の究極的根拠を与えるべき圏域の分析である。パリ時代の経済学研究は，このような包括的意味を与えられてこそ設定される。そして，この市民社会分析の成果としてマルクスは，「疎外された労働」論を開拓し，〈人間的解放〉理論をも共産主義として規定するに至るのである。後者は次節に譲るとして，本節では，前者の性格に関して 3 つの論点を考察する。第 1 は疎外された労働の前提，第 2 は疎外の本質的規定，第 3 は疎外の再生産，である。

疎外された労働の前提

　第 1 の論点は，疎外された労働の前提である。疎外された労働は，何らかの社会的関係構造を前提して成立する。この前提こそ，資本主義的私的所有および生産様式からなる関係構造[13]であり，疎外された労働はこの関係構造によって成立するということである。

　マルクスは『経哲草稿』第 1 草稿において，疎外された労働を論ずるにあたり，「われわれは国民経済学の諸前提から出発した」（I/2：234）と述べた。この前提とは何よりも「資本と土地所有と労働の分離」（ibid. 190）である。この分離は，まさに資本主義的生産様式の前提をなすものであり，マルクスは，この前提にもとづいて，それが労働者にとってのみ「致命的」（ibid.）であること，労働者が商品（労働力商品）となり，しかも「最もみじめな商品」となること，そして「土地所有の大部分は資本家の手中に落ちて」（ibid. 229），資本家が土地所有者となり，ついには「資本家と土地所有者との区別」（ibid.）が解消し，全社会は所有者（資本家）と無所有の労働者という 2 階級に分裂すること，を論じた。資本と労働の分離は，「所有者の支配が私的所有の，資本の，純粋な支配

13）以下，「関係構造」とは基本的に，資本と労働の分離という私的所有とこれにもとづく資本主義的生産様式の全体を表す。

として」現れ，「所有物に対する所有者のあらゆる人格的関係がなくなって，所有物が物象的な物質的富にすぎないものとなる」（ibid. 231）過程としてとらえられる。それゆえマルクスは，労働者と土地が貨幣関係——のちに「物象化」と規定される関係（本書第6章1節）——に包摂され，資本が生産手段を所有し，無所有の労働者に対立するという，資本主義的私的所有を前提として問題を設定していた。

さて資本（私的所有）と労働の分割を前提したとき，生産は，資本と労働との交換をとおして生産手段と労働（力）が結合されるという生産様式の下で遂行されるのであり，この関係構造が労働の前提をなす。労働はすでに単純な労働ではない。労働はいまや「商品を生産するだけでなく，労働それ自身と労働者を商品として生産する」（I/2：235）労働，すなわち「疎外された労働」である。ここでは「事物（物象）世界 [Sachenwelt] の価値増殖に正比例して，人間世界の価値喪失 [Entwertung] が増加する」（ibid.）。これこそ，マルクスが「国民経済学上の現に存在する事実から出発する」（ibid.）さいの事実にほかならない。

国民経済学では，人間の外部に存在し人間から独立した富（私的所有）は廃棄され，労働が私的所有の主体的本質としてとらえられる。

> 「私的所有の主体的本質，対自的に［自立的に］存在する活動としての，主体としての，人格としての私的所有は，労働である。したがって国民経済学が，労働をその原理と認識し——アダム・スミス——，それゆえもはや私的所有を人間の外部にある状態にすぎないと見なすことがないのは，……自明のことである」（I/2：257）

しかし，マルクスによれば，このことは人間の自立性を認めることを意味しない。

> 「したがって人間を承認するという見せかけの下に労働を原理とする国民経済学は，むしろ人間の否認を首尾一貫して遂行するものにすぎない」（I/2：258）

ここにあるのは，国民経済学における「分裂性 [Zerrissenheit] の原理」（I/2：258）である。つまり国民経済学は，私的所有の主体的本質として労働をとらえ，人間（労働者）の労働を承認するという見せかけの下で，人間を私的所有に従属せしめ，自立性を奪う。この労働者において経験される分裂性の現実こそ，

国民経済学の原理にほかならない。かくて国民経済学は，私的所有にもとづく関係構造と人間（労働者）の個体性との関連を問わず，それゆえに疎外をつかむことはない。マルクスが『経哲草稿』において一貫して問題としたのは，資本と労働の分離にもとづく資本主義的生産様式（関係構造）が労働者に分裂性（疎外）をもたらすということであった。

疎外とは何か

　第2は，「疎外」とは何か，という疎外の本質規定に関わる論点である。資本主義的私的所有の下では，労働が結合される対象（生産手段）は，もはや労働者には属さない。労働者は，対象的な生産諸条件に対して，他者（資本家）の所有物に対する態様で関係する。このとき労働が生産する対象＝生産物は，人間（労働者）にとって「疎遠な存在」であり，生産者から独立した威力をもって対立して現れるのであり，労働そのものも疎遠なものとなる（cf. I/2：236）。

　そして，ここから，1）「対象の疎外」（I/2：236）＝「事物の疎外」（ibid. 239），2）「労働の外化」（ibid. 238）＝「自己疎外」（ibid. 239），3）「類的本質」の疎外（ibid. 242），4）「人間の人間からの疎外」（ibid.），という4つの疎外が現れる。肝心なのは，なぜこれらが「疎外」なのか，「疎外」とはいかなる性格をもつ事態なのか，をとらえることである。

　これまで，疎外はフォイエルバッハ哲学の「人間の本質」を前提して現実を批判的にとらえた概念という解釈がなされてきた。たしかに，マルクスはたとえば労働の疎外に関して，「労働が労働者にとって外面的であること，すなわち労働者の本質に属さないこと」（I/2：238）を指摘し，疎外と本質を関連づけた。ここからあたかもマルクスが「労働者の本質に属する」べき労働を前提として「労働の疎外」をとらえ，本質主義的批判を行ったかのような解釈が生じた。だが，これは「Xは［人間の］本質に属する」というフォイエルバッハ的表現の解釈を誤ったものである。

　フォイエルバッハ『将来の哲学』によれば，「存在［Sein］は本質［Wesen］の措定である。私の本質［Wesen］をなすものが私の存在［Sein］である。魚は水中に存在する。この場合，魚の存在と魚の本質を切り離すことができない」（FGW 9：306）。つまり，「水中の存在は魚の本質に属する」とは，魚は水なしに存在

しえず，水という存在は魚の本質を発揮するのに不可欠の要素（エレメント）であることを意味する。この意味で，「水は魚の本質［エレメント］である」ともいわれる。マルクスが「Xは［人間の］本質に属する」という場合も同じ意味である。つまり，Xは人間の存在にとって不可欠の要素であるとき，「Xは人間の本質に属する」と言われる。

　「本質に属する」という表現の意味をよく表すのは，《ミル評注》に示される「二重の所有関係」(IV/2：454) である。それによれば，私的所有の下で，私は第1に，私のもつ欲求ゆえに他人の労働生産物に対して「内的所有の関係」(ibid.) に立つ。そして私が事物に対する欲求をもつことは「事物が私の本質に属することの，最も明白かつ抗い難い証明」(ibid.) である。だが他方，第2に，この事物は他人の所有に属するがゆえに，私は事物に対して二重の関係（自己関係）を結ぶ。かくて，1）事物に対する欲求をもち，2）事物は他の人間の所有物である，という二重の関係を前提して，交換によって事物を領有できない場合に，私は欲求を実現／確証できない。ここに存在する現実的矛盾が「疎外」である。マルクスは，事物が私に属するべきであると言っているのではない。ただ，「本質」に属する事物を確証できないという事実を問題としているのであり，この二重の自己関係的事態が「疎外」なのである。

　この関係を「疎外された労働」の場面で考えるならば，労働者は自己の本質に属する事物（生産物）を領有できないときに，「事物の疎外」が生じる。それは，本来的に事物が労働者に属するべきだからではない。事物は労働者の欲求ゆえにその本質に属するものであるが，それが他者に属するものとして存在する。ここに存在する二重の関係の矛盾が「事物の疎外」である。疎外において，欲求そのものが消失するわけではない。ただし，それは実現できないという矛盾にある。疎外は，本来の「あるべき本質」を前提した概念ではない。疎外は，現存する人間の欲求・能力・感覚・素質等の「人間的本質諸力」(I/2：269) ないし「個体性 [Individualität]」(ibid. 268) が確証されない事態を表すのである。

　「労働が労働者の本質に属さない」という「労働の疎外」の場合も，「事物が私の本質に属さない」という「事物の疎外」と同じ事態を考えることができる。人間は何らかの本質諸力をもち，それを発現して充足しようとする。それは労働においても同様である。労働はそれ自体が個人の本質諸力（生命）の発現で

ある（これは理念としての生命発現ではない）。ところが私的所有の下では，労働は他者の支配下に入り，自らの意志でなく他者の意志にしたがって自らの「本質諸力の発現」を求められる。疎外された労働はこうしてまず第 1 に，「労働者にとって外面的である」(I/2：238)。それゆえ他人の意志にしたがうこの労働は第 2 に，「強制労働」(ibid.) であり，自己犠牲，苦行としての労働である。そしてそれは第 3 に，「労働者に属するのではなく，……ある他者に属する」(ibid.)。このことは，「外的でない労働であるべきである」「強制でない労働であるべきである」「労働者に属するべきである」という当為を表さない。現に私的所有の下で資本家に労働を売ったときに現実的に存在する矛盾である。なぜそれが矛盾になるかといえば，労働者は自己のうちに本質諸力を具えているからである。労働者の生命発現として「本質に属する」活動でありながら，労働が他者に属すがゆえに自己を確証できない事態を，「疎外」と規定するのである。

　肝要なのは，「疎外」では理念が想定されていないことである。繰り返せば，疎外が表すのは，人間の本質諸力／個体性を確証できないという，現実の二重の，矛盾した事態である[14]。本質諸力／個体性が存在するからこそ，人間に本質的な関わりをもつ対象や活動は，他者に属するものであるとき，疎遠な威力として現れる。そして，このことは，3）類的本質＝在り方の疎外，4）人間からの人間の疎外，にも妥当するのである。

　人間が類的存在 [Gattungswesen] であるとされるのは，人間だけが人間という類そのものを――他の諸物の類とともに――理論的かつ実践的に対象として関わる，つまり共同的かつ意識的存在であるからである。

　　「人間は 1 つの類的存在である。それは，人間が実践的かつ理論的に類を，すなわち自己自身の類および他の諸物の類を対象とするばかりでなく，また――これは同じ事柄の異なる表現にすぎないが――人間が自己自身に対して，現にある生きた類に対する態様で関係するからであり，自己自身に対して，普遍的な，それゆえ自由な存在に対する態様で関係するからである」(I/2：239)

14）関連概念として「外化 [Entäußerung]」がある。本書ではほぼ同義と解し，異同には立ち入らない。

　マルクスにあっては，生命活動，生産的生活（生産的労働）は人間の類的生活（人間の再生産に本質的な生活）であり，しかもそれによって現実的に類的存在であることを実証する活動である。

　　「生産的生活は類的生活である。それは生活を産出する生活である。生命活動の在り方のうちにはある類の全性格，その類的性格が現れるのであり，自由な意識的活動こそ人間の類的性格をなすのである。……／人間は生命活動そのものを自己の意欲と意識の対象とする。人間は意識的生命活動をもつ。それは人間が直接に合休される規定性ではない。意識的生命活動は人間を直接に動物的生命活動から区別する。まさにこのことゆえにのみ，人間は［現に］類的存在なのである。あるいはまさに類的存在であるがゆえにのみ，人間は意識的存在であり，人間自身の生活が人間にとっての対象となるのである」(I/2：240)

　マルクスによれば，人間は動物と異なり，「普遍的に生産する」のであり，「全自然を再生産する」。こうして人間は「対象的世界の加工形成において」，はじめて「自己が現実に類的存在であることを実証する」(I/2：241)とされる。マルクスは人間が類的存在であるべきだとは主張しない。「人間は現に類的存在なのである」。人間の類的本質＝在り方をなす類的生活，生産的生活が喪失されることはない。類的本質＝在り方の疎外とは，労働の疎外の直接的帰結である。なぜなら生産的生活（労働）こそ人間の類的生活であり，労働の疎外は，労働という「類的生活」を自己から疎外することによって，類的本質＝在り方の疎外をもたらすからである。それは，類的生活を抽象化された人間の個人的生活の手段とする。

　　「疎外された労働は人間から，１）自然を疎外し，２）自己自身を，その固有な活動的機能，その生命活動を疎外することによって，人間から類を疎外する。それは人間にとって，類的生活を個人の生活の手段にしてしまう」(ibid. 240)

　人間は疎外において類的存在であること（あるいは類的本質をもつこと）をやめるわけではない。ただし，労働を疎外することによって，類的存在のゆえに人間は，自己の再生産にとって本質的な──「本質に属する」──生産的生活（労働）において，自己と疎遠な活動──他者の目的に従属した疎外された

労働——に関わり，自己（個人）の生活の手段とせざるをえない。かくて労働
の疎外は，「類的本質の疎外」とも規定される。

　マルクスはフォイエルバッハと異なり，類的本質が疎外されているからそれ
を返還せよとはいわない。生産的生活という類的本質は本質ゆえに疎外されな
い。しかし，だからこそ，この生産的生活＝類的生活という本質領域において
——私的所有という特定の諸関係の下で——類的生活を生存の手段にすぎない
ものに貶めていることを「類的本質の疎外」というのである。

　そして，「人間の人間からの疎外」は，「人間が自己の労働の生産物，その生
命活動，その類的存在から疎外されているということの直接的帰結」(I/2：242)
である。それは他の人間から疎外されることを意味する。なぜ他の人間から疎
遠になることが疎外なのか。人間の共同的本質が疎外されているから，回復す
べきであるということではない。共同的存在であること，共同的本質は失われ
ていない。そうではなく，人間（他者）に対して人間がもつ愛，友情その他の
本質諸力／個体性が確証されないというところに「人間の人間からの疎外」は
ある。マルクスによれば，他の人間はそれ自体が人間にとって「最大の富」
(ibid. 273)，すなわち本質諸力／個体性を確証するための対象をなす。ところが，
それは疎外された労働の下では確証されない。このことが「人間からの人間の
疎外」を成立させる。それゆえ，ここで成立する疎外は，後にいわれる「人間
［労働者］と他の人間［資本家］との対立」と必ずしも同じではない。「人間の人間
からの疎外」とは，一般に労働者との間でも，商品所持者との間でも成り立つ
疎外である。

　結論的にいえば，疎外は，資本（私的所有）と労働の対立にもとづく生産様
式（関係構造）を前提として労働を行う労働者が，関係構造に規定された在り
方を強制され，それゆえに自己の欲求・能力等として存在する本質諸力／個体
性（以下，「個体性」）を確証できないという，現実の矛盾した自己関係の事態を
表す。疎外において，個体性が消失するわけではない。これらが存在するから
こそ，各人にとって本質的な関わりをもつ対象や活動は，他者に属するもので
あるとき，疎遠な力（疎外）として現れる。啓蒙主義的理論構成を超えて，現
実的矛盾を疎外として問題とするところにマルクス疎外論の際立った性格があ
るのである。

関係構造と疎外の再生産

　第 3 の論点は，疎外された労働による私的所有および生産様式（関係構造）の再生産，そして疎外の再生産，である。

　マルクスは疎外された労働の 4 つの規定を示したのち，疎外された労働による私的所有の再生産を論じた。そして，「疎外された労働の概念は現実にはいかに表現されなければならないのか」(I/2：242) と問うて，疎外における人間と人間の関係を明らかにする。労働の生産物が疎外されるとすれば，それは誰に属するのか，疎外された労働は誰に属するのか。それは，労働者以外の他の人間（資本家）でしかありえない。つまり，疎外された関係は，つねに「他の人間に対する労働者の関係を通してはじめて対象的現実的でありうるのである」(ibid. 243)。こうして，疎外された労働は，他の人間に対する「関係の生産」という視角を獲得する。

　　「それゆえ，疎外された労働を通じて人間は，ただ生産の対象や行為に対する自己の関係を，自己に敵対的な，他の人間に対する関係として生み出すだけでなく，他の人間たちが自己の生産や生産物に対してもつ関係をも，また他の人間に対してもつ自己の関係をも，生み出すのである」(ibid.)

　マルクスがここで確証するのは，疎外された労働が前提をなす私的所有そのものを再生産することである。

　　「私的所有は外化された労働の，すなわち自然および自己自身に対する労働者の外在的関係の，産物であり，成果であり，必然的な帰結である」
　　(I/2：244)

　疎外された労働が「私的所有の運動からの結果」(I/2：244) として得られたとすれば，いまや私的所有は疎外された労働の一帰結にほかならないことが判明する。

　　「私的所有が外化された労働の根拠，原因として現れたとすれば，いまや前者は後者の帰結をなす。……かくてのちにはこの関係は相互作用に転換する」(ibid.)

　私的所有は外化された労働の産物であり，他方では私的所有こそ労働を外化させる手段である。この箇所は，ときに初期マルクスの循環論，要するに「論理の破綻」として解釈される。しかし，それは拙速であり，むしろ積極的な

「再生産の論理」として把握されなければならない。私的所有と疎外された労働とは相互に反省関係をなし，この全体が私的所有および生産様式の関係構造を構成するのである。こうしてマルクスは，この全体としての私的所有こそ現実的疎外の，したがって貧困および隷属の，根拠と把握した。

　所有形態は，それだけでは運動原理をもたない。他方，労働は所有形態を離れて自立的に運動できない。それゆえマルクスは，労働と所有形態を一体のものとしてつかみ，労働を所有形態の運動原理ととらえる。この把握を「労働＝所有形態論」と規定するなら，マルクスはこれによって，資本（私的所有）と労働の対立にもとづく資本主義的生産様式（関係構造）と労働との関連，さらには再生産を把握し，それゆえに疎外された労働とその疎外の再生産を把握したのである[15]。

　以上が，『経哲草稿』疎外論の概要である。マルクスの疎外論にあっては，［１］疎外の前提として所有関係にもとづく生産様式が関係構造として設定され（生産様式論），［２］かかる関係構造の下に，富と貧困の蓄積，人間の自己喪失等の必然化する過程が疎外として把握され（疎外された労働論），そして，［３］関係構造および労働の疎外との再生産が把握される（労働＝所有形態論）。まさにここに，市民社会分析の核心がある。あるいは，労働＝所有形態論は主として関係構造という前提の再生産をとらえる議論とみなしうるなら，疎外論は広義には，生産様式論（労働＝所有形態論を含む）と疎外された労働論の二層からなるものと了解される。

4　「歴史変革の論理」と共産主義の措定

　マルクスは『経哲草稿』第１草稿において，市民社会の運動を，私的所有（資本）と労働の分離という前提の下に成立する生産様式（関係構造）によって

---

15) マルクスは『経哲草稿』以後，労働＝所有形態論をさまざまに定式化し，自らの方法論的認識様式とした。たとえば《リスト評注》（1845 年 8 月）の中で，マルクスは，「「労働」は私的所有の生きた基礎であり，自己自身の創造的源泉としての私的所有である。……「労働」は本質からして，不自由な，非人間的な，非社会的な，私的所有に制限された，私的所有を創造する活動である」（Marx [1972] 436）と論じた。

58

労働が私的所有を再生産する運動としてとらえ，そしてこの関係構造と関連づけて，労働者に現れる疎外を，否定的に描いた。しかし，これは疎外の消極的側面を表すのであり，それだけでは，マルクスの本来的課題をなす市民社会の変革につながる積極的な結果は生み出されない。これに対して，『経哲草稿』第3草稿「私的所有と共産主義」に至るとマルクスは，資本と労働の対立を否定し，私的所有と無所有を廃棄する歴史変革の運動が疎外のうちに現れるという「歴史変革の論理」をつかみ，この運動を「共産主義」として把握した。

『経哲草稿』の「歴史変革の論理」

　資本と労働の対立を廃棄する「歴史変革の論理」を，マルクスはいかにしてつかむのか。第3草稿「私的所有と共産主義」はこれを，こう論じた。

　　「しかし無所有と所有との対立は，それが労働と資本の対立として把握されないかぎり，なお無差別な対立であり，活動的関連において，内的関係においてとらえられていない，なお矛盾としてとらえられていない対立である。……だが，私的所有の主体的本質をなす労働が所有の排除として存在し，客体的労働たる資本が労働の排除として存在する関係こそ，発展を遂げた矛盾関係としての私的所有であり，それゆえに解体へと駆り立てるエネルギッシュな関係としての私的所有である」(I/2：260)

　では，なぜ，労働と資本の対立は「発展を遂げた矛盾関係としての私的所有」に転化し，解体へと駆り立てられるのか。それは，人間（労働者）が私的所有の運動を通して，一方でははじめて自己の個体性の確証に必要な対象的富を生産するとともに，他方では，それに照応する欲求・感覚等の個体性という主体的富を——対立した疎外の形態において——つくり出すからである（疎外の積極的側面）。

　マルクスは対象的富と主体的富の関連について，ある種の二律背反を論じている。

　　「主体的に解するならば，音楽がはじめて人間の音楽的感覚を呼び起こすのと同様に，非音楽的耳にはどんなに美しい音楽も何の意味ももたず，いかなる対象でもない。なぜなら私の対象は，私の本質諸力のうちの1つの力の確証でありうるにすぎず，それゆえ私にとっては私の本質力が主体

的能力として自覚的に存在するかぎりで存在しうるからであり，ある対象
の私にとっての意味は（それに照応する感覚にとってしか意味をもたない
のだから），まさに私の感覚が及ぶ範囲にしか及ばないからである」(I/2：
270)

　音楽は人間の音楽的感覚を呼び起こすとしても，非音楽的耳にはどんな音楽
も意味をもたない。対象の意味は私の感覚が及ぶ範囲にしか及ばないとすれば，
いかなる対象も原初の感覚を超えない。そして，もしこれが固定されるならば，
そもそも音楽は形成されない。ここに二律背反がある。では，どのようにして
音楽的耳は形成されるのか。マルクスは，この問題を実践的に解決する。マル
クスによれば，「人間的本質の対象化」は理論的観点からも実践的観点からも，
「人間的かつ自然的本質の富全体に照応する人間的感覚を創り出す」(I/2：270)
ために必要である。言い換えれば，潜在力として存在する人間諸力を対象化し，
対象的に展開された富を形成することを通してはじめて主体的人間的感性の富
も生成しうる。かかる把握によって，マルクスは二律背反を解決するのである。

　　「人間的本質が対象的に展開された富によってはじめて，主体的人間的感
　　性の富が生成し，音楽的耳や形式の美に対する目が生成する。要するには
　　じめて人間的享受の能力をもつ感覚が，人間的本質諸力として表出される
　　感覚が，完成され，また産出される。というのは，五感だけでなく，いわ
　　ゆる精神的感覚，実践的感覚（意志，愛等）も，一言でいえば人間的感覚，
　　感覚の人間性が，はじめてその対象の存在によって，人間化された自然に
　　よって生成する」(ibid.)

　かくて歴史は，この意味で対象的富と主体的富——個体性——の形成過程と
して把握されることになる。そして人間（労働者）は疎外された労働をとおし
て，対象的富と主体的富を形成することによって，両者の対立を，「発展を遂
げた矛盾関係」にまで深化させ，それゆえに，この疎外を廃棄せずにはいない。
ここにマルクスは「歴史変革の論理」を見出すのである。

　共産主義は，以上の形成を前提として，資本主義的生産様式の基礎をなす資
本と労働の対立を廃棄し，対象的富と主体的富を統合するところに基礎づけら
れる。それゆえマルクスは共産主義を，私的所有の運動，歴史の全運動と結び
つけて歴史的に正当化する。

　「歴史の全運動は共産主義を現実に産出する行為——それの経験的存在を生み出す行為——である。……／私的所有の運動，換言すればまさに経済の運動のうちに，全革命運動はその経験的土台をも理論的な土台をも見出すということ，このことの必然性は容易に洞察されるところである」(I/2：263)

　革命運動は私的所有の運動のうちに経験的土台を見出す，という部分がとりわけ重要である。[１] 私的所有は労働と対立し，かつ労働によって再生産される——労働‐所有形態論。しかし同時に，[２] 人間（労働者）はこの関係において，対象的富および主体的富を生産し，かつ両者の対立・矛盾，疎外を拡大再生産するのであり，それゆえに，この疎外を廃棄せずにはいない——「歴史変革の論理」。この場合，変革の主体的根拠は個体性にある。マルクスは疎外論と共産主義論において，疎外および疎外の変革の根拠を，いずれも個体性においてつかんだことになる。

　国民経済学は「労働者（労働）と生産との間にある直接的関係を考察しないことによって，[現にある] 労働の本質 [在り方] に存在する疎外を隠す」(I/2：237)。それゆえにそれは，「私的所有をその活動的な形姿において主体たらしめ，かくて人間をその本質存在 [Wesen] にすると同時に非本質存在 [Unwesen] としての人間をその本質存在とすることによって」(ibid. 257)，産業の分裂した現実——私的所有（関係構造）とその下での労働——を正当化した。これに対してマルクスは労働における疎外をとらえることによって，疎外のうちに私的所有（関係構造）と個体性との矛盾を認めるがゆえに，この矛盾を廃棄する根拠を見出したのである。

「現実的疎外の廃棄」としての共産主義

　かくて生まれる共産主義は，一言でいえば，「私的所有の積極的廃棄」あるいは「現実的疎外の廃棄」である。すなわち，共産主義は疎外の廃棄として——４つの疎外に照応して——４つの契機から論じられる。すなわち，１）対象的富の領有。２）自己確証の実現。３）個と類の対立の廃棄。４）人間の人間からの疎外の廃棄。

　共産主義は，第１に，「事物の疎外」の廃棄としての対象的富の領有であり，

第 2 に，「労働の疎外」の廃棄としての自己確証の実現である。事物の疎外の廃棄としての対象的富の領有は，「人間的本質と生命の感性的領有，人間のための，人間による対象的な人間，人間的作品の領有」(I/2：268) であるが，それは，たんに「所持［Haben］」という意味だけでとらえられてはならない。それは各人の個体性の確証としても把握される。

> ［［私的所有の積極的廃棄では］人間は，自己の全面的な本質を全面的な仕方で領有し，したがって一個のトータルな人間として領有する。世界に対する人間的関係のいずれもが，すなわち，見る，聞く，嗅ぐ，味わう，感じる，思考する，直観する，感覚する，意欲する，活動する，愛する，要するに人間の個体性のすべての器官は，……対象的関わりにおいて，対象への関わりにおいて，対象の領有であり，人間的現実の領有であり，対象への関わりは，人間的現実の確証なのである」(ibid.)

　個体性は，疎外のなかで形成される。「五感の形成はこれまでの世界史全体の仕事である」(I/2：270)。共産主義が「あらゆる人間的感覚および性質の完全な解放」(ibid. 269) と規定される所以である。

　そして，共産主義は第 3 に，「類の疎外」の廃棄としての「個と類」の統一であり，「人間の個人的生活と類的生活」(I/2：267) の対立を廃棄した「ゲゼルシャフト」＝「結合社会」の下でこそ実現される。この「結合社会」のイメージはなお具体的でない。しかし，この結合社会では，活動および享受等が「人間的＝社会的」になっているとされており，「ゲゼルシャフト」がたんなる「社会」ではなく，資本主義的私的所有の下での疎外が廃棄された，共同所有にもとづく社会を意味することは明らかである。

> 「それゆえゲゼルシャフト的性格は［共産主義］運動全体の普遍的性格である。ゲゼルシャフト自体が人間を人間として生産するように，ゲゼルシャフトも人間によって生産される。活動も享受も，それぞれの内容からも存在様式からも，ゲゼルシャフト的活動およびゲゼルシャフト的享受となっている。自然の人間的本質は，ゲゼルシャフト的人間にとってこそはじめて存在する。というのはここでこそはじめて，自然は人間にとって人間との紐帯として，つまり他人に対する自己の存在かつ自己に対する他人の存在として存在し，ここでこそはじめて，人間自身の人間的存在の基礎として，

62

また人間的現実の生活エレメントとして存在するからである」(ibid. 264)

ゲゼルシャフトは,「人間と自然との完成された本質的一体性,自然の真の復活」(I/2 : 264) であるとさえいわれる。そして,ここでこそ第4に,「人間の人間からの疎外」の廃棄としての人間の獲得が実現されるのである。

> 「したがってゲゼルシャフトにおける人間にとっては至るところで,一方では対象的現実が人間的本質諸力の現実として,人間的現実として,それゆえに人間に固有の本質諸力の現実として生成することによって,人間にとってあらゆる対象が,自己自身の対象化として,個人の個休性を確認し実現する対象として,人間の対象として生成する。かくて人間自身が対象として生成する」(ibid. 269)

要するに,私的所有の積極的廃棄は現実的疎外の廃棄である[16]。それゆえに共産主義は次のようにも規定された (以下に示される対立は,「疎外された労働」論で問題とされた論点であった)。

> 「共産主義は,人間と自然との間の,また人間と人間との間の,抗争の真実の解決であり,現存と本質との,対象化と自己確証との,自由と必然との,個と類との間の,争いの真の解決である」(I/2 : 263)

〈理論と実践〉に関する了解転換

啓蒙主義的理論構成に対する批判が『独仏年誌』期に開始されていたことは,すでに見たとおりである。しかし,この批判は,マルクスの理論そのものが形成されなければ完成しない。じっさい,マルクスは『経哲草稿』第3草稿で共産主義を提起してはじめて,現存する産業とその対象的存在とを——疎外という形態の下にあるとはいえ——「人間的本質諸力の開披された書物」として,「人間の本質との連関において」(I/2 : 271) とらえ,啓蒙主義批判を完結させるのである。

> 「産業の歴史と産業の生成し来たった対象的存在とが人間的本質諸力の開披された書物であり,感性的に現存する人間的心理学であることは明らか

---

16) 共産主義はさらに,「あらゆる疎外の積極的廃棄」(I/2 : 264) でもある。この論点は割愛する。

である。この心理学はこれまで人間の本質との連関においてとらえられず，つねに外的有用性の関連においてとらえられたにすぎない。なぜなら，ひとは——疎外の内部で動きながら——人間の普遍的存在だけを，すなわち宗教を，あるいは抽象的普遍的な在り方において，政治，芸術，文学等としてある歴史を，人間的本質諸力の現実として，人間的な類的行為としてとらえることしかできなかったからである」(ibid.)

　この認識は，〈理論と実践〉に関する旧来の了解一般を転換させる。なぜなら，これまでの理論はすべて，物質的産業を「有用性」の関連においてのみとらえ，それに対立する人間の「普遍的存在」を，すなわち宗教や政治等を「人間的本質諸力の現実として，人間的な類的行為として」とらえ，これを根拠に理論を築いてきたのだからである。

　ここに示される批判は土台＝上部構造論に示される認識と異なるものではない。つまり，従来の了解では，理論は自立的な普遍的理性——現実には，近代になって可能となったブルジョア的支配的理性——を前提として，現実を批判し実践的に変革しようとする啓蒙主義的理論構成をとるのであり，実践はこうした理論の実践（理論→実践）としてとらえられる。この場合，理論はなぜ普遍的理性に反する現実（不自由等）が歴史的に存在するのかを説明できず，したがって，こうした理論にもとづく実践は原理的に現実を変革できない。ここに啓蒙主義的理論構成の原理的な限界が存在する。

　それゆえマルクスは，これまで哲学的思想的次元で論じられてきた対立——人間と自然，人間と人間，現存と本質，等——を理論的にのみとらえた哲学を次のように批判した。

　　「理論上の諸対立の解決さえも，ただ実践的な仕方でのみ，人間の実践的なエネルギーによってのみ，可能なのであり，したがってその解決は，けっして認識の問題にすぎないのではなくて，一つの現実的な生活上の課題である。この課題を哲学が解決できなかったのは，まさにそれを理論的な課題としてのみとらえたからである」(I/2：271)

　マルクスによれば，むしろ実践による現実的存在の変革こそが理論上の謎を解決するのである。共産主義は理論的諸課題の解決をも包括する。

　マルクスの場合，理論は実践から自立しない。むしろ理論は労働者の現実

（生活）において存在する疎外を解決する運動＝実践の表現である（自己関係視座）。いったん理論が形成されるならば，理論にもとづく実践が存在しうるとしても，この理論はつねに現実に存在する運動＝実践の表現（実践→理論）でしかない。この了解転換によってマルクスは最終的に啓蒙主義的理論構成の批判を為し遂げた。

　マルクスは『経哲草稿』でフォイエルバッハの「人間」なる理念を示す。だが，それは，「人間」の欲求が欲求となるという歴史において要請される理念にすぎない。もはやマルクスにとって現実から自立した理念は存在しない。現実を超える理念があるとすれば，それはただ，現実のうちに生成する──疎外において確証されない──主体的富の確証である。そして主体的富は，世界史のうちに形成されることが想定されるのであり，じっさい「人間としての人間」が次のように語られるのである。

　　「全歴史は，「人間」が感性的意識の対象となり，「人間としての人間」の
　　欲求が欲求となるための準備の歴史，発展の歴史である」(I/2：272)

　ここにマルクスが果たした了解転換の成果が現れる。マルクスはフォイエルバッハ的な「人間」を理念的に前提して共産主義を提起したのではない。むしろ，あらゆる人間的感覚，豊かな人間の欲求の形成をとおしてはじめて，「人間」という理念，あるいは「人間としての人間」の欲求が歴史的に形成されると述べる（フォイエルバッハ的な概念の歴史的変容）。対象的富に照応する人間の主体的富の形成が，共産主義の前提である。ここに，マルクスは普遍的理性とは異なる現実変革の理念を提起したということができる。

小括

　初期マルクスは 1843 年秋-44 年に，旧来の理論構成を根本的に転換して，1）土台＝上部構造論，2）市民社会分析，3）変革理論（共産主義），を要素とする独自の理論形成を果たした。生成期のマルクス理論が『ドイツ・イデオロギー』の理論といかに接合されうるかの検証はなお課題として残されるとしても（本書第 4 章），マルクスが 1844 年の時点でオリジナルな理論を形成しえていたことは明らかである。そして，それはすでにイデオロギー批判の条件形成の過程でもあった。いまや，この過程を考察しなければならない。

第2章　イデオロギー批判の生成

　マルクスが形成した理論の諸要素は，同時に，イデオロギー批判の条件をなす。それゆえ理論形成の過程は，イデオロギー批判の条件形成の過程でもあった。じっさいマルクスは『独仏年誌』期に土台＝上部構造論の形成にもとづいて，従来のあらゆる哲学／思想等が基礎とする啓蒙主義的理論構成を廃棄し，理論転換を果たすと同時に，ヘーゲル法哲学ばかりでなく，フォイエルバッハ批判とバウアー批判を端緒的に果たした（後述）。そして『経哲草稿』期にも，市民社会分析を通して，変革理論（共産主義）を措定し，〈理論と実践〉に関する了解転換を為し遂げたのちに，周知のとおり「ヘーゲル弁証法および哲学一般」に対する批判を開示しようとした（後述）。かくて，ここにイデオロギー批判の条件形成を読み取ることができる。以下では，『独仏年誌』期から『聖家族』期までのフォイエルバッハ批判（1節），バウアー批判（2節），ヘーゲル弁証法批判（3節），を論じた上で，最後にイデオロギー批判の条件形成の総括として《テーゼ》を考察する。

1　フォイエルバッハ批判

　マルクスのフォイエルバッハ批判は，一般に3段階からなる。第1段階は，『独仏年誌』期。第2段階は，『経哲草稿』／『聖家族』期。第3段階は，《テーゼ》以後である。第2段階までは高いフォイエルバッハ評価のために目立たないとはいえ，フォイエルバッハ批判は『独仏年誌』期に端緒的に始まっており，『経哲草稿』期のフォイエルバッハ批判（後述）も《テーゼ》に総括される内実を構成するのである。

フォイエルバッハ批判の生成

　すでに示したように，マルクスは『独仏年誌』期に，〈民主制〉理論から〈人間的解放〉理論への転換を果たした。ここには，マルクスの自己批判とフォイ

エルバッハ批判が示される。この観点から『独仏年誌』期のフォイエルバッハ批判を考察する。

　まず確認すべきは、『ヘーゲル国法論批判』期にマルクスはフォイエルバッハの宗教批判を根拠に、現実政治に対する「意識の改革」を為し遂げ、〈民主制〉を実現しようとしていたということである。ルーゲ宛書簡 (1843.9) では、こう言われる。

　　「意識の改革とは、ただ、世界をしてその意識に気づかせること、世界を自己自身についての夢から目覚めさせること、世界に対してそれ自身の行動を解明しやること、にある。われわれの全目的は、ちょうどフォイエルバッハの宗教批判がそうであるように、宗教的および政治的な諸問題に、自覚的［自己意識的］な人間的形式を与えること、以外ではありえない」(I/2：488)

「意識の改革」の方法とは、フォイエルバッハが宗教批判で示した啓蒙主義的な批判の方法であり、まさに『ヘーゲル国法論批判』においてマルクスが行ったヘーゲル法哲学批判の方法にほかならない。そして、マルクスはこの方法を受容して、君主制において疎外された政治体制の返還（政治的解放）と各個人の「実体転化」を要請し、〈民主制〉を実現しようとした。これが〈民主制〉理論の理論構成であった。

　だが、すでにこの理論構成は破綻した。それは、上記の要請される「実体転化」は起こらないからである。フォイエルバッハの宗教批判は、普遍的類的要素（愛などの類的本質）をもって、主観的利己的要素（心情の全能）を廃棄し、宗教を人間に返還しようとする啓蒙主義的批判であった。この場合、普遍的要素は利己的要素と本質的に対立するとみなされ、前者によって後者の廃棄を目指す意識改革がはかられた。だが、もはやマルクスは、普遍的要素と利己的要素との本質的対立を認めない――両要素は相応関係（相互見合い）にある――のであり、それゆえ、意識の改革によって宗教からの解放をもたらす方法を廃棄する。かくてマルクスは、本書序論で示したように、宗教批判を現実批判に転化させるべきことを《批判序説》に記した。これは、端緒的かつ本質的に、マルクスによるフォイエルバッハ的理論構成の批判をなすものであった。じっさい、この批判の可能性は、１）『キリスト教の本質』に示される共同性（愛）

の論理にも，２）新しい哲学が到達した政治的結論に関する反省からも，確認
される。

　第 1 に，共同性（愛）の論理。フォイエルバッハは『キリスト教の本質』に
おいて，大略，次のことを確認した。[1]「神の本質は人間の類的本質が対象
化されたものにほかならない」ということ (cf. FGW 5 : 48-49＝上 69)。神（主語）
の述語——理性・意志・愛等——に示される神の本質は，一切が人間の類的規
定であり，それゆえ神とは人間の本質が一個の存在として対象化され疎外され
たものである（宗教的疎外）。[2] かくてここから，「主語と述語の転倒」，す
なわち，人間の類的本質こそ神であることが判明する。このことを最もよく表
すのが，宗教の根底をなす「人間に対する神の愛」(ibid. 115＝上 146) である。神
の愛は神的存在の本質規定であり，ここでは人間が最高存在たる神の目的とな
る。それゆえそれは，人間に対する人間の愛が「人間の最高の本質として対象
化される」(ibid. 116＝上 148) ことを意味する。[3] 人間の愛には二重の意味が
ある。1 つは，他者に対する人間の愛，もう 1 つは利己愛である。三位一体の
秘密は，共同生活だけが人間の真の生活であるという内在的真理である (cf.
ibid. 136-137＝上 164)。愛とは，人間が他の人間という富を心性 [Herz] の欲求の
対象として要請し，他の人間を自己の本質とすることである。この愛の共同に
よってこそ，人間は自己を全き存在，あるべき人間となる (cf. ibid. 273＝上 316)。
人間は人類の総体においてこそはじめて類に相応しいあるべき人間となる (cf.
ibid. 275＝上 319)。[4] キリスト教は愛と信仰の矛盾である。キリスト教は，人
間の心情 [Gemüt] の欲求，主観性を世界の掟とすることによって成立する。キ
リスト教では，人間はもっぱら関心を自己に集中し，自己を世界全体（自然と
共同体 [Gemeinwesen]）との連関から引き離す (cf. ibid. 262＝上 306)。愛は利己愛
に転化する。こうしてキリスト教には本質的に 2 つの要素が存在する。1 つは
普遍的類的な要素，類的共同への愛，いま 1 つは主観的利己的な要素，信仰
である。だが，これは矛盾である (cf. ibid. 409ff.＝下 112-)。かくて [5] 類的本質
こそ人間の最高の本質をなすなら，「人間の人間に対する愛」が「最高にして第
一の法則」(ibid. 444＝下 153) とならなければならない。それは「世界史の転回
点」(ibid.) をなす。

　こうして，フォイエルバッハが愛の共同を語ったとき，それが意味したのは，

68

人類の無限な富への愛であり，共同への愛であった。

> 「人間的本質とはさまざまな述語からなる無限の富であり，それゆえにさまざまな個人からなる無限の富である。……多数の個人が存在してこそ，人類はそれだけ多くの力，多くの性質をもつ」（FGW 5：60＝上 85）

> 「人間の本質は 1 つであるが，この本質は無限であり，したがって現実的存在は相互に補完しあう無限な多様性であり，これが本質の富を顕現させるのである」（ibid. 276＝上 320）

フォイエルバッハは，共同への愛によって，人間のもつ無限の富を現実化しようとした。そして，それこそ新しい哲学の原理をなすものであった。だが，ここには，現実の倒錯した世界によって「人間的本質」が実現されないという自己喪失，矛盾の把握は存在しない。反対に観望されるのは，人類の現状における無限の富の実現である。

第 2 は，新しい哲学の政治的結論である。フォイエルバッハの哲学は本来的に「観想的」なのではない。むしろ自らが『将来の哲学』で言うように，それは「本質的に実践的な，しかも最高の意味で実践的な傾向をもつ」（FGW 9：340）哲学であり，国家論をも内在させる理論であった。フォイエルバッハは《暫定的テーゼ》において，新しい哲学を論じた末尾に，こう述べた。

> 「国家とは，人間的本質の実現された，完成された，顕現した総体性である。国家のうちでこそ，人間の本質的諸性質ないし諸活動は実現され，しかも国家元首という人格においてふたたび同一性に還帰するのである」（ibid. 262）

この完成された国家は，本来，「共和制」である[1]。フォイエルバッハ哲学は，共和制において「人間」の実現を目指す，それ自体が 1 つの「行為の哲学」であった。かくてフォイエルバッハは，キリスト教批判／哲学批判を通して

---

[1] フォイエルバッハの遺稿《哲学の根本命題》（1842/43）では，こう記された（マルクスは未見）。「国家においては，人間の諸力が分化し展開される。この諸力の分化および再統合によって，無限の本質が構成される。多数の人間，多数の諸力が 1 つの力となっている。国家はあらゆる実在性の統括であり，国家は人間の摂理である。……［真の］国家は，無制約の，無限の，真の，完成された神的人間である。国家にしてはじめて人間なのであり，国家こそ，自己自身を規定しつつ，自己に関係する人間，絶対的人間なのである」（FBN 1：410）。この真の国家こそ「共和制」（ibid. 412）にほかならない。

「意識の改革」をはかり，愛と共同という原理を国家のうちに現実化しうると，自らの哲学原理の現実性＝真理性を主張したのである。

　しかし，ここには，現状の国家に対する批判どころか，かえって神聖化が現れており，宗教批判にもとづいた政治的理性に現状変革の根拠を求めるフォイエルバッハの理論構成が歴然と示される。〈民主制〉の構想を否定し，理論転換を果たしたマルクスがこれとまったく異なる──正確にいえば，それを否定する──理論構成を採ったことは疑うことができない。このとき，フォイエルバッハ批判は不可避である。

　要約。フォイエルバッハ哲学の理論構成が一般に啓蒙主義的理論構成を表すとすれば，マルクスはこの啓蒙主義批判を『独仏年誌』期に始めたことになる。もとより，マルクスも認めるように，『独仏年誌』の2論文にも，「人間的本質」や「類」というフォイエルバッハ的表現は頻出する。しかし，それらはフォイエルバッハ的理論構成の受容を証すものではなく，かえってフォイエルバッハ哲学の批判的「転換」を表すものである。

直観的唯物論批判

　ここでは，『独仏年誌』期に始まる啓蒙主義的理論構成の批判を前提として，第2段階のフォイエルバッハ批判を考察する。

　マルクスは『経哲草稿』において，フォイエルバッハを「ヘーゲル弁証法に対して真剣に批判的態度をとって，この領域で真の発見をした唯一の人物であり，一般的に言って古い哲学を真に克服した人である」(I/2：276)と評価した。マルクスによれば，このフォイエルバッハの偉業は次の3点にある。

　　「フォイエルバッハの偉業は，［1］哲学とは，思想［の水準］にもたらされ，思考として遂行される宗教にほかならないこと，それゆえ同様に人間的本質の疎外の他の形態であり存在様式であるとして，断罪されるべきことの証明。［2］真の唯物論と実在的な学問の基礎づけ。フォイエルバッハはこれを，社会的関係を「人間に対する人間」の関係として，同様に理論の根本原理とすることによって，［3］絶対的に肯定的であると主張する否定の否定に対して，自己自身にもとづき，肯定的に自己自身に基礎づけられる肯定的なものを対置することによって，果たすのである」(ibid.)

　この評価は，次のようなヘーゲル弁証法の把握にもとづく。すなわち，ヘーゲルは，［１］絶対的かつ固定的な抽象たる実体の疎外（論理的には，無限なるもの，抽象的に普遍的なもの）から出発し，続いて，［２］無限なるものを廃棄し，現実的なもの，感性的な，実在的な，有限な，特殊的なもの（肯定的なもの）を措定するのであり（最初の否定），そして，［３］ふたたび肯定的なものを廃棄し，ふたたび抽象を，無限なるものを再建する（否定の否定）。フォイエルバッハは，この弁証法の論理ないし矛盾を批判し，このことによって端的に「肯定的なもの，感覚的に確実なものからの出発」(I/2：277) を基礎づける。

　マルクスは，無限なるもの，抽象的に普遍的なものの先在性を否定し，そのかぎりでフォイエルバッハによる現実的なものの措定を肯定する。このことは，「貫徹された自然主義ないし貫徹された人間主義」(I/2：297) に関する次の文言からも知られる。

　　「人間は直接に自然的存在［Naturwesen］である。自然的存在として，しかも生きた自然的存在として，人間は一方では，自然的諸力を，生命諸力を備えており，一個の活動的な自然的存在である。……他方では人間は自然的な，身体的な，感性的な，対象的な存在として，一個の受苦的な，制約され制限された存在……である。すなわち人間のもつ衝動の諸対象は自己の外部に，人間から独立した対象として存在し，しかもこれらの対象は，自己の欲求の対象であり，自己の本質諸力の確証と表出にとって不可欠の，本質的な対象なのである。……対象的であり，自然的であり，感覚的であることと，自己の外部に対象，自然，感覚をもつこと，あるいはそれ自身が第三者にとって対象，自然，感覚であることとは，同一のことを意味する」(ibid. 296)

　自然的諸力と自然的対象を離れた自立的存在（思想的存在）を否定するフォイエルバッハの自然主義はマルクスのものでもある。マルクスはこのようにも述べている。

　　「非対象的存在は，非現実的な，非感性的な，思考されただけの存在，すなわち想像されただけの存在，抽象の存在である。感性的であること，すなわち現実的であることは，感覚の対象であること，感覚的対象であること，それゆえ感覚的対象を自己の外部にもつこと，自己の感性の対象をも

つこと，に等しい」(I/2：297)

　マルクスは，《テーゼ》に現れる「対象，現実性，感性」(cf. IV/3：19) という
フォイエルバッハ的概念を想起させる表現で自然主義を肯定する。マルクスは，
この意味でフォイエルバッハが「古い弁証法と哲学」を覆したことに疑いをも
っていない。

　ただし，この高い評価は無条件ではない。マルクスによれば，なお現実的な
ものの基礎づけの上に，なされるべきことがある。それは「人間がたんに自然
的存在であるばかりでなく，人間的な自然的存在，すなわち自己自身に対して
ある存在，それゆえ類的存在であり，このようなものとして存在においても知
においても自己を表出し確証せずにはいない」(I/2：297) からである。対象的
自然と主体的自然（人間諸力）は，「いずれも直接に人間的本質に適合して存在
しているものではない」。それらは生成の歴史をもつのであり，歴史こそ「人
間の真の自然史」(ibid.) にほかならない。

　フォイエルバッハはこの自然史をみない。この自然史はすでに示されたよう
に，対立した疎外の形態をとって現れる。この疎外はフォイエルバッハには現
れない[2]。フォイエルバッハの行う批判は，あくまで思考を感性（直観，自然，
現実）と区別し，ヘーゲルの「思考のうちで自己の力以上を行う思考」に対し
て後者の現実性を対置するところに限られる。これによっては，感性的現実は
それ自体として肯定されるだけである。あえていえば，フォイエルバッハ哲学
は「直観的唯物論」である。かくて『経哲草稿』段階で，フォイエルバッハは次
のように批判されるのである。

　　「フォイエルバッハは否定の否定を，ただ哲学の自己矛盾としてのみ把握
　　している。……否定の否定には，直接かつ無媒介に，自己自身の上に基礎
　　をもつ，感性的に確実な肯定が，対置される。フォイエルバッハはまた，
　　［ヘーゲルのいう］否定の否定を，具体的概念を，思考のうちで自己の力以上
　　を行う思考，また思考として直接に直観，自然，現実であることを欲する
　　思考であると，とらえるのである」(I/2：277)

2）現れるとしたら，それは本質に反する例外的事態である。『将来の哲学』には，「存在は本
　質の措定である。……ただ人間の生活においてのみ，しかもただ異常で不幸な場合にのみ，
　存在は本質から分離するのである」(FGW 9：306) とある。

そして，これに対してはむしろヘーゲルが，たしかに抽象的思弁的ではあっても「歴史の運動に対する表現」(I/2 : 277) を発見したがゆえに，評価される。

> 「われわれはこの［ヘーゲル弁証法の］抽象的形式を説明するとともに，ヘーゲルの場合，この歴史の運動が，現代的批判［バウアー］やフォイエルバッハの『キリスト教の本質』における同じ過程に対してもつ相違を，というよりむしろ，ヘーゲルの場合はなお無批判であったこの運動の批判的形態を，説明することにしよう」(ibid.)

フォイエルバッハは，ヘーゲル弁証法が抽象的かつ無批判にせよ発見した歴史の運動をとらえることができていない。かくて『経哲草稿』序文（抹消部分）はこう記したのである。

> 「哲学の本質についてのフォイエルバッハの諸発見が，なおまだ……哲学的弁証法との批判的対決をどれほど必要としたかということは，以下の私の展開そのものから見て取ることができよう」(I/2 Apparat : 852)

『経哲草稿』には，すでに言及したように，「人間的本質」などのフォイエルバッハ的概念が歴然と現れる。しかし，マルクスの場合，人間的本質とは，現存する人間の本質諸力や欲求，感性的感覚と関係づけられ，それらが歴史的に——疎外の形態をとって——生成するとされているかぎり，単純に理念として自立されているとは解釈されない。むしろマルクスは，人間的本質を人間の本質諸力や欲求としてとらえ返すことによって，理念としての「人間」が人間の感性的欲求の対象として歴史的に生成しうることを示し，しかも，現実のうちに「否定の否定」を見出そうとした。このことはフォイエルバッハの唯物論と決定的に異なる。たしかに，マルクスは『経哲草稿』ではこのことを対自化することがなかった。それはひとえにフォイエルバッハが為し遂げた唯物論の基礎づけに対する高い評価にある。しかし，マルクスがすでに普遍的本質あるいは抽象的理念を前提するフォイエルバッハ的理論構成を超えていたことも，否定することができないのである。

『聖家族』のフォイエルバッハ評価

マルクスは 1844 年 8 月 11 日付でフォイエルバッハ宛に手紙を送った。

> 「あなたは，意図されたかどうかは存じませんが，これらの著作［『将来の

哲学』や『信仰の本質』］で社会主義に哲学的基礎を与えました。共産主義者は
ご著書をすぐにこのように理解したのです。人間の実在的区別にもとづい
た人間と人間との統一，抽象の天国から現実の地上へと引き下ろされた人
類の概念，それこそゲゼルシャフト［結合社会］の概念でなくて何でしょう
か」(III/1：63)

　マルクスはこう記してフォイエルバッハに共産主義への協同を訴え，論文
《ヘーゲル法哲学批判序説》を献呈するとともに，バウアーらの「批判」について，
フォイエルバッハへの論争を仕掛けるものとしてこうコメントしたのである。

　　　「この［バウアーによる］批判は，哀れで上品ぶった唯心論に迷い込みます。
　　　意識あるいは自己意識が唯一の人間的な性質とみなされ，たとえば愛は否
　　　認されます。……したがって，この批判は自らこそ歴史の唯一の能動的な
　　　要素だと考えるのです。そして批判には，大衆としての人類が，精神との
　　　対立によってのみ価値をもつ怠惰な大衆としての人類が，相対立する次第
　　　です」(III/1：64-65)

　マルクスが『経哲草稿』の共産主義論を前提にフォイエルバッハ哲学を読み
込み，バウアーの自己意識の哲学を批判していることは明らかである。そして
この立場をしばらく維持し，フォイエルバッハとの協同を 1845 年になっても
追求していたことは，『聖家族』が示しているとおりである。以下，『聖家族』
のフォイエルバッハ評価を考察する。

　フォイエルバッハ評価は『聖家族』第 6 章の，とくに，1）「フランス唯物論
の批判的歴史」に対する批判，2）「自己意識の哲学」に対する批判，という 2
つの脈絡に現れる。

　第 1 の「フランス唯物論の批判的歴史」の脈絡。バウアーは，スピノザ主義
が 18 世紀を支配したという前提の下にフランス唯物論を理解し，そこから
「唯物論の真理」としての自己意識の哲学を導いた（後述）。これに対してマルク
スは「フランス唯物論の批判的戦闘」で，むしろ 18 世紀のフランス啓蒙主義，
とくにフランス唯物論は，「既存の政治制度および既存の宗教・神学に対する
闘争」であるだけでなく，すべての形而上学に対する公然たる闘争であったと
反論し，この延長にフランスの社会主義，共産主義を位置づけた。

　要点は次のとおり。［1］17 世紀の形而上学を覆したフランス唯物論には 2

つの系譜があり，一方はデカルトに源泉を発する機械論的唯物論であり，力学的自然科学につながる。他方は，ロックに源泉を発する唯物論——コンディヤックの感覚主義やエルベシウスの道徳論など——であり，直接に社会主義と共産主義に注ぐ (cf. MEW 2：132-138)。［２］ここで社会主義と共産主義とは，フーリエ，バブーフ主義者，オウエン，カベー，デザミらの教説を指す。オウエン，デザミらの教説は，「唯物論の教説を，現実的人間主義の教説として，共産主義の論理的基礎として発展させた」ものとされる (cf. ibid. 139)。［３］18 世紀のフランス啓蒙主義，フランス唯物論によって覆された 17 世紀の形而上学は，19 世紀のドイツ思弁哲学として復興を遂げた (cf. ibid. 132)。［４］ヘーゲルが形而上学的世界王国を建設して以後，ふたたび 18 世紀のときと同様にあらゆる形而上学に対する攻撃が起こった (cf. ibid.)。フォイエルバッハの現実的人間主義はこの脈絡に位置づけられる。

　唯物論は，現実的人間主義の教説として発展させられたのであり，その真理が自己意識の哲学になるのではない。マルクスは自己意識の哲学をヘーゲルの形而上学的哲学の系譜に位置づけることによって，かえってそれが現実的人間主義の教説によって覆されたことを示唆する。注目すべきは，形而上学批判の脈絡でのフォイエルバッハ評価である。

　　　「形而上学は，いまや思弁そのものの働きによって完成され，人間主義に
　　　一致する唯物論に永久に屈服するであろう。だが，フォイエルバッハが理
　　　論の領域で示したと同じように，フランスおよびイギリスの社会主義と共
　　　産主義こそは実践の領域で，人間主義と合致する唯物論を示した」(MEW
　　　2：132)

　ここではフォイエルバッハ評価は，フランスおよびイギリスの社会主義と共産主義に対する評価の水準と同列に置かれる。後者はあえていえばブルジョア的唯物論の帰結として，啓蒙主義的理論構成を免れない社会主義，共産主義である。それゆえ，ここでのフォイエルバッハ評価もまた，啓蒙主義的理論構成に立つ「人間主義と合致する唯物論」と規定した歴史的な評価とみなされる。これは，当時のマルクスの思想的境位と同一ではない。

　第２の「自己意識の哲学」に対する批判の脈絡。マルクスはこの脈絡で，バウアーと対比的にフォイエルバッハの現実的人間主義を評価した（バウアー批

判は次節)。

　　　「シュトラウスはスピノザ主義的立場でヘーゲルを，バウアーはフィヒテ
　　　的立場でヘーゲルを，いずれも神学的領域内部で首尾一貫して展開する。
　　　……フォイエルバッハこそははじめて，形而上学的絶対精神を「自然を基
　　　礎とする現実的人間」に解消することによって，ヘーゲル的立場でヘーゲ
　　　ルを完成させ批判したのであり，同時にヘーゲル的思弁の批判，したがっ
　　　てあらゆる形而上学の批判のために，偉大かつ見事なる綱要を描くことに
　　　よって，その宗教の批判を完成させたのである」(MEW 2：147)

　ここでのフォイエルバッハ評価も，限定的である。「形而上学的絶対精神を
「自然を基礎とする現実的人間」に解消することによって，ヘーゲル的立場で
ヘーゲルを完成させ批判した」という趣旨は，現実的人間の矛盾を把握できて
いない欠陥があるかぎり，意識的になされた限定的評価であったことを表す。
最後の箇所も，「見事なる綱要」が『将来の哲学』の批判を指すかぎり，宗教批
判一般を完成させたというのではなく，「フォイエルバッハ自身の宗教の批判
を完成させた」という水準の評価とみなければならない。

明示的フォイエルバッハ批判へ

　エンゲルスは《ドイツにおける共産主義の急速な発展》第 2 便 (1845.2 執筆；
1845.3.8 付) で，フォイエルバッハが自ら共産主義者であると宣言したことを
――「共産主義はかつてフォイエルバッハが公表した諸原理の必然的な帰結を
表すにすぎない」(MEW 2：515) と――伝えた。この宣言がある以上，フォイエ
ルバッハと共産主義者との協同は可能であり，フォイエルバッハ批判はさしあ
たり課題とはならない。ところが直後にエンゲルスは，マルクス宛の手紙
(1845.2.22-26 付) で，次のようにフォイエルバッハの情報を伝える。

　　　「クリーゲがここ［バルメン］を立った翌日，フォイエルバッハから 1 通の
　　　手紙が私に届いた。……フォイエルバッハの言い分では，共産主義に関わ
　　　り，著述でそれを主張することができるようになる前に，まず宗教という
　　　難物を徹底的に片づけてしまわなければならない，そこまで行き着けるよ
　　　うになるには，私はバイエルンで余りにも世間から隔絶されている，とに
　　　かく，私は共産主義者である，そして私にとって問題なのはただ遂行の仕

　方如何［das Wie］だけである，と言うのだ」(III/1：266-267)

　この情報で注目されるのは，フォイエルバッハが——共産主義者であると称しながらも——問題をその「遂行の仕方如何」にあるとして，宗教批判を共産主義に先行させた，ということである。マルクスからすれば，フォイエルバッハが宗教批判と共産主義との関連を転倒させて把握していることは明らかである。ただし，このような理論構成上の差異はすでに 1844 年段階で判明していたことであり，それを前提に協同を模索していたのであるから，これだけをもって，フォイエルバッハ批判へと転じたとは考えにくい。

　では，この転化はいかなる要因によるのか。ここに上述のフォイエルバッハ主義者クリーゲが絡む[3]。クリーゲは 1845 年 2 月にブリュッセルに赴き，2 ヵ月間滞在してマルクスとの協議を行った。そして，この結果として，クリーゲはフォイエルバッハに手紙 (1845.4.18/19 付) を書き送る。

　　「マルクスは，すべての宗教的関係を現実的関係へと還元します。……マルクスはまさに，精神的な自己疎外がとりわけ物質的な自己疎外にとって代わられることを主張し，それゆえに何よりも所有と闘うのです。……マルクスのスローガンは，次のようなものです。人びとを彼らの物質的窮乏とその原因について啓蒙せよ，そうすれば宗教的な難物は自ずと取り除かれる，と」(FGW 19：20)

　クリーゲがマルクスの議論を啓蒙主義の枠組みで理解し，啓蒙主義によってこそ宗教的な難物が取り除かれるとしていることには，マルクスから異論が出ようが，それはここでの論点ではない。問題はクリーゲがマルクスの議論を，「宗教的関係を現実的関係へと還元する」ととらえ，啓蒙主義の脈絡で理解していることである。クリーゲとマルクスとの間の対立が何であったかは，ここからおおよそは知られる。対立が原理的なものであったことは明らかである。しかも，クリーゲの見解には，フォイエルバッハも同調する。このとき，対立は非妥協的なものになり，マルクスの明示的フォイエルバッハ批判への転換が起こったものと推察される。もとより，クリーゲとの対立だけがフォイエルバッハ批判へ転じた理由ではない。実質的なフォイエルバッハ批判がなされてい

3）以下の次第については，MEGA IV/3 の編者解題が詳しい (cf. IV/3：474-478)。

たことこそ，真の理由であろう。たぶんクリーゲとの折衝は見極めをつけるき
っかけを与えたにすぎない。しかし，それが契機となってマルクスは《テー
ゼ》を書き記したものと考えられる（本章4節）。

2 ブルーノ・バウアー批判

バウアー批判も3段階からなる。第1段階（『独仏年誌』期）は，バウアー
『ユダヤ人問題』における「政治的解放」と「人間的解放」の混同に対する批判，
第2段階（『経哲草稿』／『聖家族』期）は，「純粋批判」ないし「絶対的批判」
に対する批判，第3段階（『ドイツ・イデオロギー』期）は，自己意識の哲学に
対する批判である[4]。以下では，まず『ユダヤ人問題』批判を扱い，続いてバ
ウアーの自己意識の哲学に対する批判を考察することにする。

バウアー『ユダヤ人問題』批判

マルクスは『独仏年誌』期に，理論転換を果たす過程において，バウアー
『ユダヤ人問題』(1843)と論説《現代のユダヤ人とキリスト教徒の自由になりう
る能力》(1843)に対する批判を行った。テーマは政治的解放と宗教からの解放
との関連づけである。

まずバウアー『ユダヤ人問題』の要点は，下記のとおり。[1]ユダヤ人解放
論者はユダヤ人が受けてきた圧迫に異議を申し立てる。しかし，ユダヤ人は
「その民族性 [Nationalität] に固執する頑迷さ」(Bauer [1843a] 4-5＝8)によって，歴
史の運動および変化に反抗してきた。歴史は発展を，新しい形成，進歩と変容
を欲する。ところがユダヤ人は，つねに同一の状態であろうと欲したのであり，
それゆえ「歴史の第一法則に反して歩んできた」(ibid. 5＝8)のである。これがユ
ダヤ人に対する圧迫の生じた原因である。ユダヤ人が被ってきた圧迫の原因は，
彼らの本質にこそある。[2]ユダヤ人解放論者は，ユダヤ人が市民社会にお
いて諸身分や職業団体への加入を拒まれてきたと主張する (cf. ibid. 9＝13)。しか
し，問題はむしろユダヤ人が自己に閉塞し，「身分や職業団体の利害の外に地

78

位を占めざるをえなかった」(ibid.) ことにある。またヨーロッパの諸民族は，「ユダヤ人をその普遍的な事柄から排除してきた」(ibid. 10＝14)。だが，それも，ユダヤ人自身が自己に閉塞しなければ，不可能である。「普遍的法則は理性と自由のうちに根拠をもち，理性の進歩とともに発展する」(ibid. 11＝16)。オリエントにあっては，「自由と理性は人間の本質として知られていない」(ibid.)。［3］ユダヤ人解放論者はユダヤ人の解放——普遍的人権と市民権の承認——を求める。しかし問題は，「自己の真の本質によって他者から永遠に隔絶して生活することを強いられていると自ら公言するユダヤ人」が，「普的人権を受け入れ，また他者にそれを認めることができるかどうか」(ibid. 19＝26) である。その宗教と生活様式こそ「ユダヤ人の本質」(ibid.) をなす。ユダヤ人は，この本質によって，人間になるのではなく，ユダヤ人になる。キリスト教徒も同様。［4］だから，ユダヤ人とキリスト教徒は，相互を隔絶させる特殊的本質を廃絶し，「人間の普遍的本質を承認して，これを真の本質とみなしてこそ」はじめて，「自己を人間とみなし，相互に人間として扱う」(ibid. 19＝26) ことができる。［5］宗教こそユダヤ人の本質であり，その総体性をなすのであり，ユダヤ人は「人権の承認を宗教の承認および崇拝に従属させることを欲している」(ibid. 54＝70)。だからキリスト教国家は，ユダヤ人の排斥をもって，「ユダヤ人自身が欲するところを行っている」(ibid.) にすぎない。キリスト教国家は，「国家からの背反」(ibid. 55＝73) であり，特権を尊重し保護し，その機構を特権で支えなければならない。この場合，「キリスト教国家におけるユダヤ人の唯一可能な地位は特権的地位でしかありえない」(ibid. 59＝77)。［6］結論。ユダヤ人の解放は，「ユダヤ人が自己を人間となし」(ibid. 60＝79)，いかなる制限によっても人間同胞からもはや分離されなくなってはじめて，根本的かつ実り豊かで確実な仕方で可能になる。解放に必要な唯一の手段は，「自由および人間性に対する信仰」(ibid. 61-62＝81) である。以上。

　バウアーがユダヤ人の本質をユダヤ教に求め，それゆえにその廃棄を解放（政治的解放）の条件としたことは明らかである。これに対してマルクスは，［1］宗教からの政治的解放は，宗教（ユダヤ教）の廃棄を要求せず，バウアーは政治的解放と人間的解放を混同していること (cf. I/2：155)，［2］宗教は完成された民主制（近代的二元主義）において存立するのであり，宗教の廃棄は現

世的二元主義の廃棄を要求すること (cf. ibid. 154)，［３］ユダヤ教の基礎をなす「実利的欲求，利己主義」こそ，「市民社会の原理をなす」(ibid. 166) のであり，その神は貨幣であること，したがって「ユダヤ教は市民社会の完成をもってその頂点に達する」(ibid. 168) ことを主張し，かくて次のような結論に達するのである。

> 「われわれは，ユダヤ人の吝嗇をその宗教からではなく，むしろその宗教の人間的根拠たる実利的欲求，エゴイズムから説明する。……ユダヤ人の社会的解放は，ユダヤ教からの社会の解放［人間的解放］である」(ibid. 168-169)

《ユダヤ人問題によせて》における宗教批判はすでに本書第1章に概括済みであり，繰り返さない。むしろ，ここで肝要なのは，マルクスが，この批判を『聖家族』でも——そして『ドイツ・イデオロギー』でも——繰り返し論じている事実を確認することである。

マルクスは『聖家族』第6章「ユダヤ人問題第3」で，バウアーが《ユダヤ人問題によせて》に対して行った反駁を取り上げて再批判を試みている（多岐にわたるバウアー批判は次項で述べる）。大半は，《ユダヤ人問題によせて》の再論であり，主として，1）宗教的脈絡と，2）政治的脈絡において，なされる。

まず，1）「宗教的問題としてのユダヤ人問題」という脈絡でのマルクスの批判。

> 「ユダヤ人問題が宗教的問題でもあることは，バウアー氏が企てる見せかけとは異なり，決して否認されない。だがむしろ示されたのは，バウアー氏が，ユダヤ教の宗教的本質だけを把握し，この宗教的本質の現世的実在的基礎を把握しないということである。バウアー氏は自立的本質としての宗教的意識と闘っている。だからユダヤ宗教の秘密を現実のユダヤ人から説明するのでなく，現実のユダヤ人をユダヤ宗教から説明する。……／だからバウアー氏は，現実的な現世的ユダヤ主義が，それゆえにまた宗教的ユダヤ主義が，たえず今日的な市民生活によって産出され，貨幣制度にその究極の完成を遂げることに気づかない」(MEW 2：115)

しかし『独仏年誌』の立場はまったく反対である。『独仏年誌』は，「ユダヤ教が歴史を通じて，歴史のなかで，歴史とともに存続し，発展してきたこと」(MEW 2：116)，「実利的ユダヤ教が，完成されたキリスト教世界においてはじ

めてその完成に到達すること」(ibid.) を説明したのであり，かくてユダヤ人の
〈人間的解放〉は市民社会のユダヤ主義の廃棄として提起された。

> 「われわれは，ユダヤ教の粘り強い生命を，ユダヤ教のうちに空想的に繁
> 栄されている空想的諸要素から説明した。だからユダヤ人の人間への解放，
> すなわちユダヤ教の人間的解放は，バウアーとは異なり，ユダヤ人特有の
> 課題としては把握されず，骨の髄までユダヤ的な今日の世界の，一般的実
> 践的な課題として把握された」(ibid.)

　2）「政治的問題としてのユダヤ人問題」という脈絡でも，マルクスはバウア
ーの政治的解放論について《ユダヤ人問題によせて》の論旨を繰り返した。

> 「『独仏年誌』はバウアー氏の『ユダヤ人問題』批判を掲載した。その根本
> 的な誤謬が，すなわち「政治的」解放と「人間的」解放の混同が，暴かれ
> た」(MEW 2：112)

> 「われわれがバウアー氏に証明したのは，政治的に完成された近代国家，
> 何ら宗教的特権も知らない国家こそが，また完成されたキリスト教国家で
> あり，したがって完成されたキリスト教国家は，ユダヤ人を解放すること
> ができるばかりでなく，これを解放したし，本質からして解放せざるをえ
> ないということである」(ibid. 117-118)

　マルクスにとって問題は，したがって「自由な人間性の承認」を求める政治
的解放が人間的解放[5]を意味しないことである。あるいは「普遍的人権」に関

5）ここで，ユリウスの論文《可視的人間教会と不可視的人間教会との争い，または批判的批
　判の批判の批判》(『ヴィーガント季刊誌』1845年第2巻，1845.6) についてコメントする。
　この論文でユリウスはもっぱらマルクス《ユダヤ人問題によせて》のバウアー批判を取り
　上げ，マルクスを「人間主義の組織された可視的教会をもとうとする」(Julius [1845] 331
　＝138) フォイエルバッハ信奉者として描いて批判する。「ドグマを語り，空論を弄び，定
　式化をこととして，「固有の力」の認識と社会力の組織化による人類の解放を予言し説教
　するこのマルクス氏，人間を類的存在──これが抽象的ではないとでもいうのだろうか
　──へと転化するこのマルクス氏が，大胆にも，バウアーを神学者であるとか，思弁を免
　れていない空想家であるなどと非難しているのだ」(ibid. 330＝137)。ユリウスがもっぱら
　批判を向けるところは，「まだ何ら現実的な類的存在でない人間」とマルクスが指摘する，
　類的存在とエゴイズムとの対立である。それをユリウスは「天上と地上の古い二元主義」
　(ibid. 331＝140) とも表現し，マルクスによってはそれが廃棄されず，永遠化されると批
　判する。この点でユリウスは，すでに本章1節で指摘したマルクスの「理論的空白」期に
　おける「二律背反」を瞬間的にうまくとらえたということができる。ただし，それ以後

しても同様である。

　　「さらに［『独仏年誌』では］次のことが示された。……近代国家が自然的土
　　台としたのは，市民社会，ならびに市民社会の人間，すなわち，私的利害
　　と無意識の自然必然性という絆によって人間と結ばれているにすぎない独
　　立の人間，営利活動と自己自身ならびに他人の私利的欲望の奴隷である。
　　近代国家はそのようなものとしての自己のこの自然的土台を普遍的な人権
　　のかたちで承認した」(MEW 2 : 190)

　かくて『聖家族』は『独仏年誌』の 2 論文に言及し (cf. MEW 2 : 92, 112, 114-115,
116-120)，バウアー『ユダヤ人問題』への批判を繰り返した。そして，『ドイ
ツ・イデオロギー』も，人権の幻想性について，数ヵ所で『独仏年誌』の 2 論
文と『聖家族』への参照指示を記すのである (cf. I/5 : 252, 262, 572)。

自己意識の哲学に対する批判

　『聖家族』のマルクス執筆部分には， 1 ）第 4 章「エトガー氏としての批判的
批判」におけるプルドン批判， 2 ）第 5 章「セリガ氏としての批判的批判」，と
くに「思弁的構成の秘密」， 3 ）第 6 章「絶対的な批判的批判」としてのブルー
ノ・バウアーに対する批判， 4 ）第 7 章「批判的批判の通信」の批判的大衆論，
5 ）第 8 章「批判的批判の世界遍歴と変容」の「秘密の暴露」論，などがある。
以下では，批判の細部に立ち入らず，イデオロギー批判の条件形成という視点
からバウアー批判を考察する[6]。

　論点はおよそ 6 つある。第 1 の論点は，「純粋批判」ないし「絶対的批判」に
対する批判。第 2 は，『ユダヤ人問題』批判。第 3 は「フランス革命に対する
批判的戦闘」に対する批判。第 4 は「フランス唯物論の批判的歴史」に関する
批判。第 5 は，自己意識の哲学に対する批判。第 6 は，バウアー批判と関連
づけられたプルドン批判。以下では，第 1，第 5，第 6 の論点におけるバウア
ー批判，を考察する（第 2 は前項で，第 4 は前節で，示した。また第 3 の論点
は次節で論じる）。

　『聖家族』までに果たされたマルクスによる解決はユリウスの把握するところとはならな
　　かった。
6 ）この限定により，セリガ批判，批判的大衆論，「秘密の暴露」論の内容には立ち入らない。

　考察に先立って，まずバウアーの「自己意識の哲学」を概括しておく。バウアーは『共観福音書批判』(1841-42)，『無神論者・反キリスト者ヘーゲルを裁く最後の審判ラッパ』(1841，以下『最後の審判ラッパ』)以来，普遍的自己意識の哲学を自らの理論として提起してきた。この大要を『最後の審判ラッパ』によって示せば，以下のとおりである。[１]「この哲学[ヘーゲル哲学]に対するこれまでのすべての反対者の主要な欠陥」(Bauer [1841] 7＝5)は，ヘーゲル体系の深奥たる無神論を認識してこなかったところにある。それゆえ，青年ヘーゲル派こそ(無神論を原理とするかぎり)「真正のヘーゲル派」(ibid. 13－11)である。[２]ヘーゲルによれば，「宗教は絶対精神の自己意識である」。かくてヘーゲルは一方で「唯一の真実なる現実性」(ibid. 47＝53)たる生ける神を語るかに見える。しかし，これは見せかけであり，ヘーゲルの場合，「宗教的関係とは，自己意識の自己自身に対する内的関係にほかならず，実体ないし絶対的理念として自己意識から区別されるかに見えるあらゆる諸力も，宗教的表象のうちで客観化されたにすぎない自己意識自身のモメントにほかならない」(ibid. 48＝54)。「ヘーゲルは宗教を解消し破壊した」(ibid. 47＝52)。[３]宗教は，自我が普遍者(神／実体)を自己と区別し，同時に普遍者に関係する行いである。普遍者は総体性，万有であり，「自我でさえも普遍者に属す」(ibid. 58＝67)。かくて，ヘーゲルの宗教概念の根底にあるのは，こうした実体関係，すなわち「汎神論」(ibid. 59＝67)である。ヘーゲルのいう普遍者(絶対精神)とは，有限な精神のうちで自己自身に関係する運動であり，要するに「宗教とは絶対精神の自己意識なのである」(ibid.)。かくて自然界および精神界のすべての富は，唯一の実体において総括され，そしてこの実体は有限な精神において自己意識にまで高められる。普遍者の運動は，「有限な精神が普遍者において自己の本質を直観して」(ibid. 60＝68)自己意識に至るのと「同一の運動」である。[４]だが，ヘーゲルは汎神論をも廃棄する。実体の自己意識は，有限な精神の自己意識であり，生ける者だけが権利をもつとすれば，「人間の自己意識こそが一切」(ibid. 63＝72)となり，普遍性は人間に属することになる。このことは，ヘーゲルが語る世界精神にも妥当する。「世界精神は，人間精神においてはじめてその現実性をもつ」(ibid. 69＝81)。かくて「自己意識こそ世界および歴史の唯一の力であり，歴史とは自己意識の生成と発展以外のいかなる意味ももたない」(ibid. 70＝82)。いまや「自

我［自己意識］は絶対的な原理である」。「人間はもはや神を必要としない」(ibid. 77＝91)。「哲学にとって神は死んだ」(ibid.) のであり，自我こそが「真の実体」(ibid.) となる。ヘーゲルの哲学は無神論である。［5］自己意識が原理となり，一切が自己意識の（発展の）所産であるとされたとき，時代および既存のものと発展を遂げた自己意識の知——「自由および自己意識の法則」(ibid. 82＝98) ——との対立が生じ，自己意識は「発展の新しい形態」を生み出すに至る。それゆえ哲学は「既存のものに対する批判」(ibid.) となり，古い国家に，教会と宗教に対立し，実践的に既存のものを変革しようとする。「自己意識は一切をつくり，一切を抹消する」(ibid. 103＝121)。「それは世界の主である」(ibid. 104＝122)。いまや発展を遂げた自己意識にあっては，ユダヤ教への憎悪，教会への憎悪が現れる一方，「国家だけが真の理性的な現実であるとされる」(ibid. 120＝142)。国家は「現実的理性体としての真なる理念」(ibid. 126＝148) である。以上。

　バウアーは自己意識の哲学を『暴かれたキリスト教』(1843) でも語り，そして 1844 年には，それにもとづいて，宗教の解体，大衆の批判に乗り出した。『聖家族』は，これらの総体を批判する。では，『聖家族』のバウアー批判はいかなるものであったか。

　まず（第 1 の論点），「純粋批判」ないし「絶対的批判」に対する批判。バウアーは論文《ユダヤ人問題に関する最新刊》(『アルゲマイネ・リタラトゥアツァイトゥング』第 1 冊，1843.12) でフランス革命の「失敗」を論じて「精神の真の敵は……大衆のうちに求められなければならない」(ALZ 1：3) と語り，精神の唯一の敵対者を「大衆の自己欺瞞と無気力」(ibid.) に求めた。また《いまや何が批判の対象であるか》(同誌第 8 冊，1844.7) では，政治に関わり，「政治的本質と人間的本質を同一化する」(ALZ 8：23＝307) 誤りを犯したと自己批判を語り，18 世紀の政治的啓蒙（革命）を超えて，「革命の最も重大な産物」にして「理論の生来の敵」(ibid. 25＝310) たる「大衆」を批判の対象に措定し，自己を「純粋批判」として純化するに至る（哲学への回帰）。マルクスは，あらゆる批判的関係を絶対的批判としての「純粋批判」と大衆との関係に解消するこの「純化」(cf. MEW 2：82) を，まさに啓蒙主義的な構図でとらえる。

　　「絶対的批判は，「精神」の絶対的権能という教条から，さらには世界の外部，つまり人類大衆の外部に住まう精神の現存という教条から出発する。

そしてそれは最後に，一方では「精神」を，「進歩」を，他方では「大衆」を，固定した本質，概念に転化し，然るのちに，これらをかく与えられた不変の両極として，互いに関連づけるのである」(ibid. 87-88)

この対立は，歴史——人間世界そのもの——の内部では，「少数の選ばれた個人が能動的精神として，没精神の大衆としての，物質としての，残りの人類に対立する」(MEW 2：89) という態様で表される。いまやバウアーは，批判そのものを絶対精神となし，批判を歴史の主体に仕立て上げるのである。

「一方では，大衆が歴史の受動的な，没精神的無歴史的な物質的要素として立ち，他方では，精神なるもの，批判なるもの，ブルーノ氏一派が，一切の歴史的行為の出発的である能動的要素として，立つ。社会を改造する行為は，批判的批判の脳髄の働きに帰するのである」(ibid. 91)

バウアーの純粋批判は，批判的批判を全世界史の主体たらしめることによって成立した自己意識の哲学である。マルクスはそれを「ヘーゲル歴史観の批判的カリカチュア的完成」(MEW 2：89) として批判した。

続いて（第5の論点），自己意識の哲学に対する批判。マルクスは『聖家族』第6章3節 f などで，バウアーの『共観福音書批判』や『暴かれたキリスト教』を論評しつつ，実体を自己意識に転化する過程を批判した。要点は，自己意識の実体化に対する批判である。

「バウアーの場合にも［ヘーゲルと同様］，自己意識は自己意識にまで高められた実体であり，実体としての自己意識であり，自己意識は人間の1つの述語から自立した主語に転化される。……だから，この自己意識の本質は，人間ではなく，理念であり，理念の現実的存在こそ自己意識なのである。それは人間となった理念であり，それゆえにまた無限である。それゆえあらゆる人間的属性は，神秘的にも空想的な「無限の自己意識」の属性に転化する」(MEW 2：146)

そして『暴かれたキリスト教』の一節を引用してマルクスは，次のように述べた。

「［バウアーによれば唯物論の真理こそ自己意識の哲学であるとされる以上］唯物論の真理とは唯物論の反対，絶対的な，すなわち排他的な法外な，観念論である。自己意識，精神こそ一切である。それの外部は無である。「自己意識」，

「精神」こそ世界の，天と地の，全能なる創造者である。世界は自己意識
の生命発現であり，自己意識は自己を外化し，隷属姿態をとらずにはいな
いとしても，世界と自己意識の区別は見せかけの区別にすぎない。……そ
れゆえ自己意識は自己の外に存在するかにみえる見せかけをふたたび廃棄
する。……この運動によって自己意識ははじめて自己を絶対的なものとし
てつくり出すのである」(MEW 2 : 148)

　ヘーゲルの場合，実体と自己意識はなお「両者の必然的矛盾に満ちたヘーゲ
ル的統一，すなわち絶対精神」(MEW 2 : 147) のうちにあり，自己意識と相対的
に区別される実体は，絶対精神，あるいは財富や国権として，要するに自立的
関係構造として存立していた。だが，バウアーにあっては自己意識がこれらを
も生成させる主体として，全能の創造者とされる。自己意識はいまや歴史と社
会の諸事象一切を創造する主体である。しかも，自己意識の発展を原理として，
歴史と社会のうちにある諸対立——ユダヤ教とキリスト教，宗教と国家等々
——を説明し，最後には自由と理性にもとづく人倫的国家（政治的解放の完成
態）を歴史的に正当化したのである。マルクスはここにバウアーの絶対的観念
論を看取する。

　しかも，バウアーは自己意識を原理として世界と歴史をとらえたとき，現実
に存在する諸対立を精神的発展の諸段階として構成せざるをえない。かくて帰
するところ，バウアーは「万有の運動はバウアーの観念的自己運動においては
じめて真実かつ現実のものとなる」(MEW 2 : 151) ことを認識したのであり，対
立は，精神そのものである批判，すなわちバウアーと物質たる大衆ないし世俗
世界との対立に転化された。こうしてマルクスの最終評価がなされる。「バウ
アー氏の最終段階は，彼の発展における変則ではない。それはその外化から自
己内への還帰である」(ibid.)。だが，こうして自己に還帰してみれば，バウア
ーはもはや「あらゆる大衆的利害を超出した自己内の循環」(ibid.) を繰り返す
ほかはなく，それゆえに，「絶対的批判はその思弁的循環を終結させ，そして
これをもってその生涯を終えた」(ibid.) とマルクスは述べたのである。

　最後に（第 6 の論点），バウアー批判に関連づけられたプルドン批判。『聖家
族』のプルドン批判は，一読するかぎりでは，たしかに高いプルドン評価とい
う印象を与える。いわく「プルドンは，経済学の土台をなす私的所有に批判的

86

検討を，しかも容赦のない，そして同時に科学的な，最初の決定的な検討を，加える」（MEW 2：32-33）。いわく「プルドン［の私的所有批判］は，国民経済学の批判が国民経済学的立場からなしうる限りの一切のことを果たしている」（ibid. 34）。しかし，高い評価は本質的に限定的である。何よりも，マルクスが認めるのは，プルドンが私的所有に対する「最初の決定的な検討」をなしたということにすぎず，またプルドンの私的所有批判も，「国民経済学的立場から果たしうる限り」の批判であるということにすぎないからである。

　かくて指摘されるのはむしろ反対の結論である。要点を記せば，以下のとおり。［１］国民経済学者と異なり，プルドンは国民経済的諸関係の人間的理性的要素を実現しようとする。それの根拠は，国民経済学も認める「正義（平等）」である。それゆえにプルドンによる批判は「国民経済学の立場からする」批判を免れない。かくてマルクスによれば，プルドンの批判は国民経済学に対する批判によって「科学的に克服される」（MEW 2：32）ものとなる。［２］プルドンは窮乏と貧困の事実から出発して，私的所有の否定を提起するにさいし，「プルドンにとって人間の本質を表す平等」（ibid. 43）を実現しようと，「不所持［Nichthaben］と所持の古い様式とを廃棄しようとする」（ibid. 44）のであり，「平等な占有」を実現しようとした。しかし，マルクスによれば，「プルドンは，国民経済的疎外の内部で国民経済的疎外を廃棄する」（ibid.）だけである。それは，プルドンのいう私的所有の否定が本質的に分配論的であり，マルクスのいう意味で私的所有の積極的廃棄ではないからである。［３］プルドンは，資本関係における問題を，「集合的力」によって実現される富の全体を労働者が領有できていないところに求め，それゆえにマルクスによれば，「平等は所有設立のための創造的理性原理として，かつ究極的理性根拠として，所有のためのすべての証明の根底にあるにもかかわらず，なぜ平等が存在せず，むしろその否定たる私的所有が存在するのかと自問」（ibid. 42）し，平等原理によって私的所有を廃棄すべきことを示す。［４］だが，平等原理による私的所有の廃棄というプルドンの構想は，バウアーと同列の観念論である。つまり，マルクスによれば，それは，「ブルーノ・バウアー氏がすべての論述の基礎に「無限の自己意識」をおき，この原理を，無限の無意識性ゆえに見かけ上無限の自己意識に真っ向から矛盾する福音書の創造的原理としたのと同じように，平等を，そ

れに真っ向から矛盾する私的所有の創造的原理として把握した」(ibid. 40) 結果
であり，要するに観念論的所産にすぎない。

　これに対してマルクスは，賃労働が私的所有（資本）との関連において現実
に存在すること，つまり「賃労働が他人 [資本] の富と自己自身の窮乏を生み出
すこと」(MEW 2：37) を指摘し，プロレタリアートが私的所有と賃労働を実践
的に廃棄することを次のように論じた。これは，正義（平等）にもとづくプル
ドンの改革論とバウアーの「普遍的自己意識の哲学」に対する否定を意味する
であろう。

> 「一切の人間性の捨象が，人間性の外観の捨象さえもが，形成を遂げたプ
> ロレタリアートのうちに実践的に完成しているがゆえに，……プロレタリ
> アートにおいて人間が自己自身を喪失しており，しかも同時にこの喪失の
> 理論的意識を獲得しているだけでなく，もはや退けようのない，もはや言
> い繕いようのない，絶対に有無を言わせぬ窮迫 [Not] ——必然性の実践的
> 表現——によって，直接にこの非人間性に対する反逆を余儀なくされてい
> るがゆえに，プロレタリアートは自己自身を解放できるし解放せざるをえ
> ない」(MEW 2：38)

　以上を概括すれば，『聖家族』段階で，イデオロギー批判の条件形成は，1）
土台＝上部構造論の形成と啓蒙主義的理論構成に対する批判，2）市民社会分
析，3）変革理論（共産主義），のいずれに関しても，基本的に果たされている
と判断される（次節をも参照）。

小括

　バウアー批判の論点は多岐にわたるとはいえ，肝心なのは，『独仏年誌』期
に始まり『聖家族』で深化されたマルクスのバウアー批判が，実質的には——
先取り的になるが——『ドイツ・イデオロギー』までも貫いているということ
である。『ドイツ・イデオロギー』バウアー章はこう述べている。

> 「一言で言えば，ここ [バウアーの自己意識の哲学] にあるのは『共観福音書批
> 判』において告知され，『暴かれたキリスト教』で詳論され，そして遺憾な
> がらすでにヘーゲルの『現象学』で予示されていた自己意識の哲学である。
> この新しいバウアー哲学は，『聖家族』220 頁以下と 304-307 頁において

すっかり片付けられたのである」(I/5：148)

　ここに示される『聖家族』の頁は，第6章の「絶対的批判の思弁的循環と自己意識の哲学」部分 (MEW 2：147f.) と，第8章の「暴かれた「立場」の秘密」部分 (ibid. 203f.) に当たる。これから判明するように，それは「自己意識の哲学」に対する批判である。そして『ドイツ・イデオロギー』は，バウアー批判を『聖家族』で片付けたとしたのである。肝要なのは，『ドイツ・イデオロギー』のバウアー批判（イデオロギー批判）がすでに『聖家族』でなされていた事実を認めることである。

3　ヘーゲル弁証法批判

　マルクスのヘーゲル批判は，すでに述べたとおり，『国法論批判』期から始まっている。ただし，『国法論批判』のそれはヘーゲル法哲学の国家理念を前提した批判であり，それ自体が啓蒙主義的理論構成にもとづく「イデオロギー的批判」という性格を免れなかった。これに対して『独仏年誌』期には，マルクスはヘーゲル法哲学全体を政治的解放一般の水準においてとらえ，それを「決定的」に否定した。そして，『経哲草稿』では，疎外論／共産主義論を執筆したのちに「ヘーゲル弁証法および哲学一般」の批判を為し遂げた。

　ここではヘーゲル法哲学批判に関して政治体制論批判を補足し，「ヘーゲル弁証法および哲学一般」の批判を考察したのち，「イデオロギー批判」の条件について考察したい。

政治体制論批判

　ヘーゲル法哲学を近代の政治的解放一般の水準でとらえ，それを「決定的」に否定することは，『独仏年誌』期以降，マルクスが君主制と民主制の形態的区別を副次的なものととらえるに至ったことを意味する。要点は，いかなる政治体制（統治形態）であれ，それぞれの法的統治は市民社会を土台にしているということであった。そして，この認識は『聖家族』にも『ドイツ・イデオロギー』にも引き継がれるのである。

　まずマルクスは『聖家族』第6章「絶対的な批判的批判」で，『独仏年誌』の

《ユダヤ人問題によせて》の論点を繰り返し，次のように論じた。

> 「民主主義的代議制国家と市民社会の対立は，公的な共同体 [Gemein-
> wesen] と奴隷制の古典的対立の完成である。近代世界では，誰しもが奴隷
> 制の成員にして同時に共同体の成員である。まさに市民社会の奴隷制こそ，
> その外見上は最大の自由である。……他方，[市民社会の] 個人の外見上完
> 全な自立性は，むしろ個人の完全な隷属と非人間性なのである」(MEW 2：
> 123)

マルクスにとって問題は，特権が廃絶された民主主義国家であっても，つま
りはいかなる政治体制であっても，市民社会の奴隷制が存在する，ということ
である。この認識は『独仏年誌』期の土台＝上部構造論以来揺るがない。

そしてマルクスは同じ第 6 章の「フランス革命に対する批判的戦闘」におい
ても，反革命による政治的超出を詳細に論じて，同じ結論を確認した。主たる
テーマは，ロベスピエールやサン＝ジュストらによる恐怖政治 (1793-94) →テ
ルミドール反動 (1794) →総裁政府 (1795-99) →ブリュメール 18 日のクーデタ
(1799) →執政政府 (1799-1804) →第一帝政 (1804-14) →王政復古 (1814) →七月革
命 (1830)，という革命過程の評価である。

バウアーは，一言でいえば，この過程に「政治的啓蒙」(MEW 2：130) による
革命的超出の歴史を読み取った。マルクスはロベスピエールらの試みを「テロ
リストの錯覚」(ibid. 129) と述べ，かくて政治的啓蒙の敗北，ブルジョアジーの
勝利を次のように語るのである。

> 「執政政府 [Direktorium] の統治の下で，市民社会は——革命そのものは，
> いかにテロリズムが市民社会を古代的政治的生活の犠牲に捧げようとした
> としても，これを封建的な紐帯から解放し，公的に承認したのであり——，
> 力強い生命の流れとなって奔出した。商業的経営をめざす疾風怒濤，致富
> 欲，新しい市民的生活の陶酔……，フランスの土地の現実的啓蒙，……自
> 由になった産業の最初の運動。以上が，新たに成立した市民社会の生活を
> 示す若干の徴候である。市民社会はブルジョアジーによって積極的に代表
> される。こうしてブルジョアジーがその統治を始めるのであり，人権はた
> んに理論のうちにだけ存在することをやめるのである」(ibid. 130)

この脈絡では，ナポレオンの帝政も「同じく革命によって布告された市民社

会とその政治に対する革命的テロリズムの最後の闘争」(MEW 2：130) にほかならない。かくて，マルクスによれば，フランス革命はいくたの政体変化を経て，1830 年の七月革命における自由主義ブルジョアジーの勝利をもって終結するのである (cf. ibid. 131)。

以上の政治体制論批判は，『ドイツ・イデオロギー』でも変わることはない。ここではさらにはっきりと国家内部の闘争の幻想性が定式化される。

> 「国家内部のあらゆる闘争，民主制，貴族制，君主制の間の闘争，選挙権等のための闘争は，さまざまな階級相互の現実的闘争が遂行されるさいにとる幻想的諸形態――そもそも一般的な在り方とは共同関係的な在り方 [das Gemeinschaftliche] のとる幻想的な形態である――以外の何ものでもない (『独仏年誌』と『聖家族』にこの把握への手引きが十分に与えられていたにもかかわらず，ドイツの理論家たちは，それにまったく気づいていない)」(I/5：34)

こうして，『ドイツ・イデオロギー』でも継承される政治体制論批判は，ヘーゲル法哲学批判の第 2 段階に始まり，初期マルクスの一貫した認識になったことが確認されよう。

ヘーゲル弁証法批判

マルクスは『経哲草稿』の序文に次の文章を記した。

> 「この著作の終章は，ヘーゲル弁証法および哲学一般との対決である。私はこれをあくまでも必要であると考える。というのは，現代の批判的神学者たち [バウアーら] によってはそのような仕事はまだ為し遂げられていないだけでなく，必要性すら認識されていないからである」(I/2：317)

マルクスがここで問題とするのは，「哲学の特定の前提を権威としてそれから出発せざるをえない」(I/2：317) 批判的神学者，あるいは「古い哲学的超越の，とりわけヘーゲル的超越の，先端と帰結を歪曲してできた神学的カリカチュア」(ibid.) にほかならぬバウアーらの神学的批判である。「特定の前提」にもとづく哲学一般の「超越」とは，啓蒙主義的理論構成による超越を指すとすれば，それを批判する前提は，ほぼ確実に，本書第 1 章 4 節で示した哲学批判，あるいは〈理論と実践〉の了解転換を示唆するのであり，ここに，『経哲草稿』が

達成したイデオロギー批判の条件形成を読み取ることができる。

　フォイエルバッハ批判の叙述（前節）に示されるように，ヘーゲル弁証法（歴史の運動）に対するマルクスの評価は二面的である。それは，フォイエルバッハの批判を受けてヘーゲル弁証法の抽象性，思弁性を批判しつつ，「否定の否定」を歴史の運動の表現としてとらえたことを「偉大なところ」として評価する。

　まず指摘されるのは，ヘーゲルにおける「二重の誤り」(I/2：284) である。第1は，ヘーゲルにあっては人間＝自己意識であり，疎外は現実的疎外としてとらえられず，思考の次元に還元されてしまうことである。たとえば財富（私的所有）や国家権力等は，人間的本質から疎外された存在ととらえられる場合，それらは「思想的存在 [Gedankenwesen]」(ibid.) にすぎない。それゆえ，それらの疎外も，たんに「純粋な，すなわち抽象的な哲学的思考の疎外」にすぎない。

　　「外化の歴史全体と外化の返還の全体は，したがって抽象的思考，絶対的
　　思考，論理的思弁的思考の生産の歴史にほかならない。したがって，この
　　外化と外化の廃棄にとって本来の関心事をなす疎外は，即自と対自との，
　　意識と自己意識との，客体と主体との対立であり，すなわち抽象的思考と，
　　思想自身の内部における感性的現実あるいは現実的感性との対立である」
　　(ibid.)

　あるいは，これはフォイエルバッハと関連づけて次のように批判された。

　　「意識，自己意識は自己の他的存在としての他的存在において自己の許
　　[bei sich] にある。……このことのうちにあるのは，意識——知としての知
　　——思考としての思考——が直接に自己自身の他者，つまり感性，現実，
　　生命であると称するということ——思考のうちで自己の力以上のことを行
　　う思考（フォイエルバッハ）」(I/2：298-299)

　第2は，第1の誤りの帰結であり，疎外の廃棄が意識において，純粋な思考において起こる領有にすぎず，現実の疎外は廃棄されない，という誤りである。マルクスによれば，ここに，「後年のヘーゲルの諸著作における無批判的実証主義と同様に無批判的な観念論」(I/2：285) が潜在する。

　　「それゆえ，対象となった，しかも疎遠な対象となった人間の本質諸力の
　　領有は，まず第1に，意識において，純粋な思考において，すなわち抽
　　象において起こる領有にすぎず，これらの対象を思想および思想の運動と

して領有することにすぎない。……第2に，対象的世界［感性，宗教や富等］
を人間のために返還することは，……ヘーゲルの場合，感性，宗教，国家
権力等は精神的存在であるという形で現れる。というのは，ただ精神のみ
が人間の真の本質……だからである」(ibid. 284-285)

　かくて存在（本質），対象が思想的存在としてあるように，主体もつねに意
識ないし自己意識であり，「疎外のさまざまな姿態が現れ出るとしても，それ
らは意識と自己意識のとるさまざまな姿態にすぎない」(I/2：285)。

　　「人間的存在，人間はヘーゲルにとっては，自己意識に等しいものとみな
　　される。したがって人間的存在のあらゆる疎外は，自己意識の疎外にほか
　　ならない。自己意識の疎外が，人間的存在の現実的疎外の表現，知と思考
　　に反映された表現とはみなされない」(ibid. 294)

　それゆえそれは，現実の疎外をもすべて思想的次元に還元して再建してしま
う「虚偽の実証主義」(I/2：299)である。

　　「自己意識的人間は，精神的世界……を自己外化として認識し廃棄すると
　　しても，同じ世界をふたたびこの外化された姿態で表出し，自己の真の定
　　在であると称して，それを再建し，自己の他的存在そのものにおいて自己
　　の許にあると申し立てる」(ibid.)

　だが他方，マルクスは，ヘーゲルの弁証法（否定の否定）を，抽象的にせよ
人間の産出行為，生成史を把握したものとして，評価する。

　　「だがヘーゲルは否定の否定を，それに内在する肯定的な脈絡でいえば，
　　真実にして唯一の肯定的なものとして，それに内在する否定的な脈絡でい
　　えば，あらゆる存在の唯一真なる行為および自己確証行為として，とらえ
　　ることによって，ほかならぬ抽象的，論理的，思弁的な歴史——この歴史
　　はなお，前提された主体としての人間の現実的歴史ではなく，ようやく人
　　間の産出行為，生成史であるにすぎないとしても——の運動の表現を見出
　　したのである」(I/2：277)

　すでに示されたように，マルクスにとっては「歴史の全運動は共産主義を現
実に産出する行為である」(前出)。あるいは共産主義は疎外をとおして，ある
いは私的所有の運動をとおして歴史的に生成する否定的運動である。この「歴
史変革の論理」をつかんだとき，マルクスはとりわけ「運動し産出する原理と

しての否定性」というヘーゲルの弁証法に対する評価をも獲得したと言いうる。

　「ヘーゲル『現象学』およびその最終的成果——運動し産出する原理とし
ての否定性という弁証法——において偉大なところは，何よりも，ヘーゲ
ルが人間の自己産出を1つの過程としてとらえ，対象化を非対象化 [Ent-
gegenständlichung] として，外化として，およびこの外化の廃棄としてとら
え，それゆえ，労働の本質をとらえ，対象的人間を，現実的なるがゆえに
真なる人間を，人間自身の労働の成果として把握したところにある」(I/2：
292)

　かくてヘーゲル『現象学』の行う批判は，「それ自身なお不明瞭かつ神秘的な，
隠れた批判」であれ，「人間の疎外を把持する」かぎり，「批判のあらゆる要素
を隠し持ち，しばしばヘーゲル的立場をはるかに凌駕する仕方で準備され仕上
げられている」(I/2：285) とさえ評価される。

　もとより，評価は限定的である。上記の「二重の誤り」がここでも付いて回
り，「思弁のすべての幻想」(I/2：298) と一体だからである。

　このことは，ヘーゲルが「近代国民経済学者の立場に立っている」ことと関
連する。国民経済学は，労働を私的所有（富）の本質としてとらえ，「人間の外
にあって人間とは独立した富」を廃棄した。しかし同時に労働が現実に疎外さ
れた労働であることを見ない。ヘーゲルもまた同様に，「労働を人間の本質と
して」つかみ，疎外をとらえながら，それを思考の次元に還元したがゆえに，
否定的側面を思考上で廃棄する。それゆえにマルクスはこう指摘するのである。

　「ヘーゲルは，近代国民経済学者の立場に立っている。ヘーゲルは労働を
人間の本質として，自己を実証する人間の本質としてとらえる。ただし，
見るのは労働の積極的側面だけであり，消極的側面は見ない。労働とは，
外化の内部での，あるいは外化された人間としての，人間の対自化である。
ヘーゲルが唯一知りかつ承認する労働とは抽象的精神的労働である。それ
ゆえ一般に，哲学の本質をなすものとは，自己を知る人間の外化であり，
あるいは自己を思考する外化された学問である」(I/2：292-293)

　マルクスのヘーゲル弁証法批判は，「人間の産出行為を把握した」という表
現のゆえに評価が際立つ。しかし，マルクスがここで論じたのは主として，人
間（自己意識）の本質として労働の積極的な側面——「歴史変革の論理」に通じ

94

る側面——をとらえながら，ヘーゲルが人間の産出行為（歴史）をなお抽象的思考の次元に還元し，無批判的実証主義に陥っていること，である。これは要するに，ヘーゲル弁証法が，人間の本質主義的把握にもとづいて現実の関係構造（私的所有）と個人との関連（疎外）をとらえず，したがって，市民社会の現状を本質的に肯定するイデオロギーの性格をもっていたことに対する批判を意味するのであり，『経哲草稿』は，『独仏年誌』期のヘーゲル法哲学批判と合わせて，イデオロギー批判の基本を生成させたものと考えられる。

小括——イデオロギー批判の条件形成

　以上３節から結論的に確認されるのは，フォイエルバッハ，バウアー，ヘーゲルに対するマルクスの批判が，『独仏年誌』期から『経哲草稿』・『聖家族』までの時期に基本的に生成していたということである。

　マルクスは『独仏年誌』期に，１）土台＝上部構造論を形成することによって啓蒙主義的理論構成の批判を果たした。また『経哲草稿』期に，２）市民社会分析を生産様式論／疎外論において示し，３）市民社会の変革理論としての共産主義を「歴史変革の論理」によって基礎づけた。市民社会は内部に自己矛盾と分裂性の原理とを抱え，それゆえにそれ自体を解体せざるをえない。この認識によって，マルクスはすでに『経哲草稿』・『聖家族』において，ヘーゲル哲学，バウアー哲学ばかりかフォイエルバッハ哲学をも——１）啓蒙主義的理論構成にもとづき，２）現実的疎外を把握せず，それゆえに，３）現実の変革に至らないがゆえに——批判する境地を開拓した。

　このことは，すでにマルクスが1844年時点で，イデオロギー批判の条件形成を基本的に果たしていたことを意味する。それゆえマルクスは，1844年末から本格化するイデオロギー論争に対して——シュティルナー『唯一者とその所有』に対しても（後述）——十分な批判の条件を獲得していたと見ることができる。

　じっさい，マルクスは1844年8月末から9月の初めにかけてエンゲルスとの「歴史的会見」を果たした直後，『聖家族』序文（1844.9）において，「われわれはこの著作［『聖家族』刊行後に予定する独立した著作］のなかで，われわれの積極的な見解を，それとともに最新の哲学的・社会的学説に対するわれわれの積極的

な態度を述べるつもりである」（MEW 2：8）と記していた。この序文は，イデオロギー批判を可能にする十分な諸条件が蓄積されていたことを物語る。そして《テーゼ》はこの結論の証左を与えるのである（次節）。

4　《フォイエルバッハ・テーゼ》の批判

　マルクスは，本章 1 節に示したフォイエルバッハとの応接を経て，1845 年春に《テーゼ》を認める。ここでは，《テーゼ》が，ヘーゲル左派イデオロギー論争の脈絡において，これまで考察してきたイデオロギー批判の諸条件——さしあたり，1）土台 = 上部構造論，2）市民社会分析，3）変革理論（共産主義），の 3 条件——をどのように示しているかを考察しよう。

土台 = 上部構造論と啓蒙主義的理論構成に対する批判
　イデオロギー批判の第 1 条件は，土台 = 上部構造論と啓蒙主義的理論構成に対する批判である。この条件は，すでに示したとおり，『独仏年誌』期に生成するのであり，それが《テーゼ》にも継承され，第 4 テーゼ，第 7 テーゼ，そして第 3 テーゼなどに示される。
　《テーゼ》第 4 テーゼは次のようにフォイエルバッハの宗教批判を批判した。
　　「フォイエルバッハは，宗教的自己疎外という事実，すなわち宗教的世界と世俗的世界への世界の二重化という事実から，出発する。彼の業績は，宗教的世界をその世俗的基礎に解消したところにある。だが，世俗的基礎が，それ自身から浮揚し，雲上に自立した王国を築き上げることは，この世俗的基礎の自己分裂性と自己矛盾からだけ説明されるのである。それゆえ，世俗的基礎そのものが，それ自身の内部において，一方ではその矛盾のうちに理解され，他方では実践的に変革されなければならない。つまりたとえば，地上の家族が天上の家族の秘密として暴かれたのちは，いまや前者そのものが理論的かつ実践的に否定されなければならない」（IV/3：20）
　まず指摘されてよいのは，第 4 テーゼは，本書序論に記した『ドイツ・イデオロギー』の証言——唯物論的な世界観への途は，『独仏年誌』の 2 論文に示

96

唆されていた，という証言——に照応することである。それだけではない。宗教的世界の構築は世俗的基礎の自己分裂性と自己矛盾からだけ説明されると主張することによって，第4テーゼは宗教を，『経哲草稿』に示される市民社会の自己分裂性（労働の疎外，あるいは貧困と隷属）という現実の矛盾と関連づけるのである。すでに《批判序説》でも，国家，社会が倒錯した世界であるがために，人間は倒錯した世界意識である宗教を生み出すという視角は示されていた。第4テーゼが，『経哲草稿』までの成果にもとづいて，いっそう具体的に，世界の倒錯性を市民社会の自己分裂性としてとらえたことは疑いがない。かくて第4テーゼは，イデオロギー批判の第1条件をきわめて明確に定式化したものであり，マルクスはこれを1845年春の段階で果たしていたのである。

　啓蒙主義批判の関連では，第3テーゼも注目される。第3テーゼは，後半部分で革命的実践を論じるものの，前半部分は明らかに啓蒙主義批判の性格をもつ。

　　　「環境の変更と教育に関する唯物論的教説は，環境が人間によって変更されねばならないこと，教育者自身が教育されねばならないこと，を忘れている。したがってそれは社会を2つの部分に——このうち一方の部分は社会に超越して存在する——分化させずにはいない」(IV/3：20)

唯物論的教説が「社会を2つの部分に分化させる」とは，真理を獲得して現存社会を超えたと自称する啓蒙主義者（教育者）と啓蒙されるべき人民との分化を意味する。この場合，真理は理性によって獲得される永遠性をそなえ，現実批判の根拠，そして変革の目的とされるものである。だが，ここで獲得される真理（普遍的自由，人格性，正義等）とは，ブルジョア的真理にほかならない。それゆえいかに現実を超えたと自称しようとも，それは本質的に現実を超えない。啓蒙主義者はこのことを教育されなければならない。マルクスはこのことをフォイエルバッハ唯物論に向ける（あるいは，大衆と対立したバウアーの批判にも）。それは第1テーゼにも示されるように，フォイエルバッハがただ理論的態度のみを「真に人間的な態度」とみなして現実を卑しい実践として固定化するからである。かくて第3テーゼもまた，それまでのマルクスの啓蒙主義的理論構成に対する批判を定式化したものとみることができる。

erの

市民社会分析の視角提示

　イデオロギー批判の第 2 条件は，市民社会分析，すなわち私的所有にもとづく生産様式（関係構造）と労働との関連・矛盾（疎外），あるいは両者の再生産構造の分析，である。言うまでもなく，それは『経哲草稿』の生産様式論／疎外論に示された認識であり，これに対する視角が《テーゼ》では，上記第 4 テーゼだけでなく，第 6 テーゼ，第 7 テーゼに示される。注目すべきは第 6 テーゼである。

　第 6 テーゼはこれまで，「人間の本質は社会的諸関係の総体である」，あるいは「人間存在［各個人］は，社会的諸関係のアンサンブルである」という，いわば社会学的テーゼを表すものとして了解されてきたが，これは脈絡を誤ったものである。

　　「フォイエルバッハは，宗教の本質を人間の本質へと解消する。しかし，［宗教の本質とされた］人間の本質は，個別的な個人に内在する抽象物ではない。それは，その現実態においては，社会的諸関係の総体である。／フォイエルバッハは，この現実態における本質［在り方］の批判に立ち入らないがゆえに，……」（IV/3：20-21）

　脈絡から明らかなように，第 6 テーゼが問題としているのは，宗教の本質（＝在り方）の現実的基礎としての社会的諸関係の総体を，すなわち現実の人間の本質（＝在り方）を，その倒錯性ゆえに批判すべきであるということにほかならない。言い換えれば，社会的関係構造の総体と個人の自己関係（疎外）の関連である。マルクスは『経哲草稿』で，私的所有にもとづく生産様式（関係構造）によって諸個人が規定され現実的矛盾（疎外）を抱えること，そして個人は自己の疎外された労働を通して，社会的関係構造をも再生産することを把握した。マルクスによれば，この社会的諸関係において生じる現実の自己分裂性と自己矛盾こそ，宗教を生み出す土台である。第 6 テーゼが，宗教の根拠をなすとされる現実の社会的諸関係総体の批判に立ち入らないフォイエルバッハの抽象性を問うのも，こうした把握ゆえである。

　第 6 テーゼが，ヘーゲル左派イデオロギー論争（本書第 3 章）で争われる「実体と自己意識」あるいは「本質と個人」というテーマに関わることは見やすいところである。論争をやや先取りしていえば，フォイエルバッハとシュティル

ナーは，それぞれを対立において描き，一方は本質を，他方は個人を，原理と
するのであり，両者を媒介的に関連づけて把握することができなかった。バウ
アーは媒介を問題としながら，本質を前提し，それを包括する普遍的自己意識
に到達しただけで，社会的関係構造の下で個人が現実的矛盾に生きるという疎
外の認識を獲得しえたわけではない。一切は自己意識の創造にかかるとされた
とき，疎外は精神によって個人的に解消しうるものとなった。これに対して関
係構造および疎外の再生産をとらえる労働＝所有形態論は，いわば実体（本
質）としての関係構造と自己意識（個人）の活動／生活との対立において問わ
れた事柄を，現実の矛盾として認識する論理であった。この認識に 1844 年段
階で到達したのは，たぶんマルクスだけである。この認識からすれば，ヘーゲ
ル左派は，「疎外」を問題としながら，それを個人の現実的自己矛盾として把
握しえず，したがって疎外を廃棄することができないという理論構成のゆえに，
批判されなければならない。マルクスは『経哲草稿』で形成したこの批判の条
件を，第 6 テーゼで定式化したのである。

新しい唯物論としての共産主義

　イデオロギー批判の第 3 条件は，変革理論（共産主義）の獲得である。すで
に明らかなように，マルクスにとって肝要なのは，市民社会の変革，あるいは
現実的疎外の廃棄，である。この認識が『経哲草稿』において達成されたこと
は，本書第 1 章 4 節で示したとおりである。そして，これもまた，《テーゼ》
第 4 テーゼのほか，第 8 テーゼないし第 11 テーゼなどに示される条件にほか
ならない。
　第 8 テーゼは，「理論を神秘主義へと誘うあらゆる神秘は，その合理的解決
を人間の実践と，この実践の概念的把握のうちに見出す」（IV/3：21）と述べ，
そして第 11 テーゼは，これまでの哲学（啓蒙主義的理論構成）一般が原理的
に「観想的」であることを批判して，「肝心なのは世界を変革することである」
（ibid.）と主張する。ここには，『経哲草稿』以来の〈理論と実践〉に関する了解
転換がよく表されている。
　ドイツの哲学はフォイエルバッハも含めて，それぞれが──市民社会の変革
を提起することなく──自己の理論の真理性＝現実性を争った（本書第 3 章を

も参照)[7]。これに対してマルクスは第 2 テーゼでこう述べた。

　　「人間の思考に対象的真理性［対象化されうる真理性＝現実性］が属するか否か
　　の問題は，何ら理論の問題ではなく，1 つの実践的問題である。人間は実
　　践において，自己の思考の真理性を，すなわちその現実性と力，此岸性を
　　証明しなければならない。思考が——実践から切り離されて——現実的で
　　あるか非現実的であるかを争うのは，1 つの純スコラ的な問題である」
　　(IV/3：20)

　第 2 テーゼは，レーニン以来，対象的真理を人間 (の思考) が認識しうるの
か否かを問う認識論的テーゼとして解釈されてきた。しかし，イデオロギー論
争の脈絡でとらえるならば，この解釈は支持されない。マルクスが問題とした
のは，対象の真理を思考が反映しうるか否か——「対象→思考 (真理認識)」
——ではなくて，反対に，理論的思考が対象のうちに現実化される真理性を
もつか否か——「思考→対象 (理論の現実性)」——であった。これは，フォイエ
ルバッハ哲学に向けられただけでなく，バウアーやシュティルナー[8]の哲学に
も向けられた批判と解される。マルクスは，フォイエルバッハらの理論 (思
考) が実践において何らの現実性をもたないことを批判した。この批判が，
『経哲草稿』に示された〈理論と実践〉の了解転換にもとづくものであったこと
は明らかである。

　そして以上との関連において《テーゼ》は，この世界をそれ自体として受容
し，直観，欲求の対象とするフォイエルバッハの直観的唯物論を批判する (こ
うした批判は『経哲草稿』にすでに存在しており，また『ドイツ・イデオロギ
ー』でも再説された)。この唯物論への批判は，第 1 テーゼ，第 3 テーゼ，第
5 テーゼに見られる。第 1 テーゼは，直観的唯物論が現実性，感性を実践とし

---

7) フォイエルバッハは『将来の哲学』で，「新しい哲学」を構想したとき，「感性的直観によ
　って自己を限定する思考こそ，真実な客観的思考，客観的な真理の思考となる」(FGW
　9：330) と述べて，思考の根拠を感性的直観に求める自らの思考こそ「真実な客観的思
　考」であること (思考の現実性＝真理性) を主張した。「ただ思考を人間から切り離し，そ
　れだけを固定するときにのみ，いかにして思考は存在に，客体に至るのかという，苦しい，
　不毛な，この立場では解くことができない諸問題が生ずるのだ」(ibid. 334)。
8) 行論上，シュティルナー『唯一者とその所有』は次章で扱うのであるが，マルクスは《テー
　ゼ》執筆段階でシュティルナーの著書を承知しており，ここではそれを想定して言及する。

て，主体的にとらえられず，したがって実践をかえって現実の物象化された形態のみに固定したことを批判する。

> 「これまでのあらゆる唯物論（フォイエルバッハの唯物論を含めて）の主要な欠陥は，対象，現実性，感性が，客体あるいは直観の形式の下にだけとらえられ，感性的人間的な活動，実践として，主体的に，とらえられていない，ということにある。そのために，活動的な側面は，抽象的に唯物論と対立して観念論によって──観念論は，もとより現実的感性的な活動そのものを知らない──展開された。フォイエルバッハは，感性的な客体──思想の客体と現実的に区別される客体，を欲する。だが，人間的活動そのものを対象的な活動とはとらえない。それゆえに彼は『キリスト教の本質』において，理論的な振る舞いだけを真に人間的な振る舞いとみなすのであり，他方，実践は，その賤しいユダヤ的現象形態においてのみとらえられ，固定化される。それゆえにフォイエルバッハは，「革命的」活動，「実践的‐批判的」活動の意義を把握しない」(IV/3：19)

かくてフォイエルバッハの直観的唯物論は，現実における矛盾──疎外──をとらえることができず，現在のブルジョア社会をそのままに受容せざるをえない。それゆえ第9テーゼは，「直観的唯物論が……至り着くのはせいぜいのところ，個別的な各個人と市民社会の直観である」(IV/3：21) と記して，直観的唯物論の限界を歴史的に，近代の市民社会（ブルジョア社会）とブルジョア的個人の直観に定めた。これは，直観的唯物論の直接的帰結である。そして第10テーゼ「新しい唯物論の立場は，人間的社会，あるいは社会的人類である」(ibid.) は，何よりも，古い唯物論の立場を表す「市民社会」そのものの変革を提起する。

小括

こうして結論的にいえば，《テーゼ》は，ヘーゲル左派イデオロギー論争が本格化しようという段階において，『独仏年誌』期以来の理論的な総括を行い，イデオロギー批判の条件形成を示したものととらえられる。『経哲草稿』と《テーゼ》とは本質的に断絶しているわけではない。《テーゼ》は，ヘーゲルやバウアー等の観念論哲学に限らず，フォイエルバッハの唯物論的哲学も包括した哲

学全般に及ぶ理論の「観想性」に対して，それらを「イデオロギー」として概括し，批判する水準を獲得したことを物語る。さまざまな差異はあれ，ヘーゲル，バウアー等の哲学とフォイエルバッハの哲学の共通項を析出して批判する。ここに，マルクスのフォイエルバッハ批判の意味がある。マルクスが『経済学批判』序文において，「エンゲルスもまた 1845 年春にブリュッセルに居を定めたときに，われわれは，ドイツ哲学のイデオロギー的見解に対するわれわれの見解の対立を共同で仕上げること，事実上は以前のわれわれの哲学的意識を清算することを決意した」(II/2：101-102) と述べたのも，このような意味で解することができる。

　マルクスは何の理論的前提もなく，ヘーゲル左派イデオロギー論争に関与したのではない。以上からすれば，1843 年秋–44 年の著作・草稿までの理論的成果をもって，すでにマルクスはドイツ・イデオロギーを本質的に批判しうる水準を獲得していたと推量される。そして《テーゼ》執筆後，フォイエルバッハによるシュティルナー反駁とバウアーのフォイエルバッハ批判を知ったとき，マルクスは共産主義の運動に棹さすべく，唯物史観の形成[9]とドイツ・イデオロギー批判という 2 つの課題を同時的に遂行する著作ないし季刊誌の企てを始めるのである。

9）ここで唯物史観の構想というイデオロギー批判の第 4 条件についてコメントしておく。たしかに第 4 条件は，1845 年前半までの生成を実証することができない。ただし，唯物史観の諸要素をなす，土台＝上部構造論，生産様式論と疎外論，「歴史変革の論理」は，前述したとおり，すでに一定の了解に達していたのであり，それが歴史段階説と結合して拡張される可能性は十分に存在したと見られる。この意味で，マルクスは 1845 年前半段階で，少なくとも唯物論的歴史理論を構想する条件を備えていたといいうる。

第3章　ヘーゲル左派のイデオロギー論争

　ヘーゲル左派のイデオロギー論争は，『ドイツ・イデオロギー』では，「シュトラウスに始まるヘーゲル体系の腐朽過程」(I/5：12) の深化とみなされる。それは，すべて「ヘーゲル体系の基盤」(ibid.) の上で，1843-45 年の 3 年間[1]に「ディアドコス [アレクサンダーの後継将軍たち] の闘争が小さく見えるほどの世界闘争」(ibid.) に転化し，とりわけフォイエルバッハ，バウアー，シュティルナー，ヘスらが相見える 1845 年の本格的論争を経て，ヘーゲル左派を解体させるに至るからである。その基軸はフォイエルバッハ哲学であった。他方，マルクスは――《ユダヤ人問題によせて》と『聖家族』においてバウアー批判を公表したものの――，当時の論者にはむしろフォイエルバッハの亜流のごとくにとらえられていた。この状況にあっては，ヘーゲル左派のイデオロギー論争の動向は，その多くが，マルクスにとって，さしあたり外部に独立してある「与件」として存在したものと想定される。本章では，行論の必要上，この「与件」の概括を試みることにする。

1　1844 年のフォイエルバッハ論

　ドイツの共産主義はフォイエルバッハの哲学批判と現実的人間主義に依拠して 1840 年代初めに発展を遂げる。それゆえ「フォイエルバッハ」は，共産主義の進展と，それ以後のヘーゲル左派イデオロギー論争で貫かれる基軸のテーマとなった。この関わりは，当時のいくつかの文献をもって確認することができる。たとえば，エンゲルス『イギリスにおける労働者階級の状態』(1844.11-

---

1）『ドイツ・イデオロギー』には，「1842-45 年の 3 年間」(I/5：12) とある。誤りでないとしても，フォイエルバッハ『キリスト教の本質』第 2 版，同『将来の哲学』，バウアー『ユダヤ人問題』，同『暴かれたキリスト教』，同『国家，宗教および党』，ルーゲ編『アネクドータ』，ヘルヴェーク編『スイスからの 21 ボーゲン』，などが刊行された 1843 年を起点としたほうが，整合性があるように思われる。

104

45.3 執筆）には，周知のとおり，次の証言がある。

　　「ドイツの社会主義と共産主義は，他のいずれの国よりも以上に理論的な
　　前提から出発している。……少なくともこのような改革［悪しき現実の改革］
　　を公然と主張した代表者で，フォイエルバッハによるヘーゲル的思弁の解
　　消という道を通らずに共産主義に至った者は，ほとんど一人もいない」
　　（MEW 2：233）

　またヘスは『スイスからの 21 ボーゲン』(1843) 掲載の論文《社会主義と共産
主義》等でフォイエルバッハ哲学を受容し[2]，ヘーゲル以後の「思弁的無神論」
(HS 200＝38) が近代の根本原理――「人格的自由と社会的平等」(ibid. 202＝44) の
実現――を真理として獲得したこと，共産主義でこそ，人格的所有の原理と共
同関係が実現されること，を主張した。

　ところが，ドイツにおける共産主義の進展とともに，1844 年にはさまざま
なフォイエルバッハ論ないしフォイエルバッハ批判が現れる。これには，およ
そ 4 つの流れが存在する。［1］フォイエルバッハの「人間的本質」概念に拠り
ながら，実践的にその観想性を批判するヘスや K. グリューンら真正社会主義
者のフォイエルバッハ論。［2］自己意識の哲学にもとづいて「人間的本質」の
実体性を問題とするバウアー派のフォイエルバッハ批判。［3］バウアー派と
同様に，フォイエルバッハの「人間的本質」の実体性を否定するシュティルナー
『唯一者とその所有』(1844.10 刊) の批判。［4］現実的人間主義を唱えるマル
クスとエンゲルスのフォイエルバッハ論。

　かくて，フォイエルバッハ批判がテーマとなり公然と論じられるようになる
のは，およそ 1844 年後半以後であったことが知られる。本節では，1844 年の
フォイエルバッハ論を――マルクスのフォイエルバッハ批判（前章 1 節）とシュ
ティルナー『唯一者とその所有』の批判（次節）を除き――概観し，批判の論点
を抽出する。

真正社会主義者のフォイエルバッハ論
　すでに「行為の哲学」によって共産主義の立場を表明していたヘスは，論文

2）ヘスのフォイエルバッハ受容過程等は，さしあたり HS, Einleitung を参照。

《ドイツにおける社会主義運動》（1844.5 執筆：『ノイエ・アネクドータ』1845）で，フォイエルバッハの理論構成を基本としながら，先駆的にフォイエルバッハ哲学の観想性を批判した。

　ヘスによれば，あらゆる学問と芸術の，そして社会生活の，究極的根拠は人間，人間的本質である（cf. HS 285＝351）。だが人間は今日まで，自己の創造物たる神や国家，貨幣を創造主とみなし，それらにひれ伏してきた。それは人間が自己自身の能力の秘密を知らなかったからである。じっさい，人間は個人としては，自ら生み出したものの諸力に従属したままであったからである。「社会的本質，人間の類的本質，その創造的本質は，今日まで人間にとって神秘的彼岸的存在として——つまり政治的生活では国家権力として，宗教的生活では天上の権力として，理論的には神として，実践的には貨幣の権力として——，存在していたのであり，いまでもそうである」（ibid. 285-286＝351）。

　いまや必要なのは，このように対立して現れる諸力の本質を把握することである。そしてこのことを為し遂げたのが，青年ヘーゲル派，とりわけフォイエルバッハであった。

　　「[いまや] 人間が人間の創造者であることがきっぱりと前提されて，思弁的神学は人間学に，哲学一般は人間主義に移された。人びとは，ヘーゲル打倒，フォイエルバッハ万歳を叫んだ」（HS 292＝358）

　ヘスはフォイエルバッハに即してドイツ哲学の一般的欠陥を指摘する（後述）。しかしまずは，フォイエルバッハの果たした疎外論的把握を次のように評価する。

　　「フォイエルバッハは，次のような正しい根本命題から出発する。すなわち自己の本質を外化し，あるいは自己を展開する人間こそは，一切の衝突，矛盾，対立を生み出す主体であり，したがってじっさいに媒介されるものは何もなく，思弁的媒介は何ら問題となりえない，うち立てるべきは，対立の同一性ではなく，至るところに存在する人間の自己自身との同一性にすぎない。……フォイエルバッハは，最も完成された宗教，すなわちキリスト教の客観的本質は人間の外化された本質であることを証明する。そして，この批判によって，一切の理論的誤謬ないし矛盾の基礎を破壊したのである」（HS 292-293＝359）

　ただし，これは理論的な領域に限られる。フォイエルバッハは神の本質は人

106

間の本質であるというが，それだけでは完全な真理とは言い難い。同じ疎外は，宗教だけでなく，実践的領域で，つまり国家においても貨幣所有においても成り立つ。それゆえ，次のことが付け加えられなければならない。

> 「人間の本質は社会的本質であり，同じ目的，全く同一の利害のためにさまざまな個人が協働すること［Zusammenwirken］にある。そして，人間についての真の理論，真の人間主義は人間の社会化に関する理論である」（HS 293＝360）

この理論によれば，所有は人間と結びついた社会的な占有物であるべきであり，そのようなものとして，「譲り渡すことのできないもの」（HS 293＝360）であるべきである。フォイエルバッハはこの実践的帰結に到達していない。要するに，人間の本質は，フォイエルバッハの言う「類的本質」にあるのだが，それはつまり「諸個人の協働」（ibid. 287＝353）のことである。人間は実践的に協働によってのみ現実的な個人となる。かくてヘスは，人間の本質たる諸個人の協働を実現するものとしての共産主義ないし社会主義を提起する。

ヘスの批判は，フォイエルバッハ哲学の理論構成を基本とする。たしかにヘスは，「フォイエルバッハはいかにして一切の対立と矛盾が自己の本質を外化する人間から生じるのかを，体系的に展開していない」（HS 293＝359）と適切なコメントをするものの，では，なぜ人間は国家を疎外するのか，貨幣を疎外するのか，を解明することなく，類的本質＝協働にもとづく当為を語る。それは，真正社会主義に親和的な本質主義的な批判であった。

グリューンは論文《フォイエルバッハと社会主義者》（『1845年のためのドイチェス・ビュルガーブーフ』1845）で，フォイエルバッハの新しい哲学にもとづいて，社会主義を「真正の社会化の思想」ととらえ，繰り返し「人間の本質」の現実化を論じた。グリューンによれば，キリスト教の本質こそ「全き真正の人間の本質」（Grün［1845］54＝384）であり，そして，それが心性や愛以外の何ものでもないとすれば，肝要なのは，これを確証することである。あるいは新しい哲学が「意識へと高められた感覚の本質」というのであれば，それは「もはや哲学であることをやめて，新しい生活原理に」（ibid. 62＝390）なり，歴史にならなければならない。

> 「意識された心性，知性化された愛は，それが現実的であるというなら，

生き生きした活動，愛の活動とならなければならない。心性の意識をもって人間は完全になり，その本質は完成される。だがこの完成された本質は歴史にならなければならない。……これまでの全歴史は生成途上の，ようやく自己を形成し始めた人間の歴史であった。ようやく，最良のもの，すなわち完全な完成された人間の歴史がやって来なければならない。意識された心性こそ，完成された人間なのである」(ibid. 63＝390)

フォイエルバッハ『将来の哲学』によれば，「人間と人間との共同関係こそ真理と普遍性の第一原理にして基準」であり，「人間の本質は共同関係のうちに，人間と人間との統一のうちにのみ」存在する。あるいは「共同関係性は自由であり無限性である」。これらの言葉こそ「まさに社会主義の根本理念の表明」(Grün [1845] 65＝392)にほかならない。かくてグリューンは，「人間と合一した人間が神である」ならば，「社会主義，真正の社会化こそが人類の到達しうる至高のものなのである」(ibid.)と結論づけるのである。

　　「新しい哲学の全き意義は，実践的になること，すなわち実践の学問であること，人間の諸関係を人間的に形成すること，……にある」(ibid. 66＝392)

こうしてグリューンはフォイエルバッハの新しい哲学を社会主義へ接続する。フォイエルバッハによれば，「真理はただ人間の生活と本質の総体にある」。そうであるならば，それは類的生活においてのみ現れるのであり，ここでこそ「人間の本質は完全に展開されて」(Grün [1845] 67＝393)，われわれはすべての真理をもつに至る。それは社会主義にほかならない。それゆえグリューンは，『将来の哲学』冒頭の命題「近代の課題は神を現実化し人間化すること——すなわち神学の人間学への転化と解消である」を，こう言い換える。「現代の課題は類の実現，すなわち政治の社会主義への転化，解消である」(ibid. 68＝393)と。

グリューンがフォイエルバッハの新しい哲学の原理にしたがって，社会主義を人間の本質としての共同関係から基礎づけたことは明らかである。これは理論構成において，ヘスとも基本的に一致するものであった。フォイエルバッハ論の第1の流れは，主としてフォイエルバッハ哲学の理論構成を基本としていたことが知られる[3]。

3）ついでながら，H. ゼミッヒ《共産主義・社会主義・人間主義》(『社会改革のためのライン

バウアーのフォイエルバッハ批判

バウアー派は，自己意識の哲学を基本にして，フォイエルバッハの「人間的本質」概念の抽象性を批判する。ここでは匿名論文[4]《ルートヴィヒ・フォイエルバッハ》(『ノルトドイチェ・ブレッター』第4冊，1844.10) を取り上げる。

匿名論文は，「真理を二重につかもうとした」いわゆる積極哲学派と対比して，フォイエルバッハを「真理と本質の単一化」(Anonym [1844] 1=318) という脈絡で特徴づける。積極哲学派が「真理を二重につかもうとした」とは，この派によれば，真理の啓示が互いに関連をもつ2つの人格——神的本質 (実体) と個人 (人間) ——を前提し，個人の人格はそれ自体によって措定されるのではなく，より包括的な人格 (神的本質) によって措定されるとしながら，同時に必然的にそれが「高次の人格によって措定された後に——事後的に——自己自身を措定する，つまり，いったん創り出されたあとに，あらためて自ら自己を創り出す」(ibid. 3=320) ものとされており，個人の人格がその存立の本質を，「部分的には自己自身に負っており，自己の固有な活動の成果としての実体をも有している」(ibid.) とみなすからである。ここには実体間の矛盾した関係が存在する。問題は，神的本質と個人との関係である。そして匿名論文は，この矛盾をフォイエルバッハが，「本質をもっぱら一方の側に移してしまうか，あるいはむしろ本質をそれ自体として孤立化し実体化し，個人にはまったくの非自立性を付与することによって」(ibid. 4=320)，取り除いたと批判した。

匿名論文はこれに対して，矛盾の第2の解決として，「個人をその本質から区別するとしても，本質とは個人自身の自ら運動する活動的な本質なのであり，

年誌』第1巻，1845) も，ほぼ同様の傾向をもつ文書であり，フォイエルバッハについて，こう述べている。「フランス人は政治を通じて共産主義に至ったのに対して，ドイツ人は，最終的には人間学に転化する形而上学をとおして，社会主義にたどり着いた。両者ともに最終的には人間主義に解消する。人間学の業績，すなわち人間から疎外された本質を人間が再獲得するという仕事は，フォイエルバッハによってただ一面的に取り上げられた，すなわちようやく開始されたにすぎない」(Semmig [1845] 171=332)。ヘスの貨幣存在論を評価し，「人間の本質の認識は，自然的必然的な結果として真に人間的な生活をもつ」(ibid. 172=333) として，国家的経済的エゴイズムを解消した「新しい人間的社会秩序」(ibid. 171=333) を構想するかぎり，ゼミッヒはヘスの論調に近い。

4) この論文は，のちにバウアー《フォイエルバッハの特性描写》(本章3節) に一部が引用されるところから，ブルーノ・バウアーのものと推察される。

それは個人の行為である」(Anonym［1844］4＝320)ととらえる視角を提起する。

　　「そもそも人格という概念は，自己自身を制限されたものとして措定し，
　　自らその普遍的本質をとおして措定しているこの制限をふたたび廃棄する
　　ところにある。なぜなら，まさにこの本質こそ，人格［個人］が行った内的
　　な自己区別の結果であり，人格の活動の結果にほかならないからである」
　　(ibid.)

　それは本質（実体）を個人（人格）の行為によって再生産する視角を示すかぎ
り，ある正当性をもつ。こうして，匿名論文は，自己意識の哲学に固有な立場
を明確に示して，フォイエルバッハにおける本質（実体）と個人（人格）との対
立を批判した。

　同じ批判は，フォイエルバッハの宗教批判にも妥当する。匿名論文はフォイ
エルバッハの論じる「人間の［宗教的］疎外とその廃棄の関係」を，「人間が自己
の本質を「至高のもの」として自己に対置し，それを自己の実体とみなす」
(Anonym［1844］5＝321)という関係として解釈する。この解釈によれば，宗教的
な意識の対象［神的本質］は「意識に対して普遍性［愛・理性等］という述語をもち，
意識にとって全にして一なるものとして妥当する」(ibid. 8＝323)として，フォイ
エルバッハが「主語と述語の転倒」を要請する場合に，「すべての真なるもの，
美しきもの，善なるものは，意識に対して聖なるもの，礼拝に値するものとい
う宗教的な意義をもつとされることになる」(ibid.)。かくて匿名論文は，本質（実
体）と個人（人格）とを対立させるフォイエルバッハの方法的限界の批判に行き
着くのである。

　　「フォイエルバッハの方法は詰まるところ，人間に人間の本質を至高のも
　　のとして，否，到達不能なものとして――というのは，人間はその限界を
　　超えることができないとされているから――，対立させることにある」
　　(ibid. 12＝325)

　フォイエルバッハの批判は，ここに措定される「単一の本質」によってその
対立物（個人）を測る批判であり，そのかぎりで本質と個人の矛盾を廃棄する。
だが匿名論文によれば，こうした矛盾とその廃棄とは，それ自体が「本質の正
しい一貫した発展」(Anonym［1844］12＝326)である。本質は個人の活動と端的に
対立しているものではない。

「こうした対立［歴史上に現れたさまざまな対立］は，むしろきわめて自然的な対立である。なぜなら，人間が自己の普遍性を本質的かつ疎遠なものとして個体性に対立させ，この分裂を生み出す本質を批判に委ねることによってのみ，自己の一体性を獲得するという在り方が，人間の本質に基礎づけられているからである」(ibid. 13＝326)

　かくて匿名論文（バウアー）は，自己意識の哲学，すなわち人間（自己意識）は普遍性と個体性の対立（疎外）を生み出し，この対立を「批判」に委ね，自己の一体性を獲得するという哲学を提起しながら，フォイエルバッハが人間の本質と個人の対立に囚われていることを批判した。それは，まさに本質（実体）と個人（人格）の対立を破棄することによって——ただし疎外を構造的に把握することなく——フォイエルバッハの理論構成を鋭く抉る批判の一類型を構成するものであった。

エンゲルスのフォイエルバッハ論

　エンゲルスは論文《大陸における社会改革の進展》(『ザ・ニュー・モラル・ワールド』1843.11) において，「ヨーロッパの三大文明国，すなわちイギリス，フランス，ドイツはいずれも，所有の共有制［community］にもとづいて社会的諸関係を徹底的に革命することが，いまや差し迫った避けがたい必然性となったという結論に達した」(I/3：495) と，共産主義の立場を宣言した。この段階で注目すべきは，エンゲルスがドイツの共産主義を哲学的な原理と結合して理解していたことである。「共産主義は新ヘーゲル哲学のきわめて必然的な帰結であった」(ibid. 509)。それは，バウアー，フォイエルバッハ，ルーゲ，ヘスらヘーゲル左派の「哲学的共産主義」(ibid.) と規定される。ここからも推察されるように，初期エンゲルスの共産主義は，政治的共産主義——普遍的理性を前提として，私的所有を政治的に廃棄しようとする共産主義——と区別されるものではなかった。

　続いてエンゲルスは《国民経済学批判大綱》(『独仏年誌』) で，「スミスの『国富論』を基礎とする自由貿易の体系学説」(I/3：471) である「新しい経済学」——スミス以後のリカード，マカロック，J. S. ミルなどの経済学——を，「今日，あらゆる領域において自由な人間性に対立する」(ibid.) 偽善，不徹底と没倫理

を表すものと批判し，私的所有の廃棄を提起した。新しい経済学は，独占と交易制限を基本とする重商主義を打ち倒して現れた「自由主義的経済学」(ibid. 472) であり，近代の「私的所有の真の結果」(ibid. 471) を明るみに出し，「私的所有の諸法則」(ibid. 472) を展開した。だが，新しい経済学者は自由貿易を主張しながら，「旧来の重商主義者自身よりも悪辣な独占論者」であり，また「偽善的な人間性の後ろに古い経済学者のまったく知らないような野蛮さ」(ibid.) を潜ませる。かくてエンゲルスは，自由主義的経済学の不徹底さや二面性を暴こうとする。

　エンゲルスによれば，自由主義的経済学において認められる前提は，第 1 に私的所有の下での「商業」(I/3 : 473)，すなわち交換関係と貨幣関係の発展である。だが，それだけではない。第 2 は，富の生産条件として，「土地と資本と労働」(ibid. 478) が想定されるということである。しかもこの場合，資本は「蓄積された労働」ゆえに労働と同一であると規定されるから，結局は，自然的客体的側面である土地と，人間的主体的側面である労働（資本を含む）とに還元され，この 2 つの関係が私的所有の下で変容される。土地の「本源的な先占取得 [Appropriation]」が，かつて存在したと想定される「共同占有権」(ibid. 480) によって正当化され，「われわれの第 1 の生存条件」をなす土地が売買の対象となる。そして本源的な先占取得，すなわち少数者による土地の独占化は残る人びとをその生活条件から排除し，ついには「自己の売買」(ibid.) をもたらした。「自己の売買」とは，人間的活動（労働力）の売買を表す。以上が，「私的所有の最初の結果」(ibid. 482) である。しかも人間的活動はそれ自身がまた 2 つに，すなわち労働と資本とに，分裂する。かくてエンゲルスが設定するのは，まさに資本主義的私的所有の下での「土地と資本と労働」の分離である。

　　「[資本と労働の同一性を主張する]経済学者は，資本を労働から分離し，両者の分岐に固執する。……私的所有から結果する資本と労働との分裂は，この両者の分岐した状態に照応し，かつこの状態から生じる労働そのものにおける分岐にほかならない。そしてこの分離が為し遂げられたのちには，資本は改めて本源的な資本と利得，すなわち資本が生産の過程で受け取る資本の増加分とに分割される。ただし，実践そのものではこの利得はふたたび資本に転化され，資本とともに流動させられる」(ibid. 481)

　エンゲルスがとらえるのは,「資本と労働との本源的分離」(I/3：481) と, この分離の完成として現れる「資本家と労働者への人類の分裂」(ibid.) である。この分裂は日ごとに激しくなり, 昂進せずにはいない。そして, さらに内部の強弱によって「所有 [Besitz] の集中」が生じ, 中間諸階級が消滅し, ついには「世界は百万長者と貧民とに, 大土地所有者と貧しい日雇い労働者とに, 分かたれ」(ibid. 491) ずにはいない。この認識は, 大土地所有者が資本家にほかならないとしたら, マルクスの表現とやや異なるとはいえ, ほぼ同じ「二大階級への分裂」を表すものである。

　エンゲルスはこうして資本主義的生産様式の分裂を描き,「社会的諸関係のトータルな変革, 対立する諸利害の融和, 私的所有の廃棄」(I/3：491) を提起する。だが, ここで問題なのは, エンゲルスがいかなる根拠から私的所有の廃棄を提起したか, である。フォイエルバッハへの言及は《国民経済学批判大綱》に存在しない。しかし, エンゲルスが社会改革を論じるときに, つねに「人間」が現れることは, 注目されてよい。

　　「類的意識を欠いた細分化された原子としてではなく,「人間」として意識をもって生産せよ。そうすれば, 諸君はこれらすべての人為的かつ維持しがたい対立を超越するであろう」(ibid. 484)

　「人間」を要請するエンゲルス。ここにフォイエルバッハへの傾倒が現れる。このことを, 同じ時期に執筆された《イギリスの状態》によって確認しよう。第 1 稿「トマス・カーライル『過去と現在』」(『独仏年誌』) は, イギリスの状態を次のように概括し, カーライルがイギリスの現状を正しくとらえていることを高く評価した。

　　「あらゆる一般的人間的な利害のトータルな解体, 真理および人間性に対する全般的な絶望, そしてその結果として起こる「粗野な個別性」への人間の全般的な孤立化, あらゆる生活諸関係の混沌として荒れ果てた錯綜, 万人の万人に対する戦争, 全般的な精神上の死,「魂」すなわち真に人間的な意識の欠如, 耐え難い圧迫と貧困のうちに置かれ, 旧来の社会秩序に対して激しい不満を抱き反乱を起こす, はるかに強大な労働者階級, かくて絶えず前進を遂げ迫り来る民衆支配 [Demokratie]。——至るところに混沌, 無秩序, アナーキー, 社会の旧来の紐帯の解体が起こり, 至るところ

に精神的な空虚，無思想，無気力が見られる。これがイギリスの状態である」(I/3：524)

　他方，エンゲルスは，この状態に対して労働——「あらゆる人間的利害における最も偉大なるもの」——の「組織化[Organisation]」(I/3：529)を求めるカーライルの立場が，「不可避の民衆支配」(ibid. 528)と必須の主権とを「最優者[die Besten]」の指導によって結合しようとする貴族支配にあるととらえて，「キリスト教世界の現状の偽善」を攻撃し，「それからわれわれを解放し，世界を解放することこそ，結局のところ，われわれの唯一の当面の課題であること」(ibid. 530)を提起した。ここではエンゲルスは，明確にフォイエルバッハとバウアーの宗教批判への参照を求めて (cf. ibid. 529)，哲学の発展によってこの偽善を認識するに至っていると述べ，次のように指摘する。

　　「われわれは，宗教によって喪失した内実を人間に返還することによって，しかも神的内容としてではなく，人間的内容として返還することによって，カーライルの描いた無神論を廃棄しようと欲する。そして，この返還全体は帰するところ，端的に自己意識の覚醒にかかるのである」(ibid. 531)

　自己意識の覚醒とは，「人間と自然との統一や純粋に人間的な人倫的生活諸関係にもとづく新しい世界の自由にして自己活動的な創造」という「自由な人間的自己意識の待望の達成」(I/3：532)を意味する。かくて提起されるのは，「自己自身を基準にしてあらゆる生活諸関係を測り，自己の本質にしたがって判定し，世界を自己の本性の要請にしたがって真に人間的に整備すること」(ibid. 533)である。そうすれば，「人間は現代の謎を解いたことになる」(ibid.)。これは，フォイエルバッハ哲学の本質主義にもとづく「哲学的共産主義」にほかならない。

　さて，『聖家族』におけるエンゲルスのフォイエルバッハ論は，第 6 章「絶対的な批判的批判」の第 2 節「絶対的批判の第 2 次征伐」に現れる。これは1843 年段階の評価と変わらない。

　　「[絶対的批判によって]「体系の秘密」は「暴露」されたと宣言される。／しかし，いったい誰が「[ヘーゲル哲学の]体系」の秘密を暴いたのか。フォイエルバッハである。誰が概念の弁証法を，哲学者のみぞ知る神々の戦いを，滅ぼしたのか。フォイエルバッハである。古いがらくたの，また「無限の

自己意識」ではなく，……「人間」を置いたのは誰なのか。フォイエルバッハである。そしてフォイエルバッハだけである。フォイエルバッハはさらに多くのことを為し遂げている」(MEW 2：98)

そして，この評価と関連づけてエンゲルスは，バウアーの絶対的批判を次のように批判し，「現実の生きた人間」を対置したのである。

> 「すでに人間がすべての人間的活動および状態の本質であり土台であると認識された後に，それでも「批判」なるものは，新しいカテゴリーを発明し，まさに行為している人間そのものを再びカテゴリーに，全カテゴリー系列の原理に，転化しようというのである。……これら［財富の所有や闘争等］すべてのことを行い，占有し，闘争するのは，むしろ人間であり，現実の生きた人間［der wirkliche, lebendige Mensch］である。……歴史とは自己の目的を追求している人間の活動にほかならない」(MEW 2：98)

エンゲルスによれば，バウアーの絶対的批判は，「フォイエルバッハの天才的説明の後に，あえてわれわれに古い全がらくたを新しい姿で復元してみせようとするもの」(MEW 2：98) である。エンゲルスのバウアー批判は明確である。しかし同時に，フォイエルバッハ評価の限界もここには現れる。フォイエルバッハは「無限の自己意識」に代えて「現実の生きた人間」に回帰した。エンゲルスはこの認識をもって，フォイエルバッハの唯物論を支持した。しかし，この唯物論には，現実の生きた人間の疎外は理論構成上も現れない。対象の限定ゆえに論述が不足しているのではない。資本主義的生産様式をとらえながら，ここにある疎外が問題とされず，「人間」の理念が語られる。エンゲルスにはなおフォイエルバッハ的「人間主義」への批判が希薄であったと言わねばならない。

2　シュティルナー『唯一者とその所有』

シュティルナー『唯一者とその所有』は，第Ⅰ部「人間」と第Ⅱ部「自我」とに分かれ，第Ⅰ部は古代以来の精神史とフォイエルバッハとバウアーなどの「人間」主義に対する批判，第Ⅱ部は主として「唯一者」の提示，からなる。本節では，第Ⅰ部の「古代人と近代人」(「自由人」の批判を含む)，第Ⅱ部の「所有人」および「唯一者」，というテーマに即して概要を示した上で，シュティル

ナーのフォイエルバッハ批判を確認し，イデオロギー論争の焦点を考察する。

『唯一者とその所有』第 I 部「人間」

　第 I 部のテーマは「古代人と近代人」である。『唯一者とその所有』第 I 部は，扉に次のような文章を掲げて叙述を始める。

> 「人間は人間にとって至高の存在である，とフォイエルバッハはいう。／人間はいまやはじめて発見された，とバウアーはいう。／では，この至高の存在，この新たな発見なるものを，より厳密に見極めてみようではないか」（Stirner［1845］11＝上 10）

　シュティルナーにとって，フォイエルバッハの哲学は自己の思考の前提をなすものであった。つまり，フォイエルバッハが「対象＝本質」の論理によって神の存在（精神的存在）を人間の本質に還元し，問題を人間的本質の返還として提起したことに対して，シュティルナーはそこに，人間の本質と個人との間の分裂をみて，人間的本質そのものを否定しようとするのである。

　シュティルナーの基本構図は，人間の生活行程——幼年期・青年期・成人期——にしたがって歴史をも，古代と近代，そして最近代とに分けるところに成り立つ[5]。古代とは，とくにギリシア・ローマの古典古代（キリスト教以前）を意味し，フォイエルバッハが「古代人にとって，この世界は一個の真理であった」といったように，人間が現実世界に対して，真理に対する態様で関係する段階を意味する。古代人は，この「世界と現世的諸関係」（Stirner［1845］22＝上 22）を真理として，「現世の営みに巻き込まれ，世界との関連に囚われており」（ibid. 26＝上 25），「現世の奴隷」（ibid. 25＝上 24）のままに生活していた。ここでは「自然的なもの」「世俗的な事物および諸関係」（ibid. 23＝上 22）が真理である。ところがソクラテス以来，「ギリシアの精神解放の第 2 期，すなわち心性純化［Herzensreinheit］の時期」（ibid. 25＝上 24）が始まり，すべての現世的なものが，「心性の浄福のために捨て去られる」（ibid.）に至る。もはや古代人は，現世的なものにたいして何の関わりももたない。そして古代の没落以後，人間は世界の背後に世界を超えてある存在＝「精神」だけを真理として思い煩い，「没交渉的，

5）さらにこれを，黒人 - 蒙古人 - コーカサス人，に対応させる（本書第 5 章を参照）。

没世界的な存在として，精神として，自己を知る」(ibid. 26＝上 26) ようになる。これこそが，古代人——具体的にはストア派，エピクロス派，懐疑派，キリスト教——の為し遂げた巨大な仕事の成果であった。「かくて古代人は，精神へと飛翔し，自ら精神的であろうとつとめる」(ibid. 27＝上 26)。要するに，「端的に，非精神的なもの，事物にはまったく関わることなく，もっぱら事物の背後に，事物を超えて存在する存在に，すなわち思想にのみ関わる精神」(ibid.)，古代人はこの精神に憧憬を抱くに至ったのである。古代人は，「真実の生の享受」(ibid. 30＝上 29) を求め，そしてついには現世蔑視の「真の生活」(ibid. 30＝上 30) に帰着する。

> 「古代は，事物の世界，世界秩序，世界全体とけりを付けた。……古代人は世界の克服に尽くし，人間を他者との連関という重くまとわりつく紐帯から解き放つように努めたがゆえに，最終的にはまた国家および一切の私的なものの配慮の解消へと行き着いたのである」(ibid. 32-33＝上 32)

近代とは，宗教改革以後をいう。宗教改革に至るまで，人間はキリスト教のドグマの支配下に囚われ続けた。それゆえまずは，「近代人にとって，精神こそ一個の真理であった」(Stirner [1845] 33＝上 33)。そして宗教改革に至ってはじめて，人間はキリスト教の重荷から解き放たれ，「非キリスト教的」(ibid. 34＝上 34) になった。もはや心性は自らかかずらう内容を失い，最終的には人間一般の愛，自由の意識，自己意識以外に関わるものは何もなくなった。シュティルナーによれば，こうしてはじめてキリスト教は完成する (cf. ibid.)。

古代人の遺産である精神とは，現世から解き放たれた自由な精神のこと，一個の精神的世界の創造者 (cf. Stirner [1845] 38＝上 38) である。精神は精神的世界を創造する。それは彼岸的に，天上的に，神として存在する (cf. ibid. 42＝上 43)。かくて神を形成したのちには，精神は「憑かれた者」(ibid. 45＝上 46) となる。真理は精神 (精霊) のみ。世界は無である (cf. ibid. 37＝上 47)。もはやこの世は幽霊 [Gespenst] と化す。君は君のなかに妖怪 (Spuk) しか見出さない。世界は妖怪と化した。私は真理を信仰する (cf. ibid. 48＝上 49)。真理は神聖にして永遠であり，聖なるもの，永遠なるものである (cf. ibid.)。それは，より高次の存在であり，疎遠なものである。人間は，この数千年来，妖怪の根底を極め，それを把握すること，そのうちに現実を発見すること，を自らの任務として据えてきた (cf.

ibid. 53＝上 54）。精神の国，本質の国こそが，真理であり，真に現存する。シュティルナーによれば，これを現実化しようとする衝動は，身体をそなえた幽霊（キリスト）をもたらした。そして，キリストをとおして，本来の精神あるいは本来の幽霊とは人間にほかならないという肝心の真理が，白日のものとなった (cf. ibid. 54＝上 55)。神は人間になる。かくて人間はその背後に至り，人間こそが精神であることを発見する。かくて神聖なるものとは，とりわけ「精霊」であり，真理，法，法則，大義，皇帝，婚姻，公共の福祉，秩序，祖国等々としてとらえられるに至る。

　それゆえ人間は，自己のうちに「妄念 [Der Sparren]」，すなわち 1 つの「固定観念」(Stirner [1845] 57＝上 58) を抱えている。ほとんどの人間は，高次の存在にしがみつき，観念に自らを屈従せしめる。固定観念はわれわれに疎遠なものであり，神聖なものである。こうして，ここに 1 つの「教権秩序 [Hierarchie]」が生まれる。人びとは，幽霊に屈服し，思想に支配される。これが教権秩序の意味である。「教権秩序とは，思想の支配であり，精神の支配である」(ibid. 97＝上 97)。

　この事情は，ギリシア人→ユダヤ人→キリスト教（カトリック）→プロテスタンティズムに至っても変わらない。歴史は，「天国抹殺」にもかかわらず，いつでも天上王国を築いてきた。そしてそれは，ついに思弁哲学による理念の王国建設に至るのである (cf. Stirner [1845] 92＝上 92)。近代哲学は思考によって承認されない一切のものからの離反をもって始まる。一切のものに理性をもたらし，現実的なものは理性的なもの，ただ理性的なもののみが現実的であると主張する。すべては精神である (cf. ibid. 112＝上 112)。「ただ理性的なものだけが存在し，ただ精神だけが存在する」(ibid. 112＝上 113)。これが近代哲学の原理，真にキリスト教的原理なのだ。かくてシュティルナーは，近代までの歴史を思想（神，真理，人間等々）の支配する教権秩序の歴史として描いた。

　さて以上のことは最近代の「自由人」にも妥当する。自由人とは，18 世紀以後の自由主義に「憑かれた」近代人を意味する。思想の最新型たる自由主義には，3 類型が区別される。それが，1）政治的自由主義，2）社会的自由主義（共産主義），3）人道的自由主義である。

　政治的自由主義は，人間を「人間」として尊重し，「人間」として協和する者たちの共同関係を「国家」として形成する。ここでは私的生活と公的生活が区

118

別され，国家的生活こそが「純粋に人間的生活」(Stirner [1845] 130＝上 131) であり，エゴイスト的生活は私的事柄とされ，市民社会と国家が対立させられる。国家としてのわれわれの共同関係のなかでこそ，われわれは人間であるにすぎない。政治的自由主義は，国民こそ真の人間なりとする思想である。かくてシュティルナーによれば，いまや人は，自己を放棄して，ただ国家のために生きなければならない (cf. ibid. 131＝上 132)。私が生きるというのではなく，国家が私の中で生きるのだ。国家は神である。一切のエゴイズムは消滅する (cf. ibid. 132＝上 133)。そしてかかる国家の精神に仕える者こそ，市民である。自由人こそ，国家の従順な下僕 (cf. ibid. 138＝上 139)。自由主義の目標は，理性的秩序である。だが理性が支配するとき，個人は屈服する (cf. ibid. 139＝上 140)。政治的自由とは，国家における個々人の拘束，国法への拘束にほかならない[6] (cf. ibid. 139-140＝上 132)。それはいわば，「人格的なもの」に対する第 1 の収奪である。

　社会的自由主義は，万人が所有しうるために「無」の所有を願う社会派 (cf. Stirner [1845] 153＝上 154)，すなわち共産主義のことである。政治的自由主義によって政治的な平等は獲得されるとしても，諸個人の所有の平等は実現されない。むしろ，富者と貧者の (人格的所有における) 不平等が存続する。かくて社会派は，「[私的所有者の] 人格的所有を廃止」(ibid. 155＝上 156) し，所有を非人格的なものにしようとするのである。共産主義は，「一切は社会に属するものであれ」(ibid.) とする思想である。だが，シュティルナーによれば，「社会」は，政治家のいう「国民」と同様，1 つの精神にほかならない。社会的自由主義は，社会が所有すべきであり，それゆえ「何ぴとも所持してはならない」(ibid. 154＝155) と結論する。共産主義は，精神的および物質的財貨を，現実に各人に供与し，それらを押しつけ，それらの獲得を強要する (cf. ibid. 161＝上 163)。労働者は，労働者社会の最高権力に屈服する (cf. ibid. 162＝上 164)。これは「人間性」を旨としてなされた「人格的なもの」に対する第 2 の収奪である (cf. ibid. 155＝157) とされる。

6）シュティルナーは，この国家を市民階級 (ブルジョアジー) と結びつけて，階級的に把握する。市民階級は，理性的なもの，善なるもの，合法的なるもの等々のためにたたかう (cf. Stirner [1845] 143＝上 144)。国家は「市民国家であり，市民階級の国家」(ibid. 151＝上 152) である。ここでは労働する者は，所有者たちの，資本家たちの手中に陥る。

　人間的自由主義は，政治的自由主義と社会的自由主義を非難する。それは，後二者がいずれもエゴイズムに囚われているからである。人間的自由主義は「完成された自由主義」であり，エゴイズムの廃棄——全き「没利害性」(Stirner [1845] 165＝上 167) ——と「人間的社会」(ibid. 168＝上 171) を求める。「人間的社会」とは，特殊なるものが何も承認されない社会であり，ここでは「私的なもの」という性格をもつものは，何も価値をもたない。

> 「自由主義は，人間および人間的自由にそのよき原理を，エゴイストとあらゆる私的なものに悪しき原理をもち，前者に神を，後者に悪魔をもつ」(ibid.)

　こうして，1 つの普遍的な「人間」信仰が生まれる (cf. Stirner [1845] 170＝上 172)。固有意志および所有が無力化されるのと同様に，固有性，あるいはエゴイズム一般もまた無力化されるべきであるとされる (cf. ibid. 170＝上 172-173)。人間的自由主義では，唯一者は何ものももたず，人類が一切のものをもつことになる。支配権は「人間」に属する。ゆえに個人は主人であることを許されず，人間が各個別人の主人になる (cf. ibid. 181＝上 184)。他方，「人間」には人間たち（各個人）が対立する。「人間」は，私には疎遠である。

　シュティルナーによれば，自由主義は，人間宗教（人間教）である。私の本質＝「人間」を私から分離して，私の上に置く。それは私の固有性から 1 つの疎遠なもの，「本質」をつくり出すがゆえに，宗教である。

> 「全自由主義は，神が悪魔をもつように，1 つの不倶戴天の敵，乗り超え不能な対立をもつ。人間にはつねに非人間が，個別人が，エゴイストが並び立つ。国家も，社会も，人類も，この悪魔を克服することができない」(Stirner [1845] 185＝上 188)

　かくてシュティルナーは第 II 部の扉で，新時代の入口に立っていた神人が終わりには消え失せたものの，出口では「人間」が「天上なる唯一の神」となったことを指摘する。

> 「古代人が世界知以外のものを提示できなかったのと同様に，近代人は，神学より以上には決して出られなかった。神に対する最新型の反逆でさえも，神学的謀反でしかなかった」(Stirner [1845] 37＝上 37)

『唯一者とその所有』第Ⅱ部「自我」

第Ⅱ部のテーマは「所有人」および「唯一者」である。シュティルナーがいまや問題とするのは，教権秩序を覆して，「人間」と対立する個別人のもつ「固有性 [Eigenheit]」を実現すること，そしてそれに必要な対象を「私のもの」として所有すること，「所有人 [Eigner]」となること，である。

> 「固有性とは，私の本質および存在 [Wesen und Dasein] の全体であり，それこそ私自身である。私は，……私の力のうちにもつものの所有人である」
> (Stirner [1845] 207＝下 10)

第Ⅱ部は長編ながら，言わんとするところは 1 つ。すなわち，これまで人間がつくり出してきた疎遠なもの，国家，法律，社会，宗教，道徳，人間等々により個人が規定されるかぎり，個人は自己の固有性を実現できず，私のものを所有できないのであり，それゆえそれらの疎遠な本質に規定された在り方を廃棄し，自己の固有性を享受すべきこと，である。

固有性は，それ自体が自立的に存在する。「私は [いかなる状況でも] 内的にも外的にも，完全に固有なもの，私に固有なるものであった」(Stirner [1845] 208＝下 11)。固有性は 1 つの現実である (cf. ibid. 215＝下 19)。それゆえ個人は，そもそもの初めから自己以外の一切のものを退ける。この者は「自己自身から出発」して，「自己自身に帰る」(ibid. 216＝下 20)。所有人こそ固有人 [der Eigene]，生まれながらの自由人であり，本来的な自由人である。それゆえに，こう言われる。

> 「諸君は理想家たるべき使命を帯びていると信じ込まされている。それを振り捨てるべきである。諸君は自己自身を求め，エゴイストとなり，各々が 1 つの全能の自我となれ」(ibid.)

問題はつねに，国家や法律（権利さえも），社会，宗教，道徳，「人間」が私を支配し，私もまた固定観念に囚われて固有性を喪失するところに定められる。個々の人間の交通（交際）[7] さえも本質から導き出された「幽霊との交通」になっていた。かくて第Ⅱ部の第 2 章 2 節「私の交通」全体で問われるのは，私の

---

7) 交通とは，相互関係であり，行為であり，諸個人の交際 [commercium] である。それは，シュティルナーによれば，社会から独立したものとされる。これに対して社会とは，諸個人を拘束するたんなる「共同関係性 [Gemeinschaftlichkeit]」(Stirner [1845] 286＝下 97) である。

直接の交通が，それ自体，国家や宗教その他の疎遠なものを媒介とするものになっているということである。だが，たとえば権利も，「私は自己の力の完成によって，この権利を自らに与え，またつかむ」(Stirner [1845] 269＝下 78) のであり，所有も，「私の力のうちにあるもの」であり，「私自身に所有者の権力を与えることによって，私は私自身に所有の権力を与える」(ibid. 339＝下 153) のである。かかる次第は交通も同様である。もはや世界は神や法に隷従すべきものではなく，われわれに固有のものであるべきである。このときには世界はわれわれに対して力を振るうものではなく，われわれとともにあるのみである (ibid. 407＝下 230)。こうして形成されるのが，交通にもとづく「連合」ないし「連合化」(ibid. 408＝下 231) である。連合は私自身の創造であり，被造物である。そして私は連合において，世界を享受することを望む。私は私の力，わたしの所有，私の享受を望む (cf. ibid. 424＝下 248)。私の交通こそ世界享受である。

　かくてシュティルナーによれば，問題は，本質の生か，それとも自己の生か，であり，「いかにして［本質の］生を獲得するかではなくて，いかに生を蕩尽し享受しうるかである」(Stirner [1845] 428＝下 253)。「途方もなく巨大な断絶が，この 2 つの見解を隔てている」(ibid. 428＝下 252)。真理とされる「人間の本質」のために生きなければならないとされる間は，私は断じて私を享受することなどできない。新しい見解では，「私は私自身から出発する」(ibid.)。そして，このとき，「人は，己れの成りうるところのものに成る」(ibid. 434＝下 259)。「一個の人間は，何の天命をもつわけでもなければ，何の課題，何の使命を有するわけでもない」(ibid. 436＝下 261)。「私はそもそもからして「真の人間」である。……真の人間は，未来に，憧れの対象としてあるのではなく，この現在に，現実に存在している」(ibid. 437＝下 262)。自我においては，「可能性と現実性とはつねに一致している」(ibid. 439＝下 265)。「われらは皆すべて完全である」(ibid. 481＝下 311)。

　「人間」という理念が現実化されるとすれば，それは，この個体である私が人間なのだという命題に転倒されるときである (cf. Stirner [1845] 491＝下 322)。もはや私の上の存在はすべて消失する。私は「唯一者たる自己自身の上に，私の事柄を据える」(cf. ibid. 491＝下 323) のだ。かくてシュティルナーもまた，実体（本質）と自己意識（個人）の対立を実体の「否定」によって廃棄し，現在において「真の人間」を実現しようとしたのである。

フォイエルバッハ批判という課題の喚起

　シュティルナーのフォイエルバッハ批判がいかなるものであったかは，以上の概要からもすでに明らかである。『唯一者とその所有』には10箇所以上に明示的なフォイエルバッハ批判が存在する。それらはいずれも「人間の本質は，人間の最高の存在である」とする人間主義に向けられる。

　　　「精神である神を，フォイエルバッハは「われわれの本質」と名づける。この「われわれの本質」がわれわれに対立せしめられ，われわれが本質的自我と非本質的自我とに分裂させられること，これをわれわれは認めることができようか」(Stirner [1845] 43＝上43)

　　　「最高の存在はたしかに人間の本質であるが，まさにそれが人間の本質であって人間自身ではないからこそ，われわれが，それを人間の外にみて「神」とみなそうが，人間の内に見出して〈人間の本質〉ないし〈人間〉と名づけようが，いずれにせよまったく同じことである」(ibid. 44＝上45)

「人間」を最高存在とする者たちもまた，「憑かれた者」である。本来的な私そのものとみなされる「人間」も，「1つの妖怪，1つの思想，1つの概念」(Stirner [1845] 229＝下34)にほかならない。しかし，私は神でもなければ人間一般でもなく，最高存在でもなければ私の本質でもない。これがシュティルナーのフォイエルバッハ批判であった。

　かくてシュティルナーの『唯一者とその所有』は，フォイエルバッハ批判という課題を喚起して，ヘーゲル左派内部に論争を引き起こすことになった。論争の具体的な展開は次節に論じるとして，ここでは以後の論争の焦点を予示する意味で，エンゲルスのシュティルナー評(マルクス宛 1844.11.19 付のエンゲルスの手紙)から起こった論議を瞥見しておく。

　エンゲルスはマルクス宛の手紙で，シュティルナーに対する評価を次のように伝えた。

　　　「高貴なシュティルナーの原理は……ベンサムのエゴイズムであり，ただ，一面ではより徹底されており，他面ではより不徹底にされているだけである。より徹底されているというのは，ベンサムが神をまだ雲上の彼方に存続させているのに対して，シュティルナーは無神論者として個人を神の上位にすら置き，あるいは究極者として立てているからだ。要するにシュテ

ィルナーは，ドイツ観念論の肩の上に立っており，唯物論と経験論に転化
した観念論者だから……である。より不徹底であるというのは，原子に解
体された社会の再建というベンサムの為し遂げた事業を避けたいと思いな
がら，シュティルナーはそれができないからである」(III/1：251-252)

　エンゲルスがシュティルナーをベンサムのエゴイズムとして，しかもドイツ
観念論を基礎とする無神論的エゴイズム，「現存の妄想の完全な表現」(III/1：
252) として批判的にとらえていたことは，十分に確認されて然るべきである。
しかし，問題は，ここでエンゲルスが，シュティルナーの原理は「ただちに共
産主義へと転化せざるをえない」としていることである。

　　　「このエゴイズムは，極点にまで突き詰められ，あまりに妄想に囚われ，
　　同時に自覚的であるから，その一面性において一瞬たりとも自己を維持で
　　きず，ただちに共産主義へと転化せざるをえない」(ibid.)

　なぜか。エンゲルスによれば，シュティルナーのエゴイズムの根拠とする
「人間の心性」が直接に「非利己的」(III/1：252) であるからである。

　　　「[シュティルナーの] 原理として真なるところは，受け容れなければならな
　　い。真なるところとは，すなわち，1 つの事物のために何かをできる前に，
　　われわれはまずそれをわれわれ自身の利己的な事物にしなければならない
　　こと，この意味では，われわれは，……やはりエゴイズムによって共産主
　　義者なのであり，エゴイズムによって単なる個人ではなく人間であろうと
　　欲するのだということである」(ibid.)

　エンゲルスは，ここでフォイエルバッハのいう「人間」が神から派生してい
るというシュティルナーの批判を受容する。と同時に，シュティルナーの「唯
一者」をも退けて，「われわれは，自我から，経験的な生身の個人から出発し
て，……そこからわれわれを「人間」にまで高めなければならない」(III/1：252)
と言う。エンゲルスがシュティルナーの批判に動揺を示して，「生身の個人が
真の土台である」(ibid. 255) ことを確認し，「自我から，経験的な生身の個人か
ら」出発しつつも，フォイエルバッハ的な「人間」，人間愛の立場を堅持しよう
としていること，しかもエゴイズムによる共産主義者への転化を認めていたこ
と，が看取される。ここにはエンゲルスのフォイエルバッハ主義，つまり人間
の普遍的要素と利己的要素とを本質的に対立させ，前者を優位に置く思考が現

124

れる。エンゲルスは，エゴイズムに陥った個人がいかにして自己を「人間」の立場に高められるのかを問わない。ここに1844年末段階でのエンゲルスの水準がよく現れている。

　以上のエンゲルスの手紙に対して，マルクスはただちに返信（批判的コメント）を送る。マルクスの返信は残存しておらず，内容を確定できない。しかし，すでに示したように，1844年末の段階でマルクスはイデオロギー批判の条件形成を果たしていたのであり，ここから1845年初めにシュティルナー批判を論述することも困難ではなかったはずである[8]。それは，次のような批判を含むものであった蓋然性が高い。すなわち，［1］シュティルナーは「固定観念」の自立性の根拠を問わず，啓蒙主義的理論構成を超えることができない以上，「固定観念」を廃棄できないこと。［2］シュティルナーは「固有性」を社会的諸関係から自立した独立変数ととらえるが，現実の諸個人は社会的諸関係のうちに存在し，それゆえに現実的疎外を免れないのであり，個体性も矛盾のうちで形成されるほかないこと。［3］たとえ所有人，「私の交通」を実現しえたとしても，国家，市民社会その他の諸関係は否定されず，依然として諸個人はそれらの支配のうちにあるのであり，シュティルナーの理論は原理的に意識の改革によって「概念の支配」を否定するだけの理論であること。［4］シュティルナーのフォイエルバッハ批判も，「人間の本質」を個人と対立させるだけであり，対立の根拠を把握せず，それゆえに宗教を廃棄できないこと，等々。

　かくて批判を受けたエンゲルスは続くマルクス宛の手紙（1845.1.20付）で自己反省を語ることになる。論争の焦点は，私的所有を原理とする市民社会の分析とこの社会に存在する疎外から「歴史変革の論理」をつかむか否かにある。とはいえ，1845年前半でも，エンゲルスはこの認識に到達していなかったのである。

3　1845年のイデオロギー論争

　マルクスが《テーゼ》を認めた時期以後，ヘーゲル左派は論争を本格化させ，

8）この意味でマルクスには〈シュティルナー・ショック〉を想定することができない。

解体過程に入る。この論争は『ドイツ・イデオロギー』執筆にとっての直接的な与件をなす。以下では，ヘスとフォイエルバッハ，バウアーの三者による1845年の論争を検討しよう。

ヘス『最後の哲学者たち』

　ヘスは『最後の哲学者たち』(1845.6) において，バウアー，シュティルナー，フォイエルバッハの三者を，「類的人間」と個別的人間との間の区別を理論的に廃棄しようとしながら，実践的にはそれを廃棄できず，個別化された人間に囚われ，現実を超えない「最後の哲学者たち」と規定して批判した。

> 「最後の哲学者たちもまた [見えざる教会を存続させたプロテスタンティズムと同様に，神的存在と人間的存在等の区別を廃棄できず]，この見えざる教会 [天上界] を廃棄したものの，天上界に代わって「絶対精神」，「自己意識」，「類的本質」を措定するのであり，個別的人間と人間的類との間の区別を理論的に廃棄しようとするこれらの試みはすべて，失敗に帰した。なぜなら，個別的人間は，たとえ世界と人類，自然と歴史を認識したとしても，人間の個別化が実践的に廃棄されないかぎり，現実には個別化された人間にすぎず，あくまで個別化された人間にほかならないからである。実践的には，人間が置かれた分離状態はただ社会主義によって，すなわち人間が協同し，共同関係のうちで生活し，働き，私的営利活動を廃止することによってのみ，廃棄されるのである」(HS 381-382 = 4-5)

　人間は現実の生活において，分離され個別化されたエゴイスト，すなわち「非人間」(HS 382 = 5) である。この現状を変革し，隣人と社会的に結合することによってはじめて，人間は「ひとかどの者」になりうる。ヘスが，シュティルナーによるフォイエルバッハ批判の後にも，現実の人間に対して「人間」の理念を疑わず，それを実践的に実現しようとしていることは明確である。この立場から，ヘスは三者を市民社会の哲学者として批判する。

　類的人間と個別的人間との区別，あるいは理論と実践の分裂——「キリスト教的二元主義」(HS 382 = 5) ——は，現代の国家に現れる。キリスト教的国家こそ，「現代のキリスト教会」(ibid. 383 = 6) である。天国はもはや彼岸ではなく，此岸に，国家のうちに存在する。ここでは，自由な国家公民こそ「類的人間」

（ibid. 383＝8）であるとされるのだが，じつは「現実的な人間の亡霊」（ibid. 381-382＝8）にすぎない。この亡霊の肉体は市民社会のうちにこそ存在する。最後の哲学者たちはいずれもこの枠を超えない。ヘスによれば，バウアーは市民社会を欠いた国家原理を，シュティルナーは国家を欠落させた市民社会原理を，首尾一貫して主張し，そしてフォイエルバッハはこの全体を，つまりは国家と市民社会の矛盾を原理的に主張した，というのである（cf. ibid. 384＝9）。

　まずバウアーについて。バウアーの立場——自己意識の哲学——は，「哲学的人間主義」（HS 385＝11）である。それは，「全自然を，そして類全体を，嚥下し，消尽し，解体し，消化する」（ibid.）ことによって，「市民社会を自己のうちに廃棄する国家」（ibid. 389＝19）を理想とし，この高みから，実利的エゴイストたる「大衆」に対立し，それを「批判」によって廃棄しようとする「観念論」である（cf. ibid. 384＝10）。しかし，このように対立させたとき，それはそれ自体が「極端な私的エゴイズム」（ibid. 385＝10）に転化する。ヘスによれば，バウアーの哲学的人間主義は，実利的エゴイズムを背景に有しているのだ。

　これに対してシュティルナーは，類的人間とか人間の「本質」とかさえも解体し，消尽し，享受する「意識的エゴイスト」（HS 387＝17）の理論である。シュティルナーによれば，これまでのエゴイストたち——すべての人びとはエゴイストであった——の全欠陥は，ただそれぞれが自己のエゴイズムについて何らの意識ももっていなかったことにある（cf. ibid. 385＝12）。私のみが「私の所持しようと欲するものを規定する」（ibid.）としても，他者の所有を侵すことは罪とされた。だから，エゴイズムは首尾一貫したものではなかった。問題は「罪の意識」を廃棄することである。ヘスによれば，これこそシュティルナーの「新しい知恵」にほかならない。現存の実利的エゴイズムにおいても，博愛に忠誠を尽くそうという利他主義においても，存在するのは「完全なエゴイスト」を否定する意識——支配秩序の意識——である。シュティルナーの主張はつまりは，この意識を廃棄せよというところに帰着する。では，これが意味するところは何か。

　そもそもエゴイズムとは何か。「愛すること，創造すること，労働すること，生産することは，直接的享受である」（HS 386＝14）。エゴイズムは何のゆえに，それらと異なるのか。それはエゴイストが，愛なき生活を，労働なき享受を，

生産なき消費を求めること，つねに自らは与えず，ただ我がものとすること，による (cf. ibid. 386＝14)。エゴイストは「生の完全な享受」に行き着くことができない (ibid. 386＝15)。かくてエゴイスト的生活とは，動物界の生活である。

　　「エゴイズムはいかなる内容も持たない。その内容はエゴイズムから疎外され，そしてそれゆえに，エゴイズムはただ他のものを消尽し，享受することができるだけであって，他のものを創造することはできない。また消尽することができるのも意識的なエゴイストだけである」(ibid. 387＝17)

ヘスによれば，かくてエゴイスト的理論がその頂点に達したときには，エゴイスト的実践もまた頂点に達する。それが「現代の小商人世界」(HS 388＝18) における「自由競争」である。小商人世界は，「社会体の外化された生命」(ibid.) である貨幣において，「自己自身の外化された生命を享受する」社会的動物界である。ここでは「実践的疎外」が完成され，「人間の相互的搾取が，いまや意識的に，意志をもって遂行される」(ibid.)。「今日の小商人世界は，エゴイズムの，媒介された，その本質に照応する「意識的」かつ「原理的」な形態なのである」(ibid. 389＝19)。「媒介された」とは，エゴイズムが意識によって遂行されるからである。かくてヘスはここに，「現存のエゴイズムを気に召さぬシュティルナー」(ibid.) が無意識のうちに欲するものを読み取り，「シュティルナーの理想は，国家を飲み込む市民社会……である」(ibid. 389＝20) と結論づけた。シュティルナーの理論は小商人世界の自由競争に照応する市民社会の理論たるを免れないというのである。

　さて，フォイエルバッハはどうか。ヘスによれば，フォイエルバッハの「将来の哲学」は「現在の哲学」(HS 384＝9) にほかならない。

　　「この [哲学をいかにして否定し実現するかという] 方法に関してフォイエルバッハは，現代国家と同じように，自己矛盾に陥っている。一方では「現実的」人間を市民社会の個別化された人間のことと理解し，「現実」を，市民社会の法，市民社会の婚姻，市民社会の所有をもってなる「悪しき現実」のことと理解しながら……，他方では社会的人間，「類的人間」，「人間の本質」を予定し，そしてこの本質が，まさにそれを認識する個々の人間に潜むことを仮定するのである。──何という哲学的妄想かつ現代国家的な知恵であろうか」(ibid.＝9-10)

　類的人間は，すべての人間が教養形成を遂げ相互存在を実現し，自己を確証できるようになる社会でこそ現実となる（cf. HS 384 = 10）。だが，それを理論的に実現しようとするフォイエルバッハは上記の現実を受容する「現在の哲学」であるほかない。

　ヘスがシュティルナーの批判を受けて，三者を「最後の哲学者たち」として一括し，それらによる現実の受容を問題としたことは明らかである。同時にヘスはなお，共産主義の基礎づけについてフォイエルバッハに依拠する啓蒙主義的理論構成を否定していないことも知られる（この問題は，ヘスによってはついに克服されなかったと言いうる）。

フォイエルバッハのシュティルナー反駁

　ヘーゲル左派の論争で注目すべきは，ヘスの上記批判と同じ時期に，『唯一者とその所有』を受けてフォイエルバッハが論文《〈唯一者とその所有〉との関連における〈キリスト教の本質〉》（『ヴィーガント季刊誌』1845 年第 2 巻，1845.6）を公表し，シュティルナーに対する反駁を行ったことである。反駁は基本的に 3 つにまとめられる。

　第 1 は，「フォイエルバッハは神学と宗教からの神学的解放を与えるにすぎない。フォイエルバッハは神という主語を廃棄するとはいえ，神的なもの，すなわち神の述語はこれを争いの余地なく存立させる」というシュティルナーの批判（cf. FGW 9 : 427）[9] に対する反駁。フォイエルバッハは，自らを「フォイエルバッハ」と称して，次のように反駁する。

　　「むろんフォイエルバッハは，神の述語を存立させている。だがフォイエルバッハはそれを存立させもしなければならない。さもなければ，自然と人間とを存立させることができないからである。というのは，神とは，あらゆる実在性から，すなわち自然と人類の述語から，つくり上げられた存在だからである」（ibid.）

　フォイエルバッハにとって神の述語とは，自然と人間の述語にほかならない。

9）ただし，シュティルナー『唯一者とその所有』に，同じ趣旨の文章は現れても，同一の文章は存在せず，フォイエルバッハが概括したものである。

それゆえ神の述語を存立させるとは，自然および人間の述語を存立させること
同じである。問題は，「フォイエルバッハがいかにして述語を存立させるか」
(FGW 9：428)，である。フォイエルバッハは，述語を自然と人間の述語として，
すなわち自然的人間的属性として，存立させる。述語が神から人間に移される
ならば，述語は神的性格を失い，現実化される。この場合，フォイエルバッハ
は「主語を廃棄する者は，それをもって述語［の神的性格］をも廃棄する」(ibid.)
と述べる。それは，主語とはまさに「主語として表象された述語」にほかなら
ないからであるが，述語の廃棄はあくまで神の述語としての廃棄を意味するに
すぎない。だから「人間は人間の神である」としても，このことは「人間」を宗
教的な神とするのとは異なる。フォイエルバッハが示したのは，「神とは神で
はなく，自己自身を愛し，自己自身を肯定し承認する人間的存在にすぎない」
(ibid. 429) ということである。

　第2は，フォイエルバッハの見解を「神学的」と規定するシュティルナーに
対する反駁。シュティルナーによれば，フォイエルバッハは人間を「本質的自
我と非本質的自我とに分裂させ」，「類，すなわち人間という抽象，観念をわれ
われの真の存在として立て，非本質的自我としての現実的個人的自我から区別
する」とされる (cf. FGW 9：430)[10]。だが，フォイエルバッハによれば，『キリ
スト教の本質』のテーマこそ，本質的自我と非本質的自我との分裂の廃棄，す
なわちトータルな人間の「神格化」，その肯定にある (cf. ibid.)。だからこそ，
『キリスト教の本質』は結論において，「個人の神性こそ宗教の解消された秘密
である」と述べ，こう主張したのである。

　　　「近代の標語である人格性，個体性が無意味な美辞麗句であることをやめ
　　　た唯一の著作こそ，『キリスト教の本質』である。というのは，ただ神の
　　　否定だけが個人の肯定であり，ただ感性こそが個体性の的確なる意味をな
　　　すのだからである」(ibid.)

フォイエルバッハによれば，フォイエルバッハこそがはじめて「絶対的存在
とは感性的存在であり，感性的存在こそ絶対的存在である」(FGW 9：431) こと

---

10) 類似の表現は，シュティルナー『唯一者とその所有』第1部「近代人」にある (cf. Stirner
　　[1845] 43＝上 43)。

130

を把握したのであり，それゆえ「個人こそ，フォイエルバッハにとって絶対的存在，すなわち真の現実的存在なのである」(ibid. 432)。ただし，フォイエルバッハは，この個人を「この排他的個人」とはとらえない。個人であるというのはたしかに「唯一者」ではあるとしても，同時に「否も応もなく「共産主義者」である」(ibid. 433) ほかはない，と主張するのである。

かくて第3の反駁は，他者との類的共同である。真の存在たる個人は，孤立した唯一者においてではなく，類の共同においてはじめて「完全な人間」になりうる。フォイエルバッハはシュティルナーに対して「感覚に従え」(FGW 9：434) と主張し，そうすれば，人間は本質的必然的に他者との関連を認めざるをえない，と結論する。「個人の承認は必然的に，少なくとも二人の個人の承認に至る」(ibid.) のであり，多数の他者——類という他の諸個人——に拡張されるからである。「この意味での類の思想は，個別の個人にとって必然的なもの，不可欠のものである」(ibid. 435)。シュティルナーは「われわれは［各人が］まったく完全である」という。しかし，われわれは「制限されており不完全である」(ibid.)。「ただ類だけが，神性，すなわち宗教を廃棄し，同時にそれに取って代わることができる」(ibid. 435-436)。かくて「フォイエルバッハは，ともかく人間の本質を共同関係に転じるがゆえに——，共同人，共産主義者」(ibid. 441) なのである。

フォイエルバッハによる反駁の大要は明らかである。そしてここからは，『キリスト教の本質』以来の現実的人間主義が1845年段階でも，まったく揺らぎのないこと，したがって，ヘスなどの指摘した欠陥がなお克服されていないこと，が知られる。第1に，神の主語を廃棄し，神の述語を人間のうちに返還する理論構成をもってしては，なぜ人間が神的本質（人間の類的本質）を疎外するのかを説明していないかぎり，フォイエルバッハは神の述語を人間に返還することができない。第2に，「個人こそ，真の現実的存在である」とするのがフォイエルバッハの立場であるとしても，この議論には「本質的自我と非本質的自我との分裂」が前提され，かつその分裂が理性的に廃棄されることが要請される。個人は，この分裂を廃棄して，普遍的理性にもとづく本質的自我を獲得できるとされる。だが，この場合には，それは非本質的自我のもつ私利私欲，私的利害への囚われを解消できない。それゆえ本質的自我の理性は政治

的理性と異なるところはなく，結論的にこの個人は，ヘスの指摘するとおり，市民社会の個人を超えることができないであろう。第 3 に，フォイエルバッハが共産主義者であると自称したのは，以上から，人間が共同的存在であるという意味を表すだけであることが判明する。人間が共同的存在であるがゆえにある特定の歴史的諸関係の下で自己喪失，疎外に陥るという論点は，なぜ宗教を近代的個人は必要とするのかという論点とともに，フォイエルバッハには存在しない。結局のところ，フォイエルバッハの共産主義は哲学的共産主義を超えず，したがって現状の変革に至る道を失うのである。

バウアー《フォイエルバッハの特性描写》

　バウアーは以上の論争に介入し，フォイエルバッハに対する本格的な批判《フォイエルバッハの特性描写》（『ヴィーガント季刊誌』1845 年第 3 巻，1845.10）を著した。

　バウアーはまず，フォイエルバッハ哲学が前提とするヘーゲル哲学の矛盾を指摘する。ヘーゲルは「スピノザの実体とフィヒテの自我を 1 つに統合した」（Bauer［1845］86＝117）。ここでは一切は「真なるものを実体としてではなく，まさに同様に主体としてとらえ表現することにかかる」。だが，まさにそれゆえにヘーゲル哲学の体系は，つねに矛盾のうちを揺れ動く，とバウアーは批判する。

> 「一方では，絶対者が最善かつ最高のもの，全体，人間にとっての真理，人間の尺度，本質，実体，目的であるとされる。しかし他方ではまた，人間こそ実体，自己意識であり，この自己意識こそ自己自身の活動の結果，自己自身の創造的な産物である……。この矛盾のうちでヘーゲル体系は揺れ動いたが，それから脱することはできなかった。それゆえ矛盾は解体され全否定されなければならなかった」（ibid. 87＝118）

　解体は 2 つの方向でなされた。1 つは純粋な実体を確立する方向，もう 1 つは自己意識こそ真の主体とする方向，である。前者がフォイエルバッハ，後者がバウアー。かくてバウアーは，フォイエルバッハを首尾一貫した実体主義者として描き，退けるのである。

　フォイエルバッハは「実体の立場」（Bauer［1845］109＝141）に立っている。このことは，バウアーによれば，初期の著作だけでなく，《ヘーゲル哲学批判》

以後の『キリスト教の本質』や『将来の哲学』にも妥当する。

「フォイエルバッハによれば，ヘーゲル哲学の根本誤謬は，それがなお人間自身の本質とは異なる絶対的存在を仮定するところにある。この罪ゆえに，ヘーゲルは近代哲学の旧約聖書に属する。では救済の福音は何か。それは上記の超越が永遠に覆されるところを見出しさえすればよい。[かくて神の本質は人間の本質へと還元され，人間の本質が絶対的本質とされる]……だが，「人間の本質」「本質」とは一般に，到達しがたいもの，とらえがたいもの，不可触なもの，神聖なもの，超越的なもの，つまりは一つの実体ではないのか。……ひとえに「類の本質と合致するものこそが真なるものである」とすれば，真理は何か確固たるものにされてはいないか，それは不動のもの，不易のもの，それゆえに虚偽，非真理なのではないか。……個人は類に服従し，それに奉仕しなければならない。奉仕は隷属である」(ibid. 104-105＝135-137)

「人間学は宗教である。類は人間から独立し，人格性の外にそれだけで存在する力である。……一言で言えば，類とは新しい神であり，近代人の神である」(ibid. 109-110＝141-142)

バウアーによれば，フォイエルバッハが類＝本質を実体，神として把握しているという事情は，唯物論に関しても同じである。フォイエルバッハにとっては，「真理，現実，感性は同一である」(Bauer [1845] 120＝151)。それはすなわち，不動不変なるもの，永遠に自己同一的であるものとしての自然こそ真理なのだということにほかならない (cf. ibid.)。だから人格性としての人間は「非真理」(ibid. 120＝152)とされてしまう。自然は崇高なものであり，人間は低次のものである。自然は神，人間は下僕。自然は唯一善なるもの，人間は絶対的な悪である。たしかにフォイエルバッハは，「人間的なものこそ，真なるものにして現実的なものである」といい，「人間を哲学の唯一の，普遍的かつ最高の対象である」という。しかし，「それにもかかわらず，フォイエルバッハは人間を全否定する」(ibid.)。「人間は感性を崇拝する。感性の前には人間は無である[11]。

---

11) フォイエルバッハ哲学にあっては，人間もまた感性的存在であるかぎり，無であるところか，最高の対象とされる。バウアーの批判は，意図的な一面性を示す。

その前では人間は塵芥にまみれ、塵芥になり果てる」(ibid. 121＝153)。

　かくて最後にバウアーは、フォイエルバッハのシュティルナー反駁を退けて、自己意識の哲学を次のように擁護してみせる。

　　　「いかなる人間も、自己のありうるものであるし、なりうるものになる。なぜなら、誰しもが自己自身の創るものであり、自己自身の作品だからである。……真の人間は、いかなる目標も立てず、目標に対するいかなる憧憬も抱かない。というのは、真の人間は、いかなる時点においても完全だからであり、なることができたもの、それしかなれなかったもの、すなわち人間だからである」(Bauer [1845] 136＝170-171)

　バウアーによれば、「批判」は「一切の超越に対する不断の闘争と勝利であり、絶えざる全否定と創造、唯一創造的かつ生産的なもの」(Bauer [1845] 138＝173)である。「批判」は、この批判をとおして人間を解放し、人格性として形成する。こうしてバウアーもまた、いかなる時点でも完全な「真の人格性」に行き着いた(この場合、バウアーの自己意識の哲学は自己意識の外部に存在する実体を否定するとはいえ、市民社会も国家も自己意識の創造する世界において再建する)。以上の論評は、シュティルナーらの批判の後にもかかわらず、1845年段階で自己意識の哲学を、バウアーが再認したことを示すものである。

小括──ヘーゲル左派内部論争の焦点

　かくてヘーゲル左派の内部論争は、実体と自己意識(主体)の対立、あるいは本質(類)と個人の対立において争われた。特徴的なのは、フォイエルバッハもバウアーもシュティルナーも、相互の──さらにヘスの──批判を受けた後ですら、1844年までの自己の理論──「人間の本質」「真の人格性」「唯一者」という自立した理念にもとづく理論──に固執し、何よりも理論の現実性、真理性を唱えたことである[12]。それぞれは、ヘスの指摘した意味とは異なるものの、まさに──国家と市民社会の対立という二元主義のうちに生き──「現

---

12) ヘスの批判、フォイエルバッハの反駁を受けて、シュティルナーは《シュティルナーの批評家たち》(『ヴィーガント季刊誌』1845年第3巻、1845.10)で反批判を加えた。シュティルナーが自説に固執し、「唯一者」と「エゴイスト」に関する思想を称揚したことは言うまでもない。

在の哲学」を，あるいは各自の「哲学の現在性」を主張した。言い換えれば，それぞれは，理念の自立性を前提し，私的所有にもとづく市民社会の関係構造（生産様式）と個人の疎外との関連などに立ち入ることなく，したがって市民社会の変革など提起することなく，各自の理論の現実性，真理性を主張したのである。

　すでに，『聖家族』までに，現実の市民社会を変革することなしに哲学的な批判だけをもって人間は自己の「真の現実的本質」を領有できないとしていたマルクスからすれば，これらはいずれも批判的に退けられなければならない。そしてヘスも，「人間の本質」として諸個人の協働をとらえるかぎり，やはり三者と同じ理論構成に立つことが認められる。

　以上，『聖家族』以来のイデオロギー批判という課題は論争の高まりの中で切迫したものとなり，そして季刊誌刊行事情の紆余曲折を経て，『ドイツ・イデオロギー』における唯物史観の定式化およびドイツ・イデオロギーの批判に結実したものと思われる。いよいよマルクスは変革理論に関する自己了解を遂げるために，これまでの理論的概括を行い，イデオロギー批判を果たす課題に着手することになる。

第4章　唯物史観の生成 (1845-46)

　すでに指摘したとおり、『ドイツ・イデオロギー』に措定されたマルクスの理論は、1）土台＝上部構造論、2）市民社会分析、3）変革理論（共産主義）、4）歴史理論（唯物史観）の構想、等の要素から成っている。本書第2章までに示したのは、1）ないし3）の多くが、1843年秋-44年の著作・草稿の成果に負っていたということである。しかし、それだけで『ドイツ・イデオロギー』の理論が成立するわけではない。とりわけ、4）歴史理論（唯物史観）の構想に関しては『聖家族』までの叙述には見られない拡充がある。それはいかに形成されたのか。

　『ドイツ・イデオロギー』は、大部分が1845年11月から46年7月までに執筆された（cf. I/5：832-848）。『聖家族』執筆（1844.11了）後のおよそ1年間は、シュティルナー『唯一者とその所有』読了（1844末）、パリ追放後のブリュッセル移住（1845.2）、『聖家族』刊行（同月）、経済学・歴史観の研究を示す《ブリュッセル・ノート》執筆や《テーゼ》執筆（1845春）、エンゲルスとのマンチェスター旅行（1845.7-8）、《リスト評注》執筆（1845.8）、などによって知られる。以下では、まず18世紀英仏歴史記述の批判的摂取、リストおよびシュルツに示される歴史段階説との応接を論じ、続いて、1）土台＝上部構造論、2）市民社会分析、3）変革理論、の各要素について、第1階梯のH^{5a}基底稿と第2階梯以後の改訂稿との対比から、唯物史観の生成過程を考察し、最後にマルクスの歴史段階説に関する再構成を試みる。

1　歴史段階説の批判的摂取

18世紀英仏歴史記述の批判的摂取

　『ドイツ・イデオロギー』H^{5a}基底稿には、物質的生活そのものの生産という「あらゆる歴史の一根本的条件」（M 11^{2L}）と関連させて、次のような指摘がある。

136

　「フランス人とイギリス人は，たとえ上記の事実［物質的生活の生産という歴史的行為の必要という根本的事実］といわゆる歴史との連関をきわめて一面的に——とりわけ政治的イデオロギーに囚われていたかぎりにおいて——把握しただけであるとしても，ともかく，はじめて市民社会，商業および産業の歴史を描くことによって，歴史記述に唯物論的土台を与える最初の試みをなした」(M 11²ᴸ)

　これは，ロックを先駆として，モンテスキュー，ファーガソン，スミス，コンドルセなどが論じた歴史四発展段階説——18世紀型文明史観——の批判的摂取を示唆する。マルクスの《手帳》(1844-47)には，《テーゼ》筆記の前後に，ホッブズ，ロック，ファーガソン，ヒューム，リストらの著作の記載があり(cf. IV/3：22)，この時期にマルクスがこれらを摂取した形跡が認められる。

　では，「歴史記述に唯物論的土台を与える最初の試み」とは何か。それは主に，次の4点であったと思われる[1]。

　第1に，四発展段階説は王権神授説を否定するかぎりにおいて，自然状態論を前提していたということである。自然状態は「国家の存在しない状態」として歴史的事実であり，通説的研究のいう「孤立した近代的個人から構成されたフィクション」ではありえなかった。自然状態は，何よりも有史以前の共同社会［community］であり，17世紀アメリカなどに現存した状態であった(cf. Locke [1988] 301, 339)。そしてそれは——論者によって相異があるとはいえ——，1）生産–所有にもとづく経済的次元，2）婚姻–家族形成（家父長制）の社会的次元，を包括する再生産領域と把握された(本書第1章2節)。つまり，人間の再生産領域は，18世紀にも歴史の前提として認められていたのである。『ドイツ・イデオロギー』で示される「本源的な歴史的諸関係の4つの契機，4つの側面」(M 13²ᴸ)は，自然状態において認められる諸関係と共通性がある[2]。

　第2に，四発展段階説は自然状態から国家の歴史的設立を論じるにあたっ

1）以下についての私見は，渡辺 [2014-15]，渡辺 [2017] などを参照。
2）たとえばファーガソン『市民社会の歴史』が提示する原理は，1）「自己保存原理」(Ferguson [1966] 10)，2）「結合 [union] の原理」(ibid. 16)，3）学芸技術 [arts] の発明・考案による進歩の原理，4）「戦争と不和の原理」(ibid. 20)である。直接的でなくとも関連性を読みとることは可能である。

て，歴史を，狩猟→牧畜→農耕→商業という 4 段階においてとらえ，ファーガソンやスミスに見られるように，4 段階をほぼ分業によって説明したことである。かくてそれは，唯物論的に「商業および産業の歴史」を書く最初の試みをなしたのである。このさい，18 世紀型文明史観では，狩猟は savage（未開），牧畜は barbarous（野蛮）[3]，農耕以後は civilized（文明）と性格づけられ，歴史が「進歩」の諸相においてとらえられることになった。

　第 3 に，ロックであれファーガソンやスミス[4]であれ——さらにはカント，ヘーゲルであれ[5]——，四発展段階説は国家（市民社会）をほぼ古代の農耕段階で成立したととらえたことである。近代の国家論はこの根拠を，自然状態から出発して農耕段階に生じる「自然状態の不都合」に求めた（本書第 1 章 2 節）。国家は，所有権の保全を目的として，人民を一人の例外なく「受動的服従」の下におく支配統合機関としてとらえられる。この場合，国家は引き続き再生産領域（経済的次元と社会的次元）を包括し，これを支配統合する「政治共同体」である。それゆえ，国家は，必ず二重構造——能動市民と受動市民からなる支配＝被支配構造——にもとづいて構成された。

　第 4 に，四発展段階説は設立された国家を「市民社会 [civil society]」と規定していたことである（cf. Locke [1988] 323-324）。国家＝市民社会は，古代以来の文明段階において成立した。そして，それは近代に至って，法的統治の拡充（人民主権等）と普遍的富裕化という新たな段階に達した。近代市民社会はスミスが「富裕な商業社会」と規定した近代文明社会であった（本書第 1 章 2 節）。

　「歴史記述に唯物論的土台を与える最初の試みをなした」という評価は，以

3）西欧の文明史観においては，未開と野蛮が混同されることはない。たしかに，牧畜や農耕は最終氷期の終結（約 1 万年前）があってはじめて可能になるのである。

4）ファーガソンらは原初契約を否定した。しかし，それは国家＝市民社会の歴史的設立を否定するものではなく，したがって国家設立以前の自然状態はファーガソンらによっても想定されていた。

5）カントの論文《人類史の憶測的起源》によれば，歴史は，1）狩猟段階（未開），2）牧畜段階，3）農耕段階（文明），に区分され（KGS 8：118-119），2）の段階までは「自然状態」が存在し，3）の段階においてようやく一種の統治機関，すなわち国家が成立したとされる。「国家こそ最初のもの」とするヘーゲル『法哲学』でも，国家はじつは歴史的に「最初のもの」ではなく，「当然にも，国家の本来の始原と最初の設立は，農耕の導入および婚姻制の導入に求められてきた」（HW 7 #203 Anm.）ととらえられる。

上のような歴史認識をマルクスらが 18 世紀のフランス人とイギリス人から摂取したことを意味する。確認すべきは——もとより推測の域を出ないとはいえ——，マルクスによる四発展段階説の批判的摂取である。18 世紀のフランス人とイギリス人は，マルクスが把握したような土台 = 上部構造論には達していない。むしろ政治的イデオロギーに囚われ，政治を優位に置いたのである。しかし同時に，四発展段階説がマルクスらの歴史観に継承された側面を全否定することはできない[6]。

マルクス《リスト評注》

　1837 年にヘーゲルの『歴史哲学講義』が公刊されたのち，ヘス『人類の聖史』(1837)，チェシコフスキ『歴史学へのプロレゴメナ』(1838)，リスト『経済学の国民的体系』(1841)，シュルツ『生産の運動』(1843)，ギューリヒ『現代の最も重要な商業諸国家の商業，工業および農業の歴史的叙述』(全 5 巻，1844-45)[7]などの著作が刊行される。見方によっては，シュティルナー『唯一者とその所有』(1844) さえも 1 つの歴史観の表明であり，歴史把握は大きなテーマをなしていた。このような状況と『経哲草稿』以後のマルクスの課題とは相互に関連しあうものである。以下，マルクスの応接を表すものとして，まずは《リスト評注》を考察する。

---

6) 1 つだけファーガソン受容の要素について補足するならば，それは superstructure である。ファーガソン『市民社会の歴史』にはこうある。「ローマは民法の基礎 [foundation] とその上部構造 [superstructure] の大部分をヨーロッパ大陸に遺した。イングランドはその島嶼において，法の権威と統治をかつて人類史が到達したことのない完全の水準にもたらした」(Ferguson [1966] 166)。「繁栄したネイションはこの状態 [法的統治] を熱望し，またある程度達成するのであり，この状態のうちにこそ，人類は安全の土台 [basis] を据え，彼らの見解に適合した上部構造 [superstructure] を樹立するに至るのである」(ibid. 188)。上部構造が法的統治を土台として築かれる法・権利体系を意味するかぎり，マルクスの概念とは異なる。しかし，『ドイツ・イデオロギー』も「上部構造」を英語式で表記しており (cf. I/5：115)，継承関係をうかがわせる。

7) マルクスはギューリヒ『現代の最も重要な商業諸国家の商業，工業および農業の歴史的叙述』(全 5 巻) について，第 1 巻〜第 4 巻を 1844 年秋／冬，第 5 巻を 1845 年末に入手し，それを叙述に役立てたと推定される (cf. IV/6：29)。ただし，ギューリヒ抜粋は 1846 年秋以降であり，『ドイツ・イデオロギー』執筆との関わりを論じるのにはやや難しさがある。今回は割愛する。

　リストは『経済学の国民的体系』においてスミスの経済学体系を「世界主義的経済学」として批判し，「国民生産力の理論」をうち立てた。この理論は，概括すれば，4 つの要素からなる。

　第 1 は，世界主義経済学と国民経済学の区別。前者は，ケネーとスミスによって唱えられた「全人類がいかに福祉を達成しうるか」（List［1971］161）を教える科学であり，「世界連合［Universalunion］と永久平和の存在を前提」（ibid. 167）に一般的自由貿易の理念にもとづいて，富すなわち交換価値の蓄積を目指す科学（交換価値の理論）ととらえられる。これに対して後者は「所与のネイションが所与の世界情勢の下でいかに農耕・工業・商業によって福祉と文明と威力を達成するか」（ibid. 161）という課題に限定した科学であり，先進ネイションの下での「後進ネイションの全般的臣従」（ibid. 167）という世界情勢に応じて，生産諸力をいかに形成するかを説く科学（生産諸力の理論）である。かくて後進ネイションの開発を目指すリストは後者の立場を主張し，前者は理念が現実に存在するとみなす錯誤を犯していると批判した。

　第 2 は，生産諸力概念の拡張。リストは「富の原因［生産諸力］は，富［交換価値］そのものとはまったく別のものである」（List［1971］173），「富をつくり出す力は富そのものよりも無限に重要である」（ibid.）として，生産諸力の概念を拡張する。すなわち，生産力概念に，1）物質的生産力（各種の資本），2）個人の勤勉，節約，道徳性等，3）国家の社会的政治的および市民的な制度および法律，までを包括して，それを国民的規模で連合させ，物質的生産と精神的生産の調和，農工商の均整的形成をはかるよう求めた。

　　「諸民族［Völker］の生産諸力［die produktiven Kräfte］は，たんに各個人の勤勉，節約，道徳性および知性によって，あるいは自然資源や物質的資本の所持によって制約されるばかりではなく，社会的，政治的および市民的な制度および法律によっても，とりわけその国民集団［Nationalität］の持続，独立および威力によっても，制約される。……国民的統一なしに，国民的分業および生産諸力の国民的連合［Konföderation］なしに，ネイションが高度な福祉と威力を達成することはなく，精神的・社会的・物質的財の持続的な所持を確実にすることはないであろう」（ibid. 51）

　そして，この生産力概念と発展段階説とを結合して，リストは国民生産力の

140

理論（国民経済学）を構築した。

　　「ネイションの繁栄は，セーの信じるところとは異なり，ネイションが富
　　すなわち交換価値を蓄積すればそれだけ大きいというのではなく，その生
　　産諸力を発展させるならばそれだけ大きくなるのである」(List [1971] 182)
　第 3 は，歴史の五発展段階説。これは，「未開（狩猟）状態→牧畜状態→農
耕状態→農工並存状態→農工商並存状態」からなる諸民族 [Nationen] の歴史段
階説 (cf. List [1971] 49)[8] である。リストは農耕段階以後を文明としながら，古
代と近代とを区分し，さらには近代にも 2 段階を設定した。ドイツは第 4 段
階，イギリスは第 5 段階にあり，第 5 段階のネイションこそ，「標準的ネイシ
ョン [Die normalmäßige Nation]」(ibid. 210) と規定される。ここに，変形された 19
世紀型文明史観[9]が成立する。

　　「標準的ネイションは，共通の言語と学芸を，多様な自然資源に富み広大
　　かつまとまりのある領土と大規模な人口とを有している。ここでは農業，
　　工業，商業，海運が均等に発達を遂げ，技芸と学問，教育施設と一般の教
　　養は物質的生産と同じ水準に達している。憲法，法律，制度は各成員に高
　　度の安全と自由を与え，宗教心と倫理および幸福を向上させる，一言で言
　　えば，各市民の福祉を目的としている」(ibid.)
　国民経済学の課題は，遅れたネイション（ドイツ）を標準的ネイションに形
成するところにある。

　　「政治の課題は，野蛮の国民集団を文明化し，弱小の国民集団を強大化し，
　　とりわけその存在と持続を確実なものとすることにある。国民経済学の課
　　題は，ネイションの経済的育成を為し遂げ，将来の世界社会へと入る準備
　　をさせることにある」(List [1971] 210)
　第 4 は，保護貿易体制論。リストは以上に述べた発展段階説にもとづいて，
第 4 段階にあるドイツは保護貿易によって第 5 段階に移行しなければならな

8）リストの『経済学の国民的体系』第 15 章「国民集団と国民経済学」では，諸民族は経済的
　な面で，これらの発展段階を通過しなければならないとされる (cf. List [1971] 212)。
9）最も典型的な「19 世紀型文明史観」は，未開（狩猟）→野蛮（牧畜）→半開→文明（農耕→
　商業），と第 3 段階に「半開」を設定する四発展段階説（スペンサーなど）である。リスト
　の五発展段階説は，18 世紀型文明史観における文明を 3 つに分けたものであり，きわめ
　て 19 世紀ドイツ的な性格をもつ。

いと主張した。それゆえスミスを大綱において認め，かつイギリスを標準的ネイションと規定しながら，しかしリストはその自由貿易論（世界主義的経済学）を受容できなかった。

> 「経済学はアダム・スミスによって，その最も重要な部分，つまり国際貿易と貿易政策に関して計り知れない退歩を蒙った。スミスによって詭弁の——スコラ哲学の——不明の——偽装と偽善の，精神がこの学問に入り込んだ」（List［1971］33）

リストの理論はドイツの後進性を前提としたネイションの形成理論である。ここには，生産力概念，産業の発展段階説など，スミスらとの共通性もあり，マルクスも認める認識が存在する。しかし，それは《リスト評注》によれば，あくまでブルジョア的なネイション形成にほかならない。リストの理論から学ぶものがあったとしても，基本的な理論構成が異なり，懸隔は歴然としている。

以下，マルクス《リスト評注》[10]の要点を記す。

第 1 に，全体的評価。「リストの体系の理論的部分全体は，正直なる経済学の産業的唯物論を観念的な空文句で装ったものにほかならない」（Marx［1972］425）。こう論評する理由は，リストが「富を追求しながら，富を否認」（ibid.）し，「没精神的唯物主義［富の追求］をまったく観念論的な装いでくるむ」（ibid.）からであり，「悪しき交換価値を憧憬しつつ，それについて語ることの羞恥から生産諸力を語り，競争について語ることの羞恥から国民的生産諸力の国民的連合を語り，そして己れの私的利害を語ることの羞恥から国民的利害を語る」（ibid. 425-426）からである。リストは，富を蓄積するという場合，ブルジョアが追い求めるのは，「非精神的物質的財ではなく，精神的な実在［Wesen］であり，悪しき有限な交換価値ではなくて，無限の生産力である」（ibid. 432）ということを証明しようとする。かくてマルクスによれば，リスト氏にあるのは，「幻想と観念論化をこととする［idealisierend］空文句」（ibid.）であり，この意味で，リストの経済学は「誇大な，観念論化をこととする偽善的な国民経済学」（ibid. 426）

10）《リスト評注》は《テーゼ》執筆後の 1845 年 8 月に執筆されたとされるが，1845 年 3 月17 日付エンゲルスのマルクス宛書簡によれば，すでにこの時点でマルクスはリスト批判を企てていた（cf. III/1：272）。しかもそれは『経哲草稿』とも『ドイツ・イデオロギー』とも接合しうる内容があり，注目すべき位置にある。

142

であるとされるのである。

第2に，「生産諸力の学説」についての論評。マルクスは，リストが「生産的階級は交換価値を生産し，不生産的階級は生産諸力を生産する」(List [1971] 182) というように，交換価値と生産諸力を区別すること——そして前者には「世界主義的経済学」を，後者には「国民的経済学」を対応させること——を，次のように批判する。

> 「諸国民の圧倒的多数を「商品」に，すなわち「交換価値」となし，かれらを交換価値にもとづくまったく物質的な［物象化された］諸関係に従属させる，というさもしい唯物主義 [Materialismus] に現実に堕落した学説［リストの体系］が，他の国民を交換価値の悪しき「唯物主義」ゆえに軽蔑的に見下す一方，己れにはただ「生産諸力」だけが問題であるかのように申し立てるのは，下劣な偽善，観念論的な粉飾（ごまかし）である」(Marx [1972] 436)

第3に，保護貿易体制論について。ドイツのブルジョアが考えているのは主として「保護関税」を手段として富裕化することである。しかし，保護関税によってブルジョアが富裕化できるのは，イギリス人ではなくドイツのブルジョア自身が「同国人を搾取し，しかもこれまで外国によって搾取されていた以上に搾取する」(Marx [1972] 433) 場合だけである。それゆえ「ブルジョアジーの全願望は，要するに［保護関税によって］，自国の工場制度に「イギリスに並ぶ」繁栄をもたらし，産業主義を社会の規定因とすること，すなわち社会の組織解体 [Desorganisation] を生み出すことに帰着する」(ibid.)。

第4に，歴史的部分について。リストの歴史発展段階説についての具体的論評，あるいは発展段階についての叙述は《リスト評注》には存在しない（ただし，マルクスが「理論的部分」を問題としたとき歴史的部分も当然視野に収めていたものと推定される）。しかし，それに関説した次の箇所は注目されて然るべきである。

> 「アダム・スミスが［リストの］国民経済学の理論的出発点であるとすれば，この経済学の現実的出発点，現実的な学校は「市民社会」であり，経済学のうちに「市民社会」のさまざまな発展段階を正確に辿ることができる」(Marx [1972] 432)

スミスの市民社会論は周知のように，歴史の四発展段階説を含む。リストも

またスミスにしたがって発展段階説を構成した。スミスの発展段階説を何らか
の形で学んでいるはずのマルクスが，リストの 5 発展段階説を退けるとして
も，それは全面的な否認ではありえない。確認してよいのは，「市民社会」の
さまざまな段階を正確に辿る作業を，マルクスがすでに試みていただろうとい
うことである。

シュルツ『生産の運動』とマルクス

　シュルツは，一時期リストと共著論文を執筆するなど，直接に交渉があり，
同じ理論的基礎に立ちながら，かつそれを資本主義の矛盾と結びつけることに
より，著書『生産の運動』(初版 1843) において独自の「生産諸力の理論」をうち
立てた[11]。マルクスには『経哲草稿』以来シュルツの理論との応接があり，唯
物史観の生成史という視点からみて，以下 3 つの要素が注目される。
　第 1 は，生産諸力／生産様式等の概念整備である。生産諸力は，生産的人
間諸力と自然諸力からなる。前者は「人格的力能，すなわち生産の目的のため
に活動する人格的諸力の総体」(Schulz [1974] 65) とも規定される人間の労働力。
後者は生産手段，すなわち労働対象と労働手段を指す。かくてシュルツは，一
方で「活動のさまざまな主要部門への人口の適正な分配 [verhältnismäßige Ver-
teilung]」(ibid. 17)，すなわち農業・工業・商業への「労働有機体 [Organismus der
Arbeit]」(ibid. 28) の分業を論じると同時に，他方で「生産的人間諸力と没知性の
自然諸力との関係」(ibid. 28 ; cf. ibid. 17) を論じ，「生産行為はつねに事物的諸力
と人格的諸力との一体化 [Vereinigung] と相互作用にもとづく」(ibid. 64) ことを指
摘している。これが「生産様式 [Produktionsweise]」(ibid. 8) である。シュルツに
よれば，ここから労働有機体の「編成 [Gliederung]」(ibid.) が生じ，「社会形成体
[soziale Gestaltung]」(ibid. 11) が区別される。
　第 2 は，歴史四発展段階説である[12]。シュルツは，最も粗野な黒人諸民族
からヨーロッパ文明の最先進ネイションに至るまでの社会的諸関係の「同時的

11）シュルツの研究として，植村 [1990] を参照。
12）この四発展段階説は，狩猟段階（未開）と牧畜段階（野蛮）とを明確に区別しておらず，
　　18 世紀型文明史観からしても後退した部分がある。なお，『ドイツ・イデオロギー』もま
　　た同じ傾向を示す。

144

並存」(Schulz [1974] 10) を年代的に，各ネイションが辿った古い諸時代に発見
される段階として認識する。そして分業と生産諸力の発展を規準に，歴史を
「4 つの主要段階」(ibid. 37) に区分する。第 1 段階は，本来的な狭義の「手労働
[Handarbeit]」(ibid. 14) の時代。「欲求はなお単純であり，それを充足させる手段
は乏しい」(ibid. 11)。「社会の最初期には，なお個人，あるいは家族が一切であ
る」(ibid.)。経済的な単位は「家族」であり，性的分業以外の分業は存在しない。
「この文化段階では手が人間にとってほとんど唯一の道具であり，これによっ
て必要なものを周囲の自然からなおきわめて直接的な仕方で取り出し，また自
然に干渉する。これを超える生産用具はすべて，それ自身が手の直接的労働の
粗野な産物にすぎない」(ibid. 12)。漁労と狩猟，あるいは牧畜が，この段階の
主要な産業である。階級ないし身分もまだ成立しておらず，国家も存在してい
ない。第 2 段階は，定住農耕民族が出現する段階である (cf. ibid. 13)。大地の豊
かな産物が多様な利用と加工をもたらし，相互の交換→交易 [Handel] を生み出
す。生産はますます多様化し，農業・工業・商業の広範な分業が始まる (cf.
ibid. 14)。人間の労働は精神的活動に媒介されて高度になり，各人の手はより
技巧的な道具を操り，外界に干渉するようになる。「農耕と手工業」の時代。
結果として本来の「カースト制度」(ibid.) への市民社会の分割が起こる。そし
て「所有の成立」(ibid. 15) と結合して「資本の漸次的蓄積」が可能になり，かく
て物質的生産と知的 (精神的) 生産が分離する。同じ時期に「本来の法的統治
[Legislation＝立法]」(ibid.)，すなわち国家が成立する。想定されるのは，古代エ
ジプト，アジアの帝国，イスラム国家，古代ギリシアやローマ，中世ゲルマン
の諸国家である (ibid. 16-17)。第 3 段階は，マニュファクチュアの時代。ここで
は人間はますます活動を分割し，協同を果たすようになる。「かくてマニュフ
ァクチュアの時代が始まる。それは最高度に分割され，かつ同時に同一の生産
目的のために協同する，手工業的活動なのである」(ibid. 37)。第 4 段階は，「よ
り完全な機械制 [Maschinenwesen] の適用」(ibid.) が起こる大工業の時代である。
　第 3 は，資本主義的生産様式の批判である。シュルツは資本主義のもつ矛
盾，「社会的弊害」(Schulz [1843] 60) をさまざまに指摘した。

　　　「所得の差異と相対的な隔たりはいっそう大きくなりうるのであり，この
　　　ことによって富と貧困との対立 [Gegensatz des Reichtums und der Armut] はいっ

そう鋭く現れることもある。なぜなら，まさに総生産が上昇するがゆえに，この上昇と同じ度合で欲求，欲望，要求もまた増大し，したがって絶対的貧困［die absolute Armut］が減少する一方，相対的貧困が増加しうるからである」（ibid. 65-66）

「このこと［生産諸力のいっそう広範な結合，資金力と知識・技能の結合等］によって資本家が資本の節約分をいっそう多様な仕方で，しかも同時に，農業的・工業的・商業的生産に充用することが可能になり，かくて同時に彼らの利益はいっそう同時的に多面的なものになる……。しかし，資本をこのうえなく多様な仕方で収益あるものにする以上の可能性が容易になったこと自体が，有産階級と無産階級との間の対立を昂進させずにはおかない」（ibid. 40-41）

　資本主義における富と貧困との対立，有産階級（資本家）と無産階級（労働者）との間の対立をシュルツがとらえていたことは明白である。では，この問題をいかなる脈絡で把握したか。シュルツはこう述べている。

「われわれは，思い込みと利害［Meinungen und Interessen］によって昂進する無政府状態の只中を，すなわち教養および所有の，精神的財および物質的財の，自然に反する分配［widernatürliche Verteilung］によって生み出され助長された無政府状態の只中を，生きている。この自然に反する分配によって，文明化されたヨーロッパのすべての国で，住民の大部分は奴隷状態，荒廃状態を余儀なくされ，そして残る人々も，利己心という致命的な癌に冒されて，自由で喜ばしい活動の生き生きした享受を奪われている」（Schulz［1974］3）

　同じことをシュルツは，「社会的弊害は本質的に，ただ労働と所得の不正な［schlecht］分配にのみ起因しうる」（Schulz［1974］60）とも述べる。問題は，労働と所得の不正な「自然に反する分配」に還元される[13]。労働の「自然に反する分配」とは，「機械制の完成による時間の節約にもかかわらず，無数の人びとにとっては工場における奴隷労働の持続がただ増大するだけであった」（ibid. 68）ということである。だから，シュルツは，より多くの自由時間［freie Zeit］の

---

13) シュルツの理論構成は，「自然」を前提するかぎり，基本的に啓蒙主義的である。

獲得こそ国民的力の共同による収益であり，「社会の全成員はこれの適正な分配を要求する［ことができる］」(ibid.)と述べた。他方，所得の「自然に反する分配」とは，すでに指摘された所有の不平等，あるいは格差的な分配，である。問題は「社会の全成員に，増大する国民所得の調和的かつ適正な分配」(ibid. 66)を行うことである。シュルツにとって問題は，現在に存在している可能性にもとづいて「適正な分配」を実現することであった。

　『経哲草稿』におけるシュルツの引用でも明らかなように，1844年にマルクスはシュルツの資本主義批判に共感を寄せた。では，1845年のマルクスはシュルツをどうとらえただろうか。唯物史観の生成史という視点からは，3つの事柄が指摘されてよい。

　第1は，唯物史観に関わる基礎概念の多くをシュルツが提出していたことである。生産用具，生産諸力，労働様式，労働有機体，生産様式，交通，生産諸関係，物質的生産と精神的生産，等。シュルツの著書『生産の運動』に現れるこれらの概念は，『ドイツ・イデオロギー』にも頻出しており，関連を否定できない。

　第2は，歴史段階説である。歴史段階説をもっぱらシュルツから受容したということはできない。しかし，分業論，自由時間論などから学んだことは十分に考えられる。たとえば「分業とともに，精神的活動と物質的活動とが，享受と労働とが，別々の個人のものになる可能性が，それどころか現実性が与えられている」(M 16[2L]=I/5：32)などの叙述にはシュルツ的な視点が感じられる。

　第3は，シュルツが「自然」を理論的前提として問題を立てたことである。マルクスはこの理論構成をとることができない。マルクスにとって肝心なのは現実の運動そのものを通して，現実の関係構造を変革する根拠（ラディカルな欲求）が生成することである。それはプロレタリアートの生活諸関係において生成するのであり，たんに生産諸力の発展だけでは説明できない。つまり生産の運動には，生産諸力の発展だけでなく，敵対的関係を生み出すもう1つの要因がなければならない。それが，所有関係にもとづく生産様式（関係構造）である。そしてマルクスは，『経哲草稿』以来問題としてきた現実的疎外を生み出す根拠として関係構造を把握し，その変革を提起した。ここに，シュルツとの本質的差異が現れる。

小括

　マルクスが唯物史観をいかにして形成したか，これを実証的に示すことはできない。しかし，18世紀英仏歴史記述の摂取やリストらとの応接からして，以下の諸点はマルクスが『ドイツ・イデオロギー』執筆以前に確認したものと推察できるのではあるまいか。すなわち，第1に，四発展段階説をほぼ受容したこと。第2に，有史以前を視野におさめることによって，国家の設立をほぼ定住農耕以後に認めたこと。第3に，市民社会を国家設立と照応させて歴史的に限定したこと。唯物史観は，総括的にいえば，土台＝上部構造論と市民社会分析，そして「歴史変革の論理」を歴史的に拡張し，以上の歴史段階説の批判的再構成と結合して形成されたと，とらえることができる。

2　土台＝上部構造論の歴史的拡張

　唯物史観の形成において第1に指摘されてよいのは，『ドイツ・イデオロギー』が，第1要素の土台＝上部構造論を歴史的に拡張し，市民社会をあらゆる歴史の土台としてとらえる歴史観を提示したことである。以下では，第1階梯の基底稿と第2階梯以後の改訂稿とを対比して，唯物史観の生成過程に接近する。

第1階梯における土台＝上部構造論

　H^{5a}基底稿では，土台＝上部構造論が，各時代における市民社会と国家／意識形態との関係として，歴史全体[14]に拡張され，次のように定式化された（以下，「定式1」）。

　　「この歴史観は，次のことにもとづいている。すなわち，現実的な生産過程を，しかも直接的生活の物質的生産から出発して，展開すること，この生産と連関し，それによって生み出された交通形態を，それゆえ市民社会を，さまざまな段階において，そして，その実践的観念論的鏡像たる国家

14）「歴史全体」とはいえ，土台＝上部構造論の妥当性は国家が成立した後の「有史」段階に限定される。

148

において，とらえるとともに，意識のさまざまな産物および形態の全体を，すなわち宗教，哲学，道徳等々を，市民社会から説明し，それに還元すること，である」(M 24²ᴸ)

ここでは，物質的生産と交通形態＝市民社会との関連把握（第2要素をなす市民社会分析）が前提とされるものの，1）交通形態を，したがってさまざまな段階にある市民社会を，歴史全体の基礎として拡張し，2）国家としての市民社会の作用および意識のさまざまな産物および諸形態を市民社会から説明すべきものとされており，土台＝上部構造論を拡張された意味で述べていることは明らかである。この拡張にあたっては，2つのことが注目される。

第1は，生産諸力によって条件づけられ，それをふたたび条件づける交通形態である市民社会が再生産領域（人類の永続的な存在条件をなす領域）として規定され，あらゆる歴史の土台をなすとされたこと，すなわち「あらゆる歴史の真のかまど」としての市民社会概念（市民社会概念の第4了解の拡張）が成立したことである。

　　「これまでのすべての歴史的段階に存在した生産諸力によって条件づけられ，それをふたたび条件づける交通形態こそは，市民社会なのであり，それは，すでに前述したことから明らかなように，単一家族や複合家族，いわゆる部族制度をその前提および基礎としている……。すでにここに示されるのは，この市民社会こそあらゆる歴史の真のかまどにして舞台である……ということである」(M 19²ᴸ)

ただし，市民社会を歴史全体の基礎とみなすことは無条件ではない。少なくとも，古代以来の koinonia politike ないし societas civilis のとらえ返しが存在していなければならない。なぜなら，それは本来「国家」と同義語であったからである。koinonia politike ないし societas civilis の意味を奴隷制などと対立した政治体制としてのみ理解するとすれば，古代のそれは，歴史の基礎とはみなしがたい。それゆえ，ここからは koinonia politike／societas civilis を，経済的次元と社会的次元をも包括する国家として拡張的にとらえる一般的視角が要請される。市民社会は，この意味での全体社会である。それこそ伝統的な〈市民社会〉の意味であり，ヘーゲルが理解していた意味でもあった(本書第1章2節)。『ドイツ・イデオロギー』はこのことを確認した上で，相対的に国家と区別し

て，市民社会を歴史の土台としたと考えられる。要するに，マルクスの場合，市民社会と国家は単純に対立させられてはいないということである。むしろ市民社会は国家と相対的に区別されながら，国家をも包括し，他方，国家によって統合される領域として把握される。

　第 2 に注目されるのは，国家・法律等の上部構造——ただし H5a 基底稿には，なお「上部構造」概念は現れない——としての限定的定式化である。いま述べたように，基本的にいわゆる国家・法律等の上部構造は明確に歴史的に成立したものとみなされる。かくて，国家・法律だけでなく，宗教・哲学・道徳等の観念論的上部構造も，歴史のある段階で成立した支配秩序・社会統合に関わる領域として明確に把握されたものと解釈される（後述）。「国家の起源および国家の市民社会に対する関係」(M 19²ᴸ) は，『ドイツ・イデオロギー』の掲げたテーマであった。マルクスは国家について，それが歴史的に農耕段階で支配秩序・社会統合に関わる領域として設立されたことを認めた。

　国家設立に関して，H5a 基底稿で指摘されるのは，「分業と同時に，個々の個人あるいは個々の家族の利害と相互に交通しあうすべての個人の共同関係的利害との間の矛盾が与えられる」(M 17²ᴸ) ことである。ここには，国家＝「幻想的共同関係」という規定は現れない。しかし，分業とともに，諸階級の対立と「特殊的利害と共同的利害の間の分裂」(M 17²ᴸ, cf. I/5：33-34) が存在すること，したがって支配階級が現れることは，自明である。かくて国家については次のようにも指摘されるのである。

　　　「いかなる発展段階にある生産諸力も，社会の一定の階級による支配に対して土台として役立つのであり，この階級の所有 [Besitz] から生じる社会的力は，その都度の国家形態において，その実践的＝観念論的な表現をもつ」(M 23²ᴸ)

　国家は，また一般に上部構造は，マルクスにとってたんなる「幻想」ではなく，支配秩序・社会統合の領域を構成する。土台＝上部構造論を歴史的に拡張したとき，この認識はいっそう明確に定式化されたように思われる。

土台＝上部構造論の概念整備

　第 2 階梯以後では，土台＝上部構造論について，いくつかの概念が彫琢さ

れ，整備がなされる。

　第 1 は，土台＝上部構造論の妥当範囲が歴史的に限定され，有史以前——国家等が存在しない歴史——を表す概念などが案出されたということである。じっさい，『ドイツ・イデオロギー』H^{5c} や H^7 は市民社会と国家・法律等の上部構造が存在しない部族所有段階を歴史（広義）の第 1 形態に設定している。この場合，市民社会を部族所有段階の土台として規定するのは不都合である。したがって，土台＝上部構造論において再生産領域を表していた市民社会は，あくまで国家等の存在する有史の概念として限定し，さらにそれに先行する再生産領域を表す概念を設定することが求められる。それが Gemeinwesen にほかならない。

　マルクスは『ドイツ・イデオロギー』において，Gemeinde と Gemeinwesen を区別した。Gemeinde は男性（一部）が形成する政治体制（国家・法律等），すなわち歴史的に農耕段階で成立した支配秩序・社会統合の機関およびそれによって成立する人為的な政治体制であり，Gemeinwesen は男女両性からなる経済的社会的再生産組織，すなわち歴史貫通的に存在し，つねに歴史の土台をなす再生産領域—— 1 ）生産 – 所有の諸関係にもとづく経済的次元と， 2 ）婚姻 – 家族形成の諸関係からなる社会的次元を包括する，経済的社会的再生産領域——を構成する。マルクスによれば，Gemeinwesen は，近代に至って解体されるとはいえ，部族所有から封建的所有に至るまでのすべての所有の基礎をなすとされる（本章 5 節）。

　Gemeinde は，1844 年段階（『聖家族』『イギリスにおける労働者階級の状態』等）では，「教団」（MEW 2：145），「自治体（市町村）」（ibid. 423, 447, etc.），共産主義「団体」（ibid. 511）など人為的な組織・団体を表す概念として，通常の意味で使われていた。また Gemeinwesen は《ミル評注》などに人間の「共同的本質」「共同社会」として頻出した概念であり，『聖家族』でも，「ロベスピエール，サン＝ジュストおよび彼らの党が没落したのは，現実の奴隷制を基礎とする実在的民主主義的な Gemeinwesen を，解放された奴隷制，すなわち市民社会にもとづく近代の精神主義的民主主義的な代議制国家と混同したためである」（ibid. 129）などと，古代と近代の「政治的共同体 [ein politisches Gemeinwesen]」（cf. ibid. 117）を表す概念として現れた。これらがなぜ『ドイツ・イデオロギー』におい

て区別され独特な歴史的概念とされるに至ったか。それは，土台＝上部構造論を歴史的に拡張するにあたり，再生産領域を市民社会と区別して規定する必要が歴史的に生じたからであると考えられる。

　ヘーゲルは『精神の現象学』で，Gemeinwesen をアリストテレスの koinonia 概念にしたがって，古代の「国家共同体」（cf. HW 3 : 331）や「自然的人倫的 Gemeinwesen」（cf. ibid. 330）たる家族——「神々の掟」の領域——として把握した。他方，『歴史哲学講義』では，初期ゲルマン民族の「国家」について，「ゲルマン人にあっては，Gemeinde は個人を支配する主人ではなかった」（HW 12 : 425），「自由のこの要素が社会的関係へと移行する場合に設けられるのは，Volksgemeinde 以外のものではありえず，この Gemeinde が全体をなしながら，Gemeinde の各成員そのものは自由人なのである」（ibid.）などと論じた。かくて Gemeinwesen（←res publica）と Gemeinde のいずれも「国家」の規定でありうるが，前者は「再生産領域を包括した共同社会」，後者は「人為的な組織・団体」の意味があり，『ドイツ・イデオロギー』の区別は，これを活かしたものではなかろうか。両者の区別は『ドイツ・イデオロギー』以後のマルクスに特有である。以下では，Gemeinde を「共同体」，Gemeinwesen を「共同社会」と訳す。

　第 2 は，「上部構造」の明確化である。「幻想的共同関係」（I/5 : 96），「上部構造」（ibid. 115），「意識形態」（ibid. 136）等の概念が案出され，上部構造はとくに支配秩序・社会統合と結びつけて把握されることになった[15]。

　国家は「普遍的」利害に関わる機関であるとされるが，この利害は支配階級の存在諸条件がもつ一般性でしかなく，それゆえに，この「見せかけの共同関係」は，被支配階級に対する独自の支配統合機能をもつ「幻想的共同関係」とも性格づけられた。

　　「これまで諸個人が一体化して形成した見せかけの共同関係は，つねに彼らに対して自立化しており，同時にある階級の他の階級に対する一体化であったから，被支配階級にとってはまったく幻想的共同関係 [die illusorische Gemeinschaft][16] であっただけでなく，新たな桎梏でもあった」（I/5 : 96）

15）土台は単純に経済領域とだけとらえることはできないと同様に，上部構造を，経済領域以外の，政治（法律）および社会，文化の領域全体として理解することもできない。土台＝上部構造論の本来の対象は，支配秩序・社会統合に関わる領域の関係に限定されている。

152

　かくて，国家は市民社会全体の総括機関としても把握される。

　　「国家は，支配階級の諸個人が彼らの共通する利害を貫徹し，しかもある
　　時代の市民社会全体が総括されるさいにとる形態であるから，その結果，
　　あらゆる共通の制度は，国家によって媒介されて，政治的形態をとること
　　になる」(I/5 : 117)

　以上のことはイデオロギーにも妥当する。マルクスは第2階梯以後におい
てはじめて，ある観念の形態を「意識形態」とか「イデオロギー」とかと規定し，
これらの概念を支配統合領域と関連づけてとらえた(詳細は第5章1節を参照)。

　『ドイツ・イデオロギー』において，「形而上学的，政治的，法的，道徳的お
よびその他の，支配的と称される諸観念」(H² ; I/5 : 4)あるいは「ある民族の政
治，法律，道徳，宗教，形而上学等の，言語で表されるような精神的生産」
(H⁸ ; ibid. 135)が問題とされ，「かくて道徳，宗教，形而上学，その他のイデオ
ロギーと，これらに照応する意識形態はもはや自立性の見せかけを保持しな
い」(H⁸ ; ibid. 136)と規定されるかぎり，意識形態とイデオロギーとは照応関係
にあり，内容的には，政治・法律・道徳等・形而上学(哲学)・宗教等を意味
するのであり，しかもそれらはとりわけ支配階級の思想，支配の思想であるこ
とが示される。

　　「支配階級の思想は，いかなる時代にも支配的思想である。すなわち社会
　　の支配的物質的力である階級は，同時にその社会の支配的精神的力である。
　　……支配的思想は，支配的な物質的諸関係の理念的表現，すなわち思想と
　　してとらえられた支配的な物質的諸関係以外の何ものでもない。それゆえ，
　　それはまさに一方の階級を支配的階級とする諸関係の理念的表現であり，
　　それゆえ支配階級の支配の思想である」(ibid. 60)

　そして，とりわけイデオロギーは自立化した支配階級の思想として規定される。

　　「歴史的経過の把握にさいして，支配階級の思想を支配階級から切り離し，
　　それらを自立化し，ある時代にはあれこれの思想が支配したととらえ，こ

---

16) Gemeinschaft は，官僚制集団や遊牧民族の隊商などを表しうる概念であり，あえて訳せ
　　ば「共同集団」「共同団体」か「共同関係」である。これと関連して，Assoziation は，諸個
　　人が自主的に連合した体制であり，「協同関係」ないし「連合(体)」と訳しうる。それぞれ
　　近代社会においても現存する体制である。

の思想の生産諸条件および生産者を顧慮しないならば，……たとえば帰属
が支配した時代には名誉，忠誠などの諸概念が，ブルジョアジーの支配し
た時代には自由，平等などの諸概念が支配した，ということができる。支
配階級自身が，概してこのように思い込む。この歴史把握は，とりわけ
18 世紀以来のすべての歴史家に共通しており，必然的に，ますます抽象
的な思想が支配する，すなわちますます普遍性の形式をとる思想が支配す
る，という現象に突き当たるのである」(I/5：62)

　以上の意味において，イデオロギーは「上部構造」に属する。それは，土台
の「反映」＝模写ではなく，土台の支配秩序・社会統合をはかるための意識形
態が自立化したものである。そして，この理解に立てば，次の定式化（以下，
「定式 2」）もある程度了解可能となる。

　　「市民社会は，生産諸力の一定の発展段階内部における諸個人の物質的交
　　通全体を包括する。それは，ある段階にある商業的および工業的生活全体
　　を包括し，そのかぎりで国家およびネイションを超えるとはいえ，他方，
　　対外的には国民集団［Nationalität］として現れ，対内的には国家として編成
　　されざるをえない。市民社会という言葉は，18 世紀に，所有諸関係がす
　　でに古代的および中世的共同社会から抜け出したときに現れた。市民社会
　　は市民社会としてはようやくブルジョアジーとともに発展するが，生産お
　　よび交通から直接に発展する社会的組織は，あらゆる時代に国家およびそ
　　の他の観念論的上部構造［Superstruktur］の土台をなし，この間たえず同じ
　　名称で呼ばれてきた」(I/5：114-115)

　市民社会は，生産および交通から直接に発展する社会的組織として，「あら
ゆる時代に」国家およびその他の上部構造の土台をなし，かつ「たえず同じ名
称で呼ばれてきた」という言明は，1）「あらゆる時代」を有史に限定し，2）
国家＝市民社会を狭義の国家と再生産領域を包括するものととらえ，3）上部
構造を支配秩序・社会統合に関わる機関・制度や意識形態として把握してこそ，
了解可能である。この意味で，マルクスは土台＝上部構造論の拡張を限定的に
定式化し，そして，ここで 18 世紀以後の市民社会を「ブルジョア社会」とも
規定するに至ったということができる[17]。

3　市民社会分析の展開

　市民社会分析は，『経哲草稿』では資本主義的生産様式に限定された形態で，生産様式論（労働＝所有形態論を含む）／疎外論として示されていた（本書第1章3節）。この分析を，『ドイツ・イデオロギー』は歴史全体に拡張し，概念整備を果たす。生産諸力，生産様式，交通形態（生産諸関係），分業，所有形態，等々がそれにあたる。

　『ドイツ・イデオロギー』で土台＝上部構造論を歴史（有史）全体に拡張したとき，マルクスが最初に提起した課題は，「現実的な生産過程を，しかも直接的生活の物質的生産から出発して，展開すること，この生産様式と連関し，それによって生み出される交通形態を，つまりは市民社会を，さまざまな段階において，歴史全体の基礎としてとらえること」（定式1），つまり土台（市民社会）の経済的関係構造を把握することであった。以下で論じるべきは，この把握が，『経哲草稿』の疎外論といかに接合されるか，である。

第1階梯における市民社会分析

　マルクスは H^{5a} 基底稿でもすでに，市民社会分析ないし経済的再生産領域の分析を，歴史全体に拡張して――あるいは市民社会に先行する段階をも包括して――，示す。

　第1は，1）物質的生活の生産，2）新しい欲求の産出，3）生殖による他人の生命の生産，4）社会関係の形成，という，「本源的な歴史的諸関係の4つの契機，4つの側面」（M 13^{2L}）の指摘である（これらは市民社会に固有な規定ではなく，歴史貫通的規定である）。確認されるのは，周知のとおり。[1]歴史の第1の前提は人間の生存であり，それゆえ「第1の歴史的行為は，これらの［飲食，住居，衣服等の］欲求を充足するための手段の産出，物質的生活そのものの生産である」（M 11^{2L}）こと，[2]第1の諸欲求の充足は，ただちに新しい

---

17)『ドイツ・イデオロギー』には，「ブルジョア社会［Bourgeoisgesellschaft］」（I/5：307）という概念があり，近代市民社会をブルジョア社会としてとらえる理解は失われることはない。

欲求を産出するのであり，「新しい欲求のこの産出こそ，最初の歴史的行為を
なす」(M 12^{2L}) こと，［3］第 3 の関係として，人間が「他の人間をつくり繁殖
を始める」(ibid.) こと，つまり婚姻関係と家族関係が形成されること，［4］
「労働による自己の生命の生産も生殖による他人の生命の生産も」，ただちに，
一方では自然的関係として，他方では社会的関係として，「二重の関係」(M 12-
13^{2L}) において現れること。

　そして，以上の指摘から，マルクスはただちに，生産様式と社会的段階を結
びつけ，次の結論を引き出す。

　　「ここから明らかになるのは，一定の生産様式または産業段階がつねに協
　　働の特定の様式あるいは社会的段階と一体化しており，……人間の利用可
　　能な生産諸力の水準が社会的状態を条件づける……ということである」(M
　　13^{2L})

ここに現れる生産様式や社会的段階は，必ずしも私的所有にもとづく生産様
式や社会を想定しておらず，そもそもの始原，すなわち共同所有段階から存続
する「人間相互の唯物論的連関」(M 13^{2L}) であり，それは「欲求および生産様式
によって」条件づけられ，「人間とともに古く」，しかも「つねに新しい形態を
とって」(ibid.) 現れる，とされる[18]。マルクスは「定式 1」に示されるように，
H^{5a} 基底稿で市民社会ないし経済的再生産領域の基礎に，生産手段と労働
（力）の結合様式である生産様式を置き，それと生産諸関係あるいは人間の社
会的諸関係を関連づけて把握していた。上記の結論も同じ内容を示しているこ
とは明らかである。

　第 2 は，歴史の分業論的把握であり，特殊的利害と普遍的利害との対立の
うちに疎外を読み取る視角である。それによれば，まず原初に，生産性の上昇，
諸欲求の増大，自然的素質や偶然，家族内分業等によって，「自然成長的分業」
(M 16^{2L}) が発展するのであり，「物質的労働と精神的労働の分割が現れる瞬間
からはじめて」(M 15^{2L})，分業は現実に分業となり，「精神的労働と物質的労働
とが，享受と労働とが，別々の個人のものとなる可能性，否，現実性が与えら

---

18) それゆえマルクスは，共同所有から私的所有の生成を説明するという課題を抱えたはずで
　　あるが，これは明確に提起されず，したがって説明も与えられていない。

156

れる」（M 16^{2L}）とされる。そして，特殊的利害と共同的利害の間の分裂が存在する——この段階では私的所有と国家（市民社会）が成立する——かぎり，「人間自身の行為が各自にとって疎遠な，対立する力となって」（M 17^{2L}）現れる。

> 「分業のうちにこそ，上記のすべての矛盾［精神的労働と物質的労働との矛盾，享受と労働との矛盾］が与えられており，また分業それ自体が，家族内での自然成長的分業および相互に対立する個別家族への社会の分割にもとづいているのだが，同時にまた分業とともに，労働とその生産物の分配，しかもそれらの量的・質的に不平等な分配も与えられる」（M 16^{2L}）

分業は各個人（個別家族）における生産物の分配，それゆえに所有形態を想定する。この意味では，なお不明瞭ながら，ここに拡張された労働＝所有形態論が現れる[19]。社会に存在するあらゆる力は人間がつくり出した力である。しかし，それが分業と私的所有の下では交換関係を媒介として各個人から自立した交換価値[20]という形態を生み出し，各個人を物象的に服属させる力——貨幣，資本等——に転化する（「物象化」）。『ドイツ・イデオロギー』はそれを「歴史的発展の主要契機の１つ」とも規定し，次のように論じた。

> 「社会的活動のこうした自己固定化，私自身の産物が私を支配する力——私の統制が及ばず，私の期待に背き，私の打算を無効化する力——へと転化するこのような凝固化こそは，これまでの歴史的発展の主要契機の１つであった。……社会的な力，すなわち，さまざまな個人の協働によって生じる倍加した生産力は，これら個人には，協働そのものがなお自由意思的でなく，自然成長的であるがゆえに，諸個人自身の統合された力ではなく，諸個人の外部に存在する疎遠な強制力として，彼らには来し方行く末の知れない，もはや支配不能な強制力として，……現れるのである」（M 18^{2L}）

---

19) H^{5a}改訂稿では，この箇所で「ところで分業と私的所有は同一の表現であり，前者では活動と関連づけて言われる同じ事柄が，後者では活動の産物に関連づけて言われるのである」（I/5：33）と論じられる。これは，脈絡上は私的所有の成立を想定する段階の叙述であり，記述として不自然ではないとはいえ，共同所有から私的所有の成立を論じるという課題を果たさずになされており，行論上は不備がある。
20) 初期マルクスにあっては，私的所有と交換価値（貨幣）との関連把握はなお曖昧である。これについては本書第6章1節を参照。

　それは分業と私的所有の下での——貨幣関係にもとづく——社会的諸関係の自立化過程，つまり人間の意志と意識を超えた客観的過程であり，人間各個人を規定する。それは人間が生み出しながら人間を服属させるがゆえに「疎外」とも規定される[21]。

　第 3 は，資本主義的生産様式および「疎外された労働」論。H[5a] 基底稿に，『経哲草稿』の疎外論に匹敵する叙述は現れない。しかし，フォイエルバッハ批判の次の箇所などには，関連する叙述が示される。「フォイエルバッハは，……共産主義的唯物論者が産業ならびに社会的編成を改造すべき必然性と同時にその条件をみるその場において，観念論へ逆戻りせざるをえない」（M 10[2L]）。また私的所有の廃棄を論じた次の箇所にも，労働の疎外に関する把握が示唆される。

　　「他方，私的所有という土台の廃棄とともに，すなわち，生産の共産主義
　　的規制が行われ，それによって人間が自己自身の生産物に対して関係する
　　さいの疎遠さが消滅するとともに，需要と供給の関係の力は無に帰し，そ
　　うして人間［各個人］は，交換と生産，各人の相互関係様式を，ふたたび支
　　配下に収めるのである」（M 19[2L]）

疎外と物象化との関連などはここで立ち入ることができない（本書第 6 章 1 節）。それらを措いても，H[5a] 基底稿でマルクスが労働の疎外を問題としていたことは明らかである。

生産様式論（労働＝所有形態論を含む）

　生産様式論（労働＝所有形態論を含む）に関して，第 2 階梯以後でも基本的理解に変更は存在しないものの，やはり概念整備がなされる。

　生産は，シュルツもいうように，生産諸力の諸要素——生産手段と労働力（『ドイツ・イデオロギー』ではそれぞれ「生産用具」と「労働」）——の結合の仕方によってなされる。この結合の仕方が「生産様式」である。生産様式，すなわち生産諸力の結合の仕方は，つねに 2 つの側面から把握することができ

21）H[5a] 基底稿では，「疎外」という概念は現れない。しかし，ここに問題とされている事態は，疑いもなく「疎外」である（じっさい，H[5a] 改訂稿では「疎外」概念が現れる）。

る。1つは，質料的に，生産の内容に関わる技術的結合様式 (cf. H² ; I/5 : 8-10) として，もう1つは，社会的に，所有形態から結果する生産諸力の諸要素の社会的結合様式として，である。

　生産はいかなる形態であれ，各人の物質的生活そのものに関わる質料的な内容をもち，それゆえに質料的に特定の様式で生産諸力を結合して行われる。だが生産諸力の結合はそれだけに尽きない。つねに諸個人相互の所有関係との関連において，社会的になされるのである。社会的結合様式（以下「生産様式」は主にこれを表す）は，『ドイツ・イデオロギー』では生産様式論ないし労働＝所有形態論によって説明された。

> 「これら［部族所有から近代的資本までの］さまざまな形態は，それだけ多くの，労働の組織形態，したがって所有の形態である。いずれの時代にも，諸欲求によって必要になったかぎりにおいて，現存の生産諸力の結合が起こったのである」(I/5 : 89)

> 「分業のさまざまな発展段階は，まさにそれと同じ数だけの異なる所有形態をなす。すなわち，分業のその都度の段階は，労働の材料，用具および生産物との関連における各個人相互の諸関係をも規定する」(I/5 : 129)

生産は，生産手段（労働材料＋労働用具）と労働力（あるいは労働）の結合によって行われる。生産手段と労働力の総体は「生産諸力」をなすとされ，生産手段と労働力との結合の仕方は「生産様式」と規定される。生産様式は個人の自由にはならない。それは，生産手段と労働力との結合にさいして，生産手段と労働力に対する諸個人の客観的な所有関係（生産諸関係）が介在するからである。生産諸力は，それらに対する諸個人の所有関係によって媒介されてはじめて結合される。それゆえ生産様式は，この社会的所有関係の如何によって規定され，さまざまに区別される[22]。マルクスは，これらのさまざまな生産様式を，労働形態と所有形態でとらえる視角を示す。これが生産様式論（労働＝所有形態論を含む）である。

---

[22]『ドイツ・イデオロギー』において所有形態として示されるのは，部族所有，古代の共同体所有（奴隷制），封建的または身分的所有（農奴制），近代ブルジョア的所有等である（後述）が，いずれにおいても問題にされるのは，生産手段／生産用具の所有者と「直接に生産を行う階級」(I/5 : 133) との関係であると見られる。

　こうして生産様式は特定の所有形態を前提とした生産諸力の社会的結合関係であり，それゆえに生産諸力（対象的富と主体的富）の生産をとおして，特定の所有形態と人間各個人の交通形態を――それゆえに全体としての社会の関係構造をも――再生産する。すでに指摘したように，マルクスは『経哲草稿』や《リスト評注》でもすでに生産様式論（労働＝所有形態論を含む）を定式化し，関係構造の再生産をとらえていた。そして，この関係構造把握が『ドイツ・イデオロギー』では歴史全体に拡張され，市民社会は，「生産諸力の一定の発展段階内部における諸個人の物質的交通全体を包括」し，「生産および交通から直接に発展する」組織と規定された。こうしてマルクスは，物質的交通全体を生産様式と関連づけて把握したのである。

　さて，生産手段／生産用具の所有形態，したがって，この所有形態を前提した生産様式は，関連する各個人の相互関係，つまりは各人の自己関係を規定する。そしてこれが身分や階級としての存在を形成する。すなわち，身分や階級も，諸個人に共通の自己関係の集合体として把握されるのであり，たとえば次の箇所はこのことを示唆する。

　　「物質的労働と精神的労働との最大の分割は，都市と農村 [Land] との分離である。……都市とともに，同時に，管理，生活行政 [Polizei]，租税などの，要するに共同体制度 [Gemeindewesen][23] の，したがってまた政治一般の，必然性が与えられる。ここにはじめて，人口の二大階級への分割が現れるが，これは，直接に分業および生産諸用具にもとづいている」(I/5：71)

　分業と生産諸用具の所有関係を基礎として成立する階級的存在は，各個人の主観（意識）を超える。このことを『ドイツ・イデオロギー』は階級的に規定された個人の在り方に関連させて，こう表現している。

　　「都市と農村との対立は，私的所有の内部でのみ存在しうる。それは，個人の分業への包摂 [Subsumtion]，すなわち個人に押しつけられた一定の活動への包摂の，最も顕著な表現であり，この包摂によって，一方の者は偏狭な都市動物に，他方の者は偏狭な農村動物になり，両者の利害対立が

23）Gemeindewesen とは，Gemeinde の制度，つまり政治制度を表すのであり，「共同体制度」と訳す。なお『ドイツ・イデオロギー』に Gemeindewesen が現れるのは，ここだけである。

160

　日々あらたに産出されるのである。ここでもまた労働が核心をなすのであ
　　り，各個人を支配する力なのである」(I/5：71-72)

　最大の分業とされる都市と農村の対立によって，市民と農民は特定の活動を
押しつけられ，それに服属させられ，対立した利害関係に立つ。身分，階級の
共通の諸利害，諸欲求というのは，対立しあう諸個人——たとえば古代におけ
る市民と奴隷——がそれぞれの側に共通する自己関係を形成することを意味す
る。こうして『ドイツ・イデオロギー』は生産様式論を階級的な諸関係の把握
にまで展開し，人間各個人の階級的被規定性，それゆえに階級的個人と人格的
個人の区別をつかむのである。

　　「他方では，階級はこれまた各個人に対して自立化するから，この結果，
　　各個人は各人の生活諸条件を予め定められたものとして見出し，階級によ
　　って，各人の生活上の地位を，それとともに各人の人格的発展を，割り当
　　てられ，階級の下に服属させられる」(I/5：94)
　　「人格的個人と偶然的個人との区別は，概念上の区別ではなく，歴史上の
　　事実である。この区別は，異なる時代には異なる意味をもつ」(ibid. 101)

　偶然的個人とは「階級的に規定された個人」を，人格的個人は「生活欲求に
もとづく個人」，あるいは個体性を備えた個人を言う。肝心なのは，この二重
の在り方が同じ個人の内部において対立／分裂することである。マルクスは，
同一個人における「内部対立」を次のように論じる。

　　「歴史的発展の間に，そしてまさに分業の内部では避けられない社会的諸
　　関係の自立化によって，各個人の，人格的であるかぎりの生活と，労働の
　　何らかの部門およびそれに付属する諸条件のもとに服属させられている生
　　活との間に，区別が現れる。……人格的個人と階級的個人との区別，個人
　　にとっての生活条件の偶然性は，それ自体ブルジョアジーの産物である階
　　級の登場とともにはじめて現れる」(I/5：96-97)

　物質的生活の生産（労働）と自己確証はこのように分裂している。『ドイツ・
イデオロギー』がとらえるのは，生産様式にもとづいて生じる階級的区分が個
人の意識や意志を超えるという，存在次元の——対象関係視座からの——事実
であり，このとき，人間の自己関係は，階級的に規定された部分と人格的な部
分とに分裂するという——自己関係視座にもとづく——事実である。そして，

この対立／分裂の事実は個人には苦悩として経験される。それは「疎外」として規定される事態にほかならない。そして『ドイツ・イデオロギー』においても，疎外の前提は「資本と労働の分裂」である。

　　「大工業と競争においては各個人の全生存諸条件は，2 つの最も単純な形態，すなわち私的所有と労働にまで縮減された。……［私的所有の現代的形態にあっては］分業によってすでに初めから，労働諸条件，道具および原料の分割も与えられ，こうして蓄積された資本のさまざまな所有者への分裂と，したがって資本と労働との分裂，および所有そのもののさまざまな形態が与えられる。……労働そのものは，この分裂という前提の下でのみ存続しうるのである」(I/5：109-110)

　「資本と労働の分裂」という──それ自体が貨幣関係によって現実化するのであり，物象化の極点をなす（本書第 6 章 1 節）──前提の下にある人間（労働者）は，労働をとおしてこの分裂という生産諸条件＝私的所有を再生産せざるをえない──労働＝所有形態論。かくて『ドイツ・イデオロギー』はここでの労働を「疎外」ととらえ，次節で示すとおり，この生産様式の下における生産諸力と交通形態の矛盾を問題にして，私的所有と分業は，現在の生産諸力と交通形態が達成した普遍性の発展にとって桎梏となるがゆえに，廃棄されざるをえない，と結論づける。

　『ドイツ・イデオロギー』において「疎外」は哲学的表現として退けられるかに解釈されることがある。しかし，じっさいに要請されているのは，疎外論を破棄することではない。「疎外」を空文句に転化させることなく，現実的疎外を把握することである。

　　「聖サンチョにあって肝心なのは，すべての現実的な諸関係［……］現実的な諸個人を，疎外されたもの（哲学的表現をしばらく保持するとすれば）24) として見出すようにさせること，疎外というまったく［……］空文句

---

24) このような表現ゆえに，マルクスは『ドイツ・イデオロギー』で「疎外」概念を廃棄したと解釈される。しかし，注釈付きにした理由は，「疎外」と表現すれば，当時のイデオロギー論争のなかで，人間的本質を前提とする理論構成の枠組みで理解される怖れがあるためであろう。『ドイツ・イデオロギー』でも，独自の意味での「疎外」が数箇所確認される（cf. I/5：37, 285, 300, 337）。

に転化させること，にほかならない。それゆえ，ここに現れるのは，［……］諸個人を各人の［……］疎外と，この疎外の経験的な諸関係において叙述するという課題ではなく，まったく同じこと，すなわち，すべての純経験的な諸関係を展開することではなく，疎外なるものの，［……］なるものの，神聖なるものの［単なる思想を措定する］ことなのである」(I/5：337)

　すべての現実的な諸関係を「疎外」という空文句に転化する聖サンチョに対して，マルクスが問題とするのは，資本と労働の分裂にもとづく生産様式（関係構造）とその経験的諸関係における各個人の疎外であり，それを叙述し，変革することである。肝心なのは，現代のプロレタリアたちが「あらゆる自己確証から完全に閉め出されている」がゆえに革命を余儀なくされるという必然性の存在すること，「各人の完全な，もはや限定されない自己確証を為し遂げることができる」(I/5：112) という能力をもつということである。ここには，現実的諸関係と欲求・能力等の個体性との自己関係的矛盾が存在する。かくて『ドイツ・イデオロギー』は，資本と労働の分裂を前提した「労働の疎外」を次のように語った。

　　「プロレタリアたちの場合には，彼ら自身の生活条件をなす労働が，そしてそれとともに今日の社会のすべての存在条件が，彼らにとって何か偶然的なものとなり，しかも個々のプロレタリアはそれを制御できず，またいかなる社会的組織もそれを制御できないものとなったのであり，かくて個々のプロレタリアの人格性と各人に押しつけられる生活条件たる労働との矛盾が，各人自身に現れる」(ibid. 98)

　階級的個人と人格的個人の区別，あるいは階級的関係構造による個人に対する規定，という視座にも示唆されるように，『ドイツ・イデオロギー』もまた，以上の生産様式論にもとづいて，ブルジョア的生産様式での現実的疎外を次のように論じた。すなわち，それは，第1に，「生産諸力［対象的富］が各個人からまったく独立し切り離されたものとして，各個人と並ぶ固有の世界として，現れる」(I/5：110) ほどに，対象的富と主体的富が乖離し，第2に，労働が「自己確証のあらゆる外観を失う」(ibid. 111) ほどに外化される事態として，そして第3に，労働者が生活を維持するために「生活を縮減させる［verkümmern］」(ibid.) ほどに，「自己確証と物質的生活の産出」(ibid.) を分離させ，第4には，

「諸個人が——彼らの諸力こそ生産諸力であるのに——分裂して，相互に対立して存在している」(ibid. 110) 事態として，論じられるのである。

　ここでの現実的疎外は『経哲草稿』の把握した「4 つの疎外」と異なるものではない。かくて関係構造による階級的規定と個体性にもとづく人格的規定との矛盾としての疎外論は，『ドイツ・イデオロギー』でも失われていないことが判明する。

小括——『経哲草稿』疎外論との接合

　マルクスは『経哲草稿』疎外論において，実質的には，［1］資本（私的所有）と労働の分離を前提して，資本と労働との交換により生産手段と労働（力）が結合される「資本主義的生産様式」をとらえ，［2］この生産様式の下で行われる労働を「疎外された労働」と規定し，疎外を生産様式により規定される労働／生活と労働者の個体性との現実的矛盾として論じ，［3］疎外された労働が，前提をなす私的所有および生産様式（関係構造）を，したがって疎外を再生産する，という運動を把握した。生産諸力，生産様式，交通形態などの概念は定式化されていなかったとはいえ，ここに概括した私的所有の関係構造と疎外をマルクスはつかんでいた。

　『ドイツ・イデオロギー』では，「疎外」を括弧つきで論じた事情などがあり，あたかも疎外論が廃棄されたかの解釈が提起されてきた。しかし，以上の検討からすれば，むしろ反対に，疎外論は『ドイツ・イデオロギー』の理論の核心に存在することが確認される。『ドイツ・イデオロギー』は概念整備を果たした上で，意識的に，［1］資本と労働の分離にもとづく資本主義的生産様式（関係構造）をとらえ，［2］この生産様式により規定される労働／生活，階級的個人と人格的個人の区別／対立を論じ，［3］関係構造の再生産を把握した。かくてそれは『経哲草稿』疎外論（広義）に接合されるのである。

　生産様式論（労働＝所有形態論を含む）および疎外論は，『ドイツ・イデオロギー』でも市民社会分析の核心部分をなす。『経哲草稿』と『ドイツ・イデオロギー』とを断絶させるこれまでの解釈によっては，疎外論が否定される。しかし，疎外論なしにマルクスの理論体系はない。疎外論を否定する解釈は，『ドイツ・イデオロギー』の示す理論の根拠を見失わせることにならざるをえない。

164

マルクスこそが，あるいはマルクスだけが，資本（私的所有）と労働の分離にもとづく生産様式（関係構造）と各個人の労働／個体性との関連および矛盾（疎外）をとらえることによって，関係構造の動態を把握し，関係構造の変革と各個人の解放を結びつける構想の基礎を築いた。この把握は，スミスやヘーゲルだけでなく，ヘーゲル左派の各論者にもプルドンにも，存在していなかった。この意味で，生産様式論（労働＝所有形態論を含む）／疎外論はマルクス理論の肝心な要素をなすのであり，マルクスのオリジナリティを構成するのである。

4 「生産諸力と交通形態の弁証法」と共産主義

マルクスは生産様式論（労働＝所有形態論を含む）にもとづいて，土台内部の再生産構造（関係構造）を論じた（前節）。しかし『ドイツ・イデオロギー』の議論はそれだけに尽きない。もう１つの要素がこれに付け加わる。それが，「歴史変革の論理」としての「生産諸力と交通形態の弁証法」である。そして，これにもとづいて共産主義が措定される。この弁証法および共産主義は，『経哲草稿』の「歴史変革の論理」／共産主義といかに接合されるのか。これが本節の問題である。

第１階梯における「歴史変革の論理」／共産主義

H5a 基底稿では，なお定式化は十分でないにせよ，萌芽的に，生産諸力と交通形態の矛盾こそあらゆる衝突，矛盾の基礎をなすという認識が示される。

> 「たとえこの理論，神学，哲学，道徳などが現存の諸関係と矛盾に陥るとしても，このことは現存の社会的諸関係が現存の生産力と矛盾に陥っていることによってだけ起こりうるのである」(M 15²L)

ここでは「生産力と社会的状態と意識は相互に矛盾に陥る」(M 16²L)と，やや表現が曖昧ながら，第２階梯以後に「生産諸力と交通形態の矛盾」と定式化される部分は明確にとらえられている。そして，このことは，次の文面からも知られる。

> 「生産諸力の発展において，現存の諸関係［私的所有］の下ではただ害悪を

及ぼすだけで, もはや生産諸力ではなく, むしろ破壊諸力 (機械と貨幣) となるような生産諸力と交通手段が呼び起こされる段階が現れる――そして, これと連関して社会のあらゆる負荷を耐える必要があり, その利益を受けることのない一階級, すなわち社会から追いやられて, 他のすべての階級との決定的な対立を余儀なくされる一階級, が呼び起こされる。この階級は一切の社会構成員の多数者をなすのであり, この階級から根本的革命の必要性の意識, 共産主義的意識が生まれてくる」(M 22-23^{2L})

肝要なのは, 生産諸力の発展に対して交通形態が桎梏 (矛盾) として現れるという事態と関連して, 事態を変革すべき「あらゆる負荷」を被る階級 (プロレタリアート) の存在が指摘されていることである。かくてマルクスは, この矛盾の解決としてプロレタリアートによる分業=私的所有の廃棄を, すなわち共産主義を提起する。

「共産主義革命による現存の社会状態の転覆および解体 (これについてはのちに詳論する), そして私的所有の廃棄によって, ドイツの理論家たちにはきわめて神秘的なこの力 [疎遠な力] が解消され, 歴史が完全に世界史に転化されるのと同じ度合いで, 個々人の解放が為し遂げられる, ということも経験的な根拠をもっている」(M 21^{2L})

「現実において, そして実践的唯物論者すなわち共産主義者にとって肝心なのは, 現存の世界を変革すること, 眼前の事態を実践的に攻撃し, 変更することである」(M 8^{2L})

かくて H^{5a} 基底稿は, 現実の問題を解決するために現存世界の変革を, さまざまに語った (以上のほか, M 10^{2L}, M 22-23^{2L} などを参照)。

さて, この脈絡で H^{5a} 基底稿にはフォイエルバッハの直観的唯物論に対する明確な批判が現れる。マルクスによれば, フォイエルバッハの唯物論は「たんなる直観」に限定され, 現実的矛盾をとらえることができず, それゆえに「二重の直観」に逃げ込まざるをえないからである。

「フォイエルバッハの感性に関する理論的把握は, 一方ではそれのたんなる直観に, 他方では感覚 [Empfindung] に, 限られる。――第1の場合, すなわち自然の直観においては, フォイエルバッハは必然的に, 自己の意識および感情と矛盾する事態に, 人間と自然との調和という彼の前提を攪乱

166

させる事態に，突き当たる。その場合，これらを取り除くために，フォイエルバッハは二重の直観に，つまり「明白なもの」だけを見て取るありふれた直観と，事態の「真の本質」を見て取る高次の哲学的直観に，逃げ込まざるをえない」(M 8²ᴸ)

　たしかにフォイエルバッハは，「人間もまた感性的対象であると洞察している」(M 10²ᴸ ; cf. I/5：25)。しかし，それにもかかわらず人間は「感性的活動」としてとらえられず，与えられた社会的連関において把握されない。それゆえ「現実に存在する活動的な人間」には到達することなく，「現実的な個人的な，肉体をそなえた人間」を「感覚」(ibid.)（第2の場合）のうちで認めるところに行き着くだけである。

　　「フォイエルバッハは，愛と友情以外の，「人間の人間に対する」「人間的諸関係」を知らない。したがって感性的世界を，それを形成する諸個人の統合された感性的活動として把握することには決して辿り着かない」(M 10²ᴸ)

　マルクスが問題とするのは，1）感性的世界が「産業と社会状態の産物」(M 8²ᴸ)であり，しかも「歴史的産物であり，世代の全系列による活動の成果である」という意味でそうであること，そして，2）「現実に存在する活動的な人間」は与えられた社会的連関の下で矛盾のうちに存在していることである。フォイエルバッハの直観的唯物論に対しては，《テーゼ》第1テーゼが，1)「フォイエルバッハは，感性的な客体を欲するが，人間的活動そのものを対象的な活動として，主体的にとらえない」こと，2）理論的な関わりだけを真に人間的な関わりとみなし，他方，「実践は，その賤しいユダヤ的現象形態においてのみとらえられ，固定され」るがゆえに，「フォイエルバッハは「革命的」活動の意義を把握しないこと」(IV/2：19) を批判していた。『ドイツ・イデオロギー』の批判は，これを再論し，それゆえにフォイエルバッハの歴史的「観念論」を指摘する。

　　「したがってフォイエルバッハは，たとえば健康な人間でなく，瘰癧病質の，過労と肺結核で苦しむ飢えた一群の人びとをみると，「高次の直観」と理念的な「類における和解」に逃げ込まざるをえず，それゆえ，共産主義的唯物論者が産業ならびに社会的編成を改造すべき必然性と同時にその

条件をみるその場において，観念論へ逆戻りせざるをえない。／フォイエルバッハが唯物論者であるかぎりは，歴史は彼に現れず，また歴史を考慮するかぎりでは，彼は唯物論者ではない。フォイエルバッハの場合，唯物論と歴史はまったくばらばらに離反している」(M 10^{2L} ; 一部引用済み)

フォイエルバッハの唯物論は，事態の「真の本質」を見て取る高次の哲学的直観に行き着き，それゆえ現状の変革に対しては「高次の直観」と理念的な「類における和解」をみる観念論に，行き着いた。いずれも「人間の本質」という直観にもとづくかぎり，イデオロギーに転化する。H^{5a} 基底稿は共産主義を提起した段階で，すでにフォイエルバッハの哲学を，唯物論として一定の評価を与えながら，最終的にイデオロギーとして性格づけ，批判したと見ることができる。

生産諸力と交通形態の関係——第 2 階梯における「歴史変革の論理」

マルクスは『ドイツ・イデオロギー』執筆の第 2 階梯で，「生産諸力と交通形態の矛盾」のうちに，歴史変革の根拠を求めた。第 1 階梯でも萌芽的に示唆されていたこの論点は，ここで明確な規定が与えられる。

「生産諸力と交通形態との上記の矛盾は，上述のように，すでにたびたびこれまでの歴史に現れ，歴史の基礎を危うくすることはなかったとはいえ，その都度革命となって爆発せざるをえなかった。そのさい，この矛盾は同時に，さまざまな副次的形姿をとり，諸衝突の総体，さまざまな階級の衝突，意識の矛盾，思想闘争，政治闘争等として現れた。……歴史上のすべての衝突は，われわれの見解によれば，その起源を，生産諸力と交通形態の矛盾の中にもっている」(I/5：89-90)

生産諸力と交通形態の矛盾は，さまざまな階級の衝突として現れるとしても，なお諸衝突に関わる当事者たちの主観／意識を超えるという意味において，ある種の客観性を帯びた対象関係である。これは，たしかに『経哲草稿』にない表現である。それゆえ，ここから『ドイツ・イデオロギー』があたかも疎外論的理論構成を廃棄したかにとらえる解釈も生み出された。はたして生産諸力と交通形態との矛盾とは，人間各個人の経験を超えた，如何ともしがたい運命であるのか。それは『経哲草稿』の「歴史変革の論理」と接合不能であるのか。

　ところが他方，『ドイツ・イデオロギー』には，「生産諸力と交通形態の関係」について注目すべき次のようなテーゼが存在する。

　　　「生産諸力と交通形態との関係は，各個人の交通形態と活動ないし確証との関係である」(I/5：102)

　問題は，「各個人の交通形態と活動ないし確証との関係」の解釈である。それは，『経哲草稿』の「歴史変革の論理」といかに接合されるのか。前節で見たように，各個人の交通形態と活動ないし確証との関係は，プロレタリアにあっては階級的個人と人格的個人との対立／分裂（疎外）として現れていた。問題は，この各個人内部における対立／分裂が，生産諸力と交通形態の矛盾と，どのように関連づけられるのか，である。肝心なのは，歴史的に規定された個人が自己関係のうちに抱える矛盾，つまり人間各個人の階級的被規定性をつかむことである。

　では，生産諸力と交通形態の矛盾は，以上の各個人の内部における対立／分裂とどのように関連づけられるのか。生産様式がある所有形態を前提とした生産諸力の結合関係であるかぎり，生産諸力と交通形態の関係は本来的に矛盾関係にあるわけではない。交通形態は，生産諸力の発展条件をなし，それゆえに生産諸力（対象的富と主体的富）の生産をとおして，特定の所有形態と人間各個人の交通形態をも再生産する基礎となる。それゆえ，交通形態は矛盾が現れていないかぎり，各個人の個体性を確証するための条件をなす。

　　　「各個人が互いに交通しあう諸条件は，矛盾がまだ現れていないかぎり，
　　　各人の個体性の一部をなす条件であり，各人にとって何ら外的なものではない。……諸条件は各人の自己確証の条件をなし，かつこの自己確証によって生産される」(I/5：102-103)

　しかし，生産諸力と交通形態の関係は永続的に予定調和であるわけではない。生産諸力の発展とともに矛盾が現れ，交通形態はその発展の桎梏に転化する。たとえば私的所有と無所有を前提するならば，生産諸力と交通形態の矛盾はどのような結果を生むか。プロレタリアの生産した対象的富は資本の所有となり，プロレタリアに対立して現れる。プロレタリアは依然として無所有であり，労働能力の交換によって生活手段を獲得しうるにすぎない。この場合，生産諸力は，狭い市場（購買力）の限界にぶつかって発展を阻止されるか，ときには生

産諸力の発展によりプロレタリアは失業等の憂き目に会う（生産力として発現が縮減される）。つまり，ここに現れるのは，マルクスが現実的疎外を廃棄する実践的前提として指摘した以下の「２つの事態」である。ここに表現されている事態が，近代の生産諸力と交通形態との矛盾である。

　　「この「疎外」――引き続き哲学者たちに理解しやすくこう言うのだが――は，もちろんただ２つの実践的前提の下でのみ廃棄されうる。［まず第１に］それが「耐えられぬ」威力，すなわちそれに抗して革命を起こす威力になるには，それが人類の大多数をまったく「無所有の」ものとして産出し，同時に富と教養――両者は生産力の著しい増大，高度な発展を前提する――の現存する世界との矛盾のうちで，産出していることが必要であり，――他方では［第２に］，生産諸力のこの発展が……，絶対的に必要な実践的前提である。というのは，それなしには欠乏，窮乏だけが普遍化される……からであり，さらには生産諸力のこの普遍的発展とともに，人間の普遍的交通が措定されるから……である」(I/5：37-38)

　ここに存在するのは，生産諸力の普遍的発展とこの現存世界のうちで「耐えられぬ」生活をする諸個人との矛盾である。この事態が，近代の生産諸力と交通形態との矛盾である。要するに，生産諸力と交通形態との矛盾とは，生産諸力の発展とともに，特定の交通形態の下で発展する各個人の欲求・能力等（生産諸力）が縮減され破壊されるという自己関係の事態，あるいは交通形態に規定された階級的個人が人格的個人としての各人の自己確証にとって桎梏となるという自己関係の事態を言う。それは，各個人にとって存在する客観的な事態ではあるが，各個人に無関係に，外在的に存在するものではない。むしろ各個人に内在的に，それ自身の経験として現れる。マルクスは，この経験を，現実の客観的関係構造から生じる自己関係的矛盾，すなわち現実的「疎外」として把握する。

　それゆえ『ドイツ・イデオロギー』もまた，交通形態と生産諸力の対立・矛盾のなかで，疎外が拡大再生産され，労働者はこの疎外を廃棄せずにはいないことを語り，そして「歴史変革の論理」を，こう記したのである。

　　「これらさまざまな条件［生産諸条件］は，最初は自己確証の条件として現れ，のちにその桎梏として現れるのであり，歴史的発展全体の中で，交通

形態の連関した一系列をなしている。この連関とは，桎梏となった以前の交通形態に代わって，より発展した生産諸力に，したがって各個人の自己確証の進歩した方式に照応する新しい交通形態が置かれ，それがふたたび桎梏となってやがて別の交通形態に代えられるというところにある」(I/5：103)

　結論的に，歴史変革の根拠をなす生産諸力と交通形態との矛盾とは，各個人の自己確証（個体性）とその実現にとって桎梏となった交通形態（関係構造）の矛盾である。かくて『経哲草稿』においてつかまれた「歴史変革の論理」は，『ドイツ・イデオロギー』でも核心をなしていることが知られる。

第 2 階梯における変革理論（共産主義）

　そしてまた当然ながら『ドイツ・イデオロギー』でも，「歴史変革の論理」から変革の運動および理論としての共産主義が導かれる。第 2 階梯では，共産主義は，何よりも現実的疎外を廃棄する運動と規定される。

　　「共産主義はわれわれにとって，つくり出されるべき状態，現実が則るべきとされるような理念ではない。われわれが共産主義と呼ぶのは，現在の状態を廃棄する現実的運動である。この運動の諸条件は，いま現存する前提から生じる」(I/5：37)

　もとより共産主義は，資本主義的私的所有と現実的疎外を廃棄する運動であるかぎり，現実の諸条件にもとづく内容規定を帯びる。それもまた『経哲草稿』の規定と異なるものではない。『ドイツ・イデオロギー』は，前項で示したとおり，私的所有の下での現実的疎外，あるいは生産諸力と交通形態との矛盾をとらえ，それゆえに私的所有の下での現実的疎外の廃棄として共産主義を理念的に語った。それはやはり，疎外の把握に照応して 4 つの側面から，すなわち，1）ブルジョア的生産様式の変革ないし対象的富の領有，2）労働の自己確証への転化，3）協同関係の形成あるいは「各個人の協同化 [Vereinigung]」，4）各個人の相互確証，の 4 つの側面から，把握される。

　まず第 1 は，ブルジョア的生産様式の変革ないし対象的富の領有。ブルジョア的生産様式の変革とは，私的所有の下で資本によって媒介的に結合されていた生産手段と労働力とを，直接的に結合することである。そしてそれは，商

品としての労働力を廃棄[25]し，各個人が生産手段／生活手段に対して，自己の所有物に対する態様で関係する所有関係を回復することであり，具体的には，対象的富としての生産諸力の領有として現れる。

　　「したがって，いまや各個人は，各人の自己確証を達成するためだけでなく，そもそも各人の生存を確実にするだけのためにも，現存の生産諸力の総体を領有しなければならないところに至った。この領有は，まず領有されるべき対象——ひとつの総体へと発展し普遍的交通の内部にだけ存在する生産諸力——によって条件づけられている」(I/5：111-112)

すでに第2，第3の側面に踏み込んでいるが，ここではともかく生産諸力総体の領有が問題とされていることに注目しよう。

第2は，「労働」の廃棄あるいは「労働の自己確証への転化」(I/5：113) である。

　　「プロレタリアは，人格的に認められるためには，彼ら自身のこれまでの存在条件を，——同時にそれはこれまでの社会全体の存在条件でもある——，すなわち労働を，廃棄しなければならない」(ibid. 99)

生産諸力の領有を前提するならば，生産そのものはそれ自体が各個人に属する活動に転化する。これに関しては，次のように上記の過程が言い換えられる。

　　「この諸力［生産諸力］の領有は，それ自体が物質的生産用具に照応する個人的能力の発展にほかならない。すでにこの理由からして，生産用具の総体の領有は，諸個人自身における諸能力総体の発展である」(I/5：112)

『ドイツ・イデオロギー』によれば，「あらゆる自己確証から完全に閉め出されて」いた現代のプロレタリアたちは，「労働」の廃棄によって，「各人の完全な，もはや限定されない自己確証を為し遂げることができる」(I/5：112) とされる。

第3は，各人の連合した「協同関係 [Association]」(I/5：96) の形成である。上記の領有は，各個人の領有であるとしても，「普遍的交通の内部にだけ存在する」という生産諸力の性格からして個別的な領有ではなく，連合した「協同化 [Vereinigung]」(ibid. 100) によってこそ果たされる。プロレタリアの協同化に

25）資本および労働力商品の廃棄は，商品—貨幣—資本からなる物象化を根本的に転換するものである。

よって形成される社会は，ブルジョア的な「見かけの共同関係［die scheinbare Gemeinschaft］」(ibid. 95) と区別して，「現実的共同関係」と言われる。この共同関係は，領有すべき生産諸力の普遍性ゆえに，諸個人の協同化を前提する。

　　「現実的共同関係においては，各個人は各人の協同関係の中で，また各人の協同関係を通して，同時に各人の自由を獲得する」(ibid. 96)

　　「革命的プロレタリアたちの共同関係の場合には，彼らおよび社会の全成員の生活諸条件をコントロールしており，［ブルジョア的共同関係と］正反対である。共同関係には諸個人は各個人として参画する。まさに諸個人の協同化［Vereinigung］こそが……諸個人のコントロールの下に，各人の自由な発展と運動の諸条件を与えるのである」(ibid. 100)

　最後に第4に，「各個人の各個人としての交通」。それは，ブルジョア的私的所有のもとで分裂している自己確証と物質的生活との一体性を，したがって各人の自由と相互の人格的な関係を，各個人において実現することである。

　　「この段階ではじめて，自己確証は物質的生活と一致するのであり，このことは，各個人のトータルな個人への発展と一切の自然成長性からの脱却に照応する。そしてそのときには，労働の自己確証への転化と，これまでの制約された交通の，各個人の各個人としての交通への転化とが照応しあう。協同化した［vereinigt］各個人による生産諸力総体の領有とともに，私的所有は終息する」(I/5：113-114)

　以上のうちには，ある種の理念が語られている。「各個人の完全な自己確証」「自己確証と物質的生活との一致」「トータルな個人への発展」「各個人の各個人としての交通」等々。これら以外にも，『ドイツ・イデオロギー』には「各個人の生活の自由な確証」(I/5：497) などと，理念的＝価値的表現が随所に見られる。しかし，それは現実的諸関係から自立化された超歴史的な普遍的理念ではない。むしろ理念は，現実の変革運動の表現として把握されるのである。だからこそ，共産主義は何よりも私的所有（と無所有）を廃棄する運動である。

　マルクスは「理念」一般を原理的に否定したのではない。理念は，現実に存在する自己関係の矛盾を実践的に解決する運動の理念として把握される。肝要なのは，各個人の自由な発展，生命／生活の再生産を基礎とする個体性の確証が現実の変革根拠とされ，これがまた変革理論の理念＝価値として表現されて

いることである。これは，歴史から自立した抽象的理念ではない。

　すでに繰り返し指摘したように，マルクスの理論は，マルクスが案出した構築物ではなく，現実の運動の表現にすぎない。そのかぎりで，それは「マルクスの理論」ではない。現実の前提から生じる諸条件にもとづいて生成する変革運動の理論。それは特定の個人の名を冠することができない。マルクスの理論はこの意味で，それまでの理論と異なる原理によって構成されるのであり，将来の運動を指示したり人びとを従属させたりすることを原理的に排除した開放系であった。

　『ドイツ・イデオロギー』シュティルナー章は結語部分で次のように記した。ここには，これまでに考察した論点のほとんどすべてが集約的に表現される。

　　「われわれはすでに上記で，各個人に対する諸関係の自立化，個体性の偶然性への服属，各個人の人格的関係の一般的な階級関係への包摂等の廃棄は，結局分業の廃棄に条件づけられていることを示した。同様にまた，分業の廃棄は交通および生産諸力が発展して，私的所有と分業がそれらにとって桎梏になるほどの普遍性に達することを条件としていることを明らかにした。さらに私的所有はただ各個人の全面的な発展という条件の下でのみ――なぜなら，まさにそのときの交通と生産諸力こそは全面的であり，全面的に発展を遂げた諸個人によってのみ領有されうる，すなわち各人の生活の自由な確証に転化されうるからである――廃棄されうることを示した。われわれは，生産諸力と交通形態が発展を遂げ，私的所有の支配の下で破壊力となるまでに達するがゆえに，そして階級対立が極点にまで激化させられるがゆえに，現在の諸個人は私的所有を廃棄せずにいないことを明らかにした。最後にわれわれは，私的所有と分業の廃棄は，それ自身，現在の生産諸力と世界交通によって与えられた土台の上になされる諸個人の協同化 [Vereinigung] であることを示した」(I/5：496-497)

小括

　以上，結論的に，『経哲草稿』と『ドイツ・イデオロギー』とは，変革理論においても本質的に接合可能である。

　現実的疎外は，各個人の意志と意識によって廃棄される。だが，意志や意識

174

だけで廃棄されるものではない。疎外の廃棄は，資本（私的所有）と労働の対立にもとづく交通形態／生産様式（関係構造）のうちで必然化される生産諸力（対象的富と主体的富）の普遍的発展と交通形態との客観的な矛盾，そして，かかる関係構造ゆえに階級的に規定される個人と人格的な個体性との矛盾という，疎外の事態の深化を根拠として，それによって現実化する。関係構造および疎外の把握が初期マルクスのオリジナリティであるとすれば，現実的疎外の深化が市民社会に内在した「歴史変革の論理」としての「生産諸力と交通形態の矛盾」を形成し，市民社会そのものの変革に至ると把握したのは，思想史上から見て，初期マルクスの創見になるいま１つのオリジナリティと言ってよい。

5　唯物史観の構想

　唯物史観は，１）土台＝上部構造論，２）市民社会分析，３）「歴史変革の論理」，という諸要素を，歴史段階説——さまざまな市民社会の歴史——という構成要素と結合してこそ形成される。ただし，第１階梯では具体的な叙述はなく，第２階梯に至ってはじめて，歴史段階説の試みがなされる。この場合，『ドイツ・イデオロギー』には，相対的に区別される２つの歴史段階説が提示されている。第１は，H^{5c} M 40 にある二大区分説。もう１つは，H^{5c} と H^7 などに示される歴史段階説。両者は必ずしも背反するものではないが，さしあたりは区別して考察する。

第１階梯における歴史段階説
　上記のとおり，H^{5a} 基底稿には，なお歴史段階説の具体的叙述はない。しかし，歴史に関する指摘は随所に現れる。そもそも H^{5a} 基底稿は，「本源的な歴史的諸関係の４つの契機，４つの側面」（前出）を論じ，「「人類の歴史」はつねに産業の歴史との連関において研究され叙述されなければならない」（M 13^{2L}）と人類史へと視野を広げており，歴史が「個々の世代の連続」（M 20^{2L}）にほかならないこと，また「歴史のうちにはそれぞれの段階で，各世代に先行する世代から伝承される物質的な成果，生産諸力の総体が存在する」（M 24^{2L}）ことなどの指摘の上に，「定式１」（本章２節）を示すのであり，市民社会の「さまざま

な段階」をすでに想定していることは明らかである。

　しかも「従来のすべての歴史的段階」に存在した交通形態である市民社会こそ，「あらゆる歴史の真のかまどにして舞台」であり，それが「いわゆる部族制度」を前提としているとされるかぎり（本章 2 節），ここに示唆されるのは，マルクスが基底稿段階で，有史以前と以後を区別する視座をもっていた，ということである。また H^{5a} 基底稿は，分業論的視座にもとづいて歴史的な国家設立を理解し，さらには「特定の生産様式または産業段階がつねに協働の特定の様式あるいは社会的段階と一体化している」（本章 4 節）ことの認識を示すのであるから，少なくとも狩猟→牧畜→農耕→商業の歴史段階説を承知し，非文明と文明の区別，古代の生産様式と近代のブルジョア的生産様式の区別，などをもとに歴史段階説を構想していたことが推測される。

　そしてこれらの歴史段階説を基礎に，H^{5a} 基底稿が観念論的（イデオロギー的）歴史観を批判するに至っていることも見逃せない。観念論的歴史観は，特殊歴史的な理念を自立化させ，それを現実的歴史の基礎に仕立て上げる。それに唯物史観を対置する視座も「定式 1 」の後に明確である。

　　　「この歴史観[26]は，観念論的歴史観 [idealistische Geschichtsanschauung] と異なり，いかなる時代にも……たえず現実の歴史的基盤にとどまり，実践を理念から説明するのではなく，観念的構成物を物質的実践から説明し，したがってまた，意識のあらゆる形態および産物は，精神的批判によって，自己意識への解消あるいは「妖怪」「幽霊」「妄念」などへの転化によって解消されるのではなく，ただかかる観念論的たわごとが生まれた現実的な社会的諸関係の実践的転覆によってのみ，解消されうるという結論に達する」（M 24^{2L}）

　かくてこの段階で，H^{5a} 基底稿は，観念論的歴史観のさまざまな形態を想定して，包括的な批判を行った。

　　　「フランス人とイギリス人が，少なくとも，現実になお最も近い政治的幻想に囚われているとすれば，ドイツ人は，「純粋精神」の領域のなかを動

26）「この歴史観」は「観念論的歴史観」と対置されるかぎりにおいて，「唯物論的歴史観 [唯物史観]」──マルクスはこの表現を明示していないとはいえ──と規定しうるであろう。

き，宗教的幻想を歴史の推進力とする。ヘーゲルの歴史哲学は，このドイツの歴史記述全体の「最も純粋な表現」にもたらされた，最後の帰結である。ここで問題となるのは，現実的利害でも政治的利害ですらなくて，純粋な諸思想なのである」(M 26[2L])

　ここでも，18世紀までのフランス人やイギリス人の描いた4歴史段階説を視野に収めていたことが推測される一方，ヘーゲルの歴史哲学等について，特定の個人のもつ観念や思想が，この個人の現実的実践を支配し規定する「唯一規定的かつ能動的な力に転化される」(M 25[2L]) とされるかぎり，何らかの歴史段階説が想定されていたのであり，第1階梯では歴史段階説は叙述されないものの，おおよその輪郭が描かれていたと見てよい。

歴史の二大区分説

　現存する草稿 H[5c] では，物象化を基軸として資本主義的生産様式の段階を第2段階に設定する歴史の二大区分説が存在する (cf. M 40)。あまり注目されない箇所ながら，のちの『経済学批判要綱』の人類史三大区分説を想起させる把握であり，引用に値する。

　　「したがってここで自然生的な生産用具と文明によって創り出された生産用具との間の区別が現れる。耕地（水など）は，自然生的生産用具とみなすことができる。第1の場合，つまり自然生的生産用具の場合には，諸個人は自然の下に従属させられ，第2の場合には労働の生産物に従属させられる。したがって第1の場合には，所有（土地所有）は直接的自然生的な支配として現れ，第2の場合には，所有は労働の支配，とりわけ蓄積された労働，資本の支配として現れる。第1の場合は，諸個人が，家族であれ部族であれ，土地そのもの等であれ，何らかの絆によって共属関係にあることを前提とするのに対して，第2の場合は，諸個人が相互に独立しており，ただ交換によってのみ共同関係を保持することを前提とする。第1の場合，交換は主として人間と自然との交換，すなわち前者の労働と後者の産物との間でなされる交換であるのに対して，第2の場合，交換は主として人間たち自身の間でなされる交換である。第1の場合，平均的な人間知性で足りるのであり，肉体的活動と精神的活動とはまだま

ったく分離されていないが，第 2 の場合は，すでに精神的労働と肉体的
労働との分割が実践的に完成されているはずである。第 1 の場合に，所
有者の非所有者に対する支配は，人格的諸関係に，ある種の共同社会に，
もとづきうるのであり，第 2 の場合には，それはある第三者，つまり貨
幣において，物的 [dinglich] な姿態をとったはずである。第 1 の場合，小
工業が存在するとしても，自然生的な生産用具の利用に従属させられ，そ
れゆえさまざまな個人への労働の分配はないのに対して，第 2 の場合，
産業は分業においてのみ，また分業によってのみ，存立する」(I/5：69-70)
　第 1 の場合は，自然生的社会（未開ないし野蛮）を基礎としており，なお交
換関係が十分に成立しておらず，せいぜい家父長制的な諸関係（支配）の発展
──「所有者の非所有者に対する支配」──を想定しうる程度である。これに
対して第 2 の場合は，資本の支配，交換と貨幣（物象化）の一般化，という指
標によりとくに近代の文明段階を指すものと考えられる。この意味で，物象化
は歴史的に，交換および資本（私的所有）と結びつけて把握されたのである。
　資本関係は貨幣関係を前提として成立する。この関連はなお十分に解明され
ているとはいえない（後述）にせよ，「中世以後の私的所有」に関する 3 つの時
期区分において，貨幣関係に関するある程度の視角は提示される（cf. H^{5c} M 78-
89）。中世以後の私的所有の第 1 の時期は，マニュファクチュアの時代である。
マニュファクチュアの最初の開化は外国の諸国民との交通を歴史的前提として
成立し，かつ人口と資本との集中を前提とした。そして，「マニュファクチュ
アの開始と同時に，浮浪者群の時代がやって来た」(I/5：80) のであり，それを
吸収したマニュファクチュアでは，職人と親方という同職組合における家父長
制的関係に代わって，「労働者と資本家との貨幣関係」(ibid. 81) が現れたとされ
る。最初のマニュファクチュアは，織物業である。織物業はあまり熟練を必要
とせず，かつ無数の部門に分かれる労働からなり，同職組合の束縛とは相容れ
なかった。かくて「同職組合に束縛されないマニュファクチュアとともに，た
だちに所有諸関係も変化した」(ibid. 79)。「同職組合では，職人たちと親方との
家父長的な関係が存続した。マニュファクチュアでは，労働者と資本家との貨
幣関係がそれにとって代わった」(ibid. 81)。つまり，Gemeinwesen の解体過程
が始まった。いずれにせよ，貨幣関係（物象化）を基礎に，資本による生産諸

条件の領有と労働者の無所有化によって，資本関係が成立する。

　第2の時代は，17世紀の半ばから始まり，ほぼ18世紀の終わりまで続いた商業および航海の時代である。そして第3の時代は，大工業の時代である。

> 「大工業は，競争を普遍化し……，交流手段と近代的世界市場をつくり出し，商業を支配下においてあらゆる資本を産業資本に変え，それによって，諸資本の急速な流通（貨幣制度の発達）と集中を生み出した。大工業は，それがすべての文明ネイションとその中でのすべての個人を，彼らの欲求充足において全世界に依存させ，……はじめて世界史を生み出した。……大工業は，労働の内部で可能なかぎりで一般に自然成長性をなくし，そしてあらゆる自然成長的関係を貨幣関係に解消した」(I/5：87-88)

　大工業段階ではじめて，資本は産業資本として生成し，あらゆる「自然生的諸関係」は解体され貨幣諸関係に取って代わられるのであり，物象化は完成する。近代的資本は，「Gemeinwesen のあらゆる外観を棄て，所有の発展に対する国家のあらゆる作用を排除した純粋な私的所有」(I/5：116)として発展を遂げる。「競争による社会の大変革は，ブルジョア相互の関係およびブルジョアとプロレタリアとの関係を純粋な貨幣関係に解消した」(ibid. 430)。

　かくて近代以前に，物象化（商品と貨幣）が部分的に，共同体所有と併存して成立していたとすれば，近代に至ってそれは貨幣関係を媒介として私的所有とともに無所有を内蔵するものになり，土地とともに労働力を商品として売買するという段階に達した。これこそが物象化の新しい段階をなす。なお，資本による剰余価値生産の論理は把握されていない。資本は近代的私的所有，純粋な貨幣関係，というレベルで独自の予感のなかにあるだけである。しかし同時に，歴史の二大区分説では，資本と労働の分離，全面的な商品交換，純粋な貨幣関係の成立などが，近代ブルジョア社会のもつ性格として確認された。これは，次項の歴史段階説と背馳しない。

『ドイツ・イデオロギー』の歴史段階説

　マルクスには，歴史を区分するさいの基準がいくつか存在していた。分業論的および所有形態論的視座は，狩猟→牧畜→農耕→商業の諸段階，あるいは共同所有→共同体所有＋私的所有→資本主義的私的所有の諸段階，の区別，さら

には，非文明と文明の区別，をもたらす。これらを前項の二大区分説と結合すれば，ほぼ歴史四発展段階説が構想されうる。この場合，注目すべきなのは，1）狩猟／牧畜（非文明）と農業（文明）の区別，2）古代／中世（共同体所有＋私的所有）と近代（資本主義的私的所有）の区別であろう。これを組み込んだのが，H^7 の（そして H^{5c} に示唆される）歴史段階説である。

　第1形態は，部族所有。この形態は，狩猟／牧畜，初期的な耕作で暮らす生産の未発展な段階を想定している。まだ私的所有は想定されず，想定されるのは共同所有 [Gemeineigentum] である。分業はまだごくわずかしか発展しておらず，「家族内に生じた自然成長的な分業のいっそうの拡大に限られている」（H^7；I/5：130）。この段階には国家は存在しない（自然状態）。そして，共同所有を基礎とする社会が共同社会である。共同社会は，いま示されたように，1）生産と所有の諸関係にもとづく経済的次元と，2）婚姻‐家族の諸関係からなる社会的次元を包括する，男女両性からなる経済的社会的再生産組織を指すものと見られる。マルクスによれば，それは，近代に至って解体されるとはいえ，部族所有から封建的所有に至るまでのすべての所有の基礎をなすとされる。

　第2形態は，古代的な国家＝共同体を前提として成立する共同体所有にして国家所有と不動産の私的所有との結合である。これは農耕段階を想定する。

　　「第2形態は古代的な共同体所有にして国家所有であり，これは，とりわけ都市へのいくつかの部族の結合から生じ，またこの所有では奴隷制が依然として存続する。共同体所有と並んで，すでに動産の私的所有が，そしてのちには不動産の私的所有が発展するが，これは共同体所有に従属する，変則的な形態としてである」（H^7；I/5：130）

この段階でも基礎をなすのは共同社会だが，同時に国家（ポリス）が形成される。これが共同体である。共同体は，主として私的所有者である男性市民を中心に構成される政治的組織ないし政治体制として成立するのであり，オイコス領域（女性と子ども，奴隷）と対立しながらそれを包括する国家を表す。この段階で野蛮から文明への移行が起こる。

　　「物質的労働と精神的労働の最大の分割は都市と農村の分離である。都市と農村の対立は野蛮から文明への，部族制から国家への，局地性から国民

への移行とともに始まり，文明の歴史全体を今日（反穀物法同盟）に至るまで貫いている」(H^{5c}；I/5：71［一部引用済み］）

さて第3形態は，中世の封建的ないし身分的所有である。

「封建的所有は，部族所有や共同体所有と同じように，またしても共同社会にもとづいている。古代の共同社会に対して奴隷が対立するように，この［封建的所有の］共同社会に対しては，農奴的小農民が直接に生産を行う階級として対立する」(H^7；I/5：133）

ただし，「封建制の完全な形成」(H^7；I/5：133）と同時に諸都市に対する対立も付け加わる。

「土地所有の以上の封建的編成に対して，諸都市において照応していたのが同職組合的所有，すなわち手工業の封建的組織であった」(ibid.)

こうして，封建制において主要な所有は，1）土地所有に縛り付けられた農奴労働を伴う土地所有，2）職人の労働を支配する小資本を伴う自己労働（同職組合的所有），にあった（cf. I/5：133）。ここでは，「未成熟の農耕と手工業的な工業」が存在するだけである。そして，中世の後期には，諸都市の発展とともに，分業の次の拡大が起こる。それが「生産と交通の分離，商人たちという特別な階級の形成」(ibid. 76) であった。

第4形態[27]は，近代的私的所有である。ここでは，1）15世紀以後に現れたマニュファクチュアの時代，2）世界商業時代，3）大工業時代，という，すでに述べた3段階が区別される。そして，H^{5c} でも，ほぼ H^7 におけると同等の歴史段階説が次のように示唆されるのである。

「所有の最初の形態は，古代世界においても中世においても部族所有であり，それはローマ人の場合には主として戦争によって，ゲルマン人の場合には牧畜によって，条件づけられたものである。古代諸民族の場合は，1つの都市に複数の部族が集住しているから，部族所有は国家所有として，そしてそれに対する個人の権利はたんなる占有 [Possessio] として現れる。もとよりこれは部族所有一般と同じように，土地所有にだけ限られるので

---

27)「第4形態」という規定は存在しない。ただし，大工業段階が「中世以後の私的所有の第3の時代」と規定されるかぎり，近代的私的所有を第4形態として規定可能であろうと判断する。

あり，本来の私的所有は古代人の場合も，近代の諸民族と同様に，動産所有とともに始まる。──（奴隷制と共同社会）……中世から出現する諸民族の場合には，部族所有はさまざまな段階──封建的土地所有，同職組合的動産所有，マニュファクチュア資本──を通して，大工業と普遍的競争により条件づけられる近代的資本にまで，すなわち共同社会のあらゆる外観を棄て，所有の発展に対する国家のあらゆる作用を排除した純粋な私的所有にまで，発展を遂げる」(H^{5c} ; I/5 : 115-116)

　古代と中世における土地所有と私的所有との関連，前近代的私的所有と近代的私的所有との関連／区別は判然としない。しかし，ここでも，国家成立以前の社会を共同社会として把握し，歴史全体は，1）部族所有，2）古代の共同体所有，3）封建的所有，4）近代のブルジョア的私的所有，に区分したように見られる。

小括──望月清司『マルクス歴史理論の研究』によせて

　望月清司は著書『マルクス歴史理論の研究』(1973) で，持分問題と関連させて『ドイツ・イデオロギー』におけるマルクスとエンゲルスの歴史論を画然と区別し，前者を「分業展開史論」(望月 [1973] 239)，後者を「所有形態史論」(同上 233) と名づけた。もはやマルクス主導説を採るなら，持分問題そのものが解消されるのであり，検討するまでもないのであるが，それでも2つの歴史論を区別する望月の解釈をコメントするのは意味があり，これをもって小括に代える。

　まず両史論の定式化を望月の行論にしたがい補完して示せば，次のとおりである[28]。

　　マルクス「分業展開史論」：共同体 [Gemeinwesen] 的諸個人（部族所有）→内部交通→共同体 [Gemeinwesen] 間交換→所有諸形態→農工分業【都市の農村からの分離（手工業の自立）→「生産と交通の分離（商人階級の形成）」→都市間分業（マニュファクチュア成立）→都市からの農村の分離（農村工業の形成・発展）】→大工業＝市民社会的分業→普遍的交通の完成＝諸個人の自由な連合（共産主義）(cf. 望月 [1973] 239-249)

---

28) 以下，望月によるルビの表記（概念区別）は煩瑣になるため，すべて原語表記に改める。

エンゲルス「所有形態史論」：部族所有【性的分業→家族内自然発生的分業
→家族内私的所有＝家族内潜在的奴隷制】→家族間・社会的分業→私的
所有→階級支配【古代の共同体［Gemeinde］所有＝奴隷制→封建的所有・
農奴制→ブルジョア的所有】→共産主義革命→私的所有と分業の廃止
（cf. 望月［1973］216-234）

　かくて望月は，エンゲルス「所有形態史論」に「分業とは所有，所有とは私
的所有，私的所有とは階級支配，階級支配とは国家＝政治権力支配」（望月
［1973］218）という，「教義体系の論理」を読み込み，これとは区別されるマルク
ス「分業展開史論」に，「人間のゲマインヴェーゼンの重層的で高次化してゆく
蓄積の歴史」（同上602）をとらえ，分業と交通，すなわち市民的なゲゼルシャフ
トの普遍化のうちに，文明史＝市民社会史を貫通する「人間的ゲゼルシャフ
ト」（同上600）を展望する「歴史理論」を読み取ろうとした。この解釈全体にい
ま立ち入る必要はない。ただし，『ドイツ・イデオロギー』の唯物史観理解に
関わるかぎりにおいて望月の主な誤読を4つ指摘する。

　第1は，「本源的 Gemeinwesen＝Gemeinde 所有＝部族」をマルクスのカテ
ゴリーとする誤り（cf. 望月［1973］231）。望月は，マルクスが「本源的 Gemein-
wesen のもっとも基本的な特質を Gemeinde 単位での農工未分離ないし農工の
直接的統一，という一点に求めていた」（同上239）と述べ，反対に，所有の「第
2形態」における Gemeinde 所有概念をエンゲルスに帰してマルクスと対立さ
せた（同上231）。しかしマルクスは，部族所有にもとづく本源的な Gemein-
wesen に Gemeinde が成立しているという認識を示したことはない。なぜなら，
前者は農業段階に先行する狩猟・牧畜段階をも包括し，国家成立以前の再生産
組織を表すからであり，国家成立後に現れる人為的組織である Gemeinde が
「本源的 Gemeinwesen のもっとも基本的な特質」を表すことはありえないから
である。本源的な Gemeinwesen の所有は Gemeineigentum ではあっても，
Gemeindeeigentum ではない。またマルクスがこの段階で，「共同体［Gemein-
wesen］間交換」（同上249）を提起した形跡はない。他方，マルクスものちに『経
済学批判要綱』で Gemeindeeigentum＝国家所有を第2形態（古典古代的形態）
の国家にもとづく所有とする認識を示しており，古代の Gemeinde 所有という
認識をマルクスが獲得していた蓋然性は高い。望月がこの認識をマルクスから

切り離し，エンゲルスに帰したのは，誤りである。

　第 2 は，マルクス「分業展開史論」が「所有諸形態」(望月 [1973] 249) の記述
を「農村からの都市の分離」＝「農村と都市の対立」という視点から語り始める
(同上 239) ととらえる誤り。これに対してエンゲルスの所有形態史論はつねに，
「分業とは所有，所有とは私的所有，私的所有とは階級支配，階級支配とは国
家＝政治権力支配」(前出) という傾向性[29]をもつ「分業＝私的所有」論 (同上
225) と規定される。まず確認されてよいのは，1)「所有の最初の形態は部族
所有である」(I/5：129)，2)「分業のさまざまな発展段階は，それだけの数の
所有のさまざまな形態である」(ibid.) という 2 つの命題は，マルクスとエンゲ
ルスの共通認識であったことである。これを前提すれば，エンゲルスの分業論
は「分業＝私的所有」論ではない。エンゲルスに帰される「部族所有」の叙述箇
所では，所有の第 1 形態 (部族所有) は，主に狩猟・牧畜段階に照応するとさ
れる。定住農耕を想定しない分業——狩猟と牧畜——の段階では基本的に私的
所有は成立しない。エンゲルス執筆とされる部分でも，私的所有の成立は第 2
形態 (古代的な共同体＝国家所有) に求められる (cf. ibid. 130)。他方，望月によ
れば，マルクスの「分業展開史論」は「所有諸形態」を「都市と農村の分離」と
いう視点から語り始めるとされるが，部族所有から始める史論が「まず農耕労
働からの工業労働の分離とそれによる都市と農村の分離をもたらす」(望月
[1973] 239) 事実から始まるわけがない。なぜなら，都市と農村の分離は農耕段
階の分業を前提するからである。所有諸形態を文明史だけに限定するのは，不
適当であり，ましてマルクスのいう「所有諸形態」に私的所有が包括されない
かに——私的所有といえばエンゲルスに帰するかのように——論じるのは，所
有形態論としても不当である。

　第 3 に，『ドイツ・イデオロギー』の「市民社会」論を 2 つに分け，「市民社
会を国家としてのその作用において示す」(I/5：45) などに示される「国家とい
う鏡像において市民社会をつかむ」把握と国家＝幻想的共同関係論[30]をエンゲ

---

29)　望月は他方で，「市民社会とはブルジョア社会であり，階級支配と労働搾取に立つ資本家
　　的社会だ」というのは『ドイツ・イデオロギー』次元の「すぐれた現実分析であり歴史感覚
　　である」(望月 [1973] 257-258) と述べて，マルクスに「階級支配」の視点を認める。これ
　　は不整合である。

184

ルスに帰し，これに対して，「歴史の真のかまど」(ibid. 39) あるいは「生産諸力の一定の発展段階の内部における諸個人の物質的交通の全体」(ibid. 114) としての市民社会把握をマルクスのものとして，対立させる誤り (cf. 望月 [1973] 244-247)。これによってはマルクス独自の国家論が失われる。マルクスのものとされる上記「生産諸力の一定の……」以下の引用箇所でも「市民社会は他方で，……対内的には国家として編成されざるをえない」(定式 2) といわれており，マルクスは市民社会概念を国家から切り離すことはない。市民社会を「諸個人の物質的交通の全体」ととらえ，歴史の土台として把握するとしても，それは文明史に限ったことである。したがって市民社会を問題とするかぎり，ここに国家が成立していることは前提であり，つねに国家との関連の中で市民社会を把握せざるをえない[31]。

第 4 に，所有の第 2 形態とされる「古代的な共同体所有および国家所有」(I/5：130) をエンゲルスの規定となし，マルクスには，「古代における都市と農村の対立という表象はない」(望月 [1973] 233) と認定する誤り。望月によれば，「[エンゲルス的所有形態史論における] 真の問題は，第 1 形態から第 2 形態への「発展段階」的移行において，分業形態なるものが本質的な推進動機として働いていない，という論理構造を確認することである」(同上 232) とされる。他方，第 2 形態は，マルクスに占める位置はほとんどないといわれる。「マルクスの表象に浮ぶ世界史の構成は，端的にいって，本源的 Gemeinwesen →「中世」→市民社会 (農村的→近代的)」(同上 577) とされ，古代世界は「市民社会形成史の視点からは袋小路と観念される」(同上)[32]。しかし古代世界こそ，分業論的所有論的視角からしても市民社会形成史の視点からしても，逸することができな

30) マルクス加筆部分にも，国家＝幻想的共同関係論が現れるのであり (cf. I/5：37, 63)，エンゲルスに固有の議論とはいえない。『ドイツ・イデオロギー』の国家＝幻想的共同関係論は一貫したものである。
31) アンネンコフ宛の手紙 (1846 年 12 月) にも，「この市民社会 [société civile] を前提するならば，市民社会の公的表現にすぎない特定の政治秩序が得られるであろう」(III/2：71) とある。
32) 『ドイツ・イデオロギー』の「部族所有は，さまざまな段階——封建的土地所有，同職組合的動産所有，マニュファクチュア資本——を通して」(I/5：116) という部分を，望月はこれさらに「あえて奴隷制をかえりみることなく」(望月 [1973] 253) と記しているが，これは「中世から出現する諸民族の場合には」という限定付きの叙述であるかぎり当然である。

い段階，すなわち，１）定住農耕段階と私的所有の成立，２）都市と農村の対立の成立（手工業の成立），３）国家＝市民社会と国家的所有の成立，を同時的に実現する世界史的な段階を表す。第１形態から第２形態への移行において「分業形態なるものが本質的な推進動機として働いていない」のではなく，まさに農耕と手工業と商業が成立し，文明史を開いたという意味で，分業形態の発展は本質的契機をなすのである。

　以上の議論は，エンゲルスの史論とマルクスの史論を区別して，前者を擁護しようとするものではない。むしろ望月によってエンゲルスの史論に帰される「所有形態史論」のうちにマルクス独自の理解が存在し，マルクスの史論に帰される「分業展開史論」の叙述には誤読が存在するということである。望月は『ドイツ・イデオロギー』に２つの史論を区別することによってマルクスの理解を歪めたのである。

第5章　イデオロギー批判の総括

　イデオロギー批判は草稿『ドイツ・イデオロギー』以前にすでに実質的に完了している(本書第2章4節)。マルクスらは『ドイツ・イデオロギー』において，既述のとおり，第2階梯以後，意識形態とイデオロギーという概念を導入して新しい展開を示し，哲学，道徳，法律などのイデオロギーを一般的に批判するだけでなく，とくにフォイエルバッハや，バウアー，シュティルナーらのイデオロギーに対する批判を継続した。本章では，第1に，意識形態とイデオロギーの概念を『ドイツ・イデオロギー』により一般的に論じた上で，第2に──フォイエルバッハ批判とバウアー批判は考察済みとして──シュティルナー章のイデオロギー批判を考察し，最後にイデオロギー批判一般の概括を試みる。

1　意識形態とイデオロギー

意識と自己関係

　人間には日常生活における意識，再生産領域における意識(資本家，地主，労働者等の意識)，社会的領域における意識(家族意識，コミュニティ意識)など，さまざまな意識が存在する。H^{5a}基底稿もすでに，原初期について，1)感性的環境のたんなる意識，2)他の人びとや事物とのつながり[Zusammenhang]の意識，3)最初はまったく疎遠な，全能かつ不可侵の力として人間に対立的に現れる自然の意識(自然宗教)，4)周囲の諸個人と結合関係に入らざるをえない必然性の意識(部族意識)，などを指摘している(cf. M 14^{2L})。これらは意識形態とは規定されない。意識と意識形態は区別されなければならない。以下ではまず，意識がいかにとらえられているかを考察する。

　マルクスの意識概念に関して注目すべきは，これらの意識が自己関係を対象として成立するとされていることである。

　　「ある1つの関係が現存するという場合に，この関係は私にとって現存する。動物は……何に対しても〈関係〉せず，一般に〈関係する〉というこ

188

とがない。動物にとっては，他のものに対する関係は関係としては現存しない」(I/5：30)

　関係が私にとって現存するという場合，関係は私の自己関係を意味する。自己関係は，動物には関係として現存せず，人間にとってのみ現存する。そして，ここに思考，表象，観念等，すなわち意識[1]の作用が関わるのである。自然・社会に対する各人の関係こそ意識の対象であることは次の文言に典型的に示される。

　　「【これら各個人がつくる表象 [Vorstellungen] とは，自然に対する各人の関係に関する表象か，諸個人相互における関係に関する表象か，自己自身の性状に関する表象，のいずれかである。これらすべての場合に，以上の表象が，各人の現実的な諸関係および確証，各人の生産，各人の交通，各人の社会的・政治的関わりの——現実的あるいは幻想的な——意識的な表現であることは，明らかである】」(H[8]；I/5 Apparat：989)

　ここで表象（意識）は，自然に対する「各人の関係」の表象，他人に対する「各人の関係」の表象とされ，「各人の現実的諸関係および確証」等の意識的表現とされていることに注目しよう。意識は，客観的対象としての自然，社会の観念的再現，受動的反映ではない。それらに対する人間各個人の関わりを表現するものなのである。意識は，対象に対する人間（実践的意識的主体）の関係，自己関係をとらえる作用である。

　さて，自己関係は，たしかに意識が介在する過程であるが，意識によって自由自在に形成可能な現実ではなく，むしろ意識の対象をなし，意識にとっての前提ともなるものである。意識の対象とは，自己関係の総体としての人間各個人の生活過程である。かくてマルクスの把握するのは，各個人の生活あるいは存在が意識を規定しているという関係である。

　　「意識 [das Bewußtsein] とは，意識された存在 [das bewußte Sein][2]以外の何ものでもありえず，人間［各個人］の存在 [das Sein der Menschen] とは各人の

1）以下の引用に見るように，意識は，マルクスにおいて，思考 [Gedanken]，表象，観念 [Ideen] などとほぼ同義に理解されている。
2）ここで「意識された存在」とは，人間各個人の存在（在り方）すなわち「各人の現実的生活過程」が意識されたものという意味で解される。

現実的生活過程なのである」(H^8; I/5：135)

　各個人の生活諸関係ないし現実的生活過程は各人の存在（自己関係）に属する。そしてそれが意識対象および意識内容をなす。つまり，意識は各個人の存在を，しかも本質的にその一部分を，表現する。ここで肝要なのは，意識にとらえられる各個人の生活諸関係（の一部分）と各個人の存在とは，本質的部分を共有するということである。こうして人間各個人の意識は，各人の生活諸関係／存在の意識であるがゆえに，各人の存在——各人が社会的構造に占める位置，各人の個体性——によって，内容的に規定される[3]。「意識が生活を規定するのではなく，生活が意識を規定する」(H^8; I/5：136)。そしてここでは意識は直接に物質的活動と物質的交通に編み込まれており，またそれゆえに意識（表象）は各人によって異なるとされる (cf. ibid. 477)。

　　「諸観念，諸表象の，すなわち意識の，生産は，さしあたり直接に，人間［各個人］の物質的活動と物質的な交通に，現実的生活の言語に，編み込まれている。人間［各個人］の表象作用，思考作用，すなわち精神的交通は，ここではまだ各人の物質的ふるまいの直接的な流出として現れる」(ibid. 135)

　以上は，意識に関する論述である。かかる意識は，国家設立以前にも存在し，国家設立後でも土台に属する作用であって，意識形態ではない。土台（再生産領域）に属する意識の中心を占める経済的意識でさえも意識形態ではない（マルクスが経済的意識を社会的意識形態と規定したことはない）。たとえば資本主義社会では，資本家の利潤追求，労働者の労働は，意識なしに実現しないであろうが，それは意識形態とみなされない。それゆえ意識形態に属さない階級意識が存在しているのであり，階級意識がすべて意識形態であると規定されてはいないのである。

意識形態とは何か

　では，意識形態とは何か。意識形態はなぜ存在するのか。形態とは一般に，

3）シュティルナー章では，こう言われる。「たとえば思考は，この特定の個人の思考であるという，まさにこのことによって，あくまでもこの個人の個体性と個人の生きる諸関係とによって規定された個人の思考なのである」(I/5：319)。

190

何らかのものが社会的妥当性を現実化させるときにとる様式である。たとえば所有形態は，生産諸力（生産手段と労働力）に対して，自己のものに対する態様で関係するさいの社会的に認められた様式である。また貨幣形態は価値という実体が交換をとおして社会的に実現されるさいにとる様式である。意識形態もまた，特定の社会的様式をもった意識であり，予め結論をいえば，それは支配秩序・社会統合をはかる必要から生まれる。この必要は支配階級に固有のものである（被支配階級には通例この必要が存在しない）。つまり支配階級は，経済的諸関係を前提（土台）として，1）この土台における階級的支配秩序（タテの関係）を維持し，2）社会全体の統合（ヨコの関係）をはからねばならない。このための機関・制度が政治・法律——それゆえこれらは本来的に土台を前提する上部構造である——であり，そして，この上部構造を構成するために，万人に妥当すべき共通した（普遍的理性的）横断的な思考が求められる。ここに「一般性」を帯びた意識が現れる。この一般性（形態）を帯び，万人に「思考の共通型」として妥当性を請求する意識が，意識形態である。意識形態は内容的には，「形而上学的，政治的，法的，道徳的およびその他の，支配的と称される諸観念」（H^2；I/5：4）を表す。以下，この了解を前提して，意識形態の2つの性格を考察しよう。

　まず第1に，意識形態は，基本的に「支配階級の支配の思想」を表すのであり，しかも万人に規範として強制される形態である。このことを，法律，道徳に関する叙述から確認する。シュティルナー章には，使命，本分等に関連して，次のような箇所がある。

　　「使命［Beruf］，本分［Bestimmung］，任務［Aufgabe］，理想とは，簡略に繰り
　　返せば，次のいずれかである。1）被抑圧階級に物質的に指定された革命
　　的任務の表象，あるいは2）分業によってさまざまな職業に自立化された
　　諸個人の確証様式のたんなる観念論的言い換え……，あるいは3）諸個人，
　　諸階級，諸国民がたえず特定の活動によって各々の地位を確保せざるをえ
　　ないという必然性の意識的表現，あるいは4）法律，道徳等に観念的に表
　　現される支配階級の存在諸条件……。これらの存在条件は，支配階級のイ
　　デオローグたちによって多少とも意識的に，理論的な自立化がはかられ，
　　この階級に属する個々の個人の意識には使命等として現れることができ，

被支配階級の諸個人には生活規範として掲げられる」(I/5：476)

いま注目すべきは 4) である。1) ないし 3) とは異なり，4) の法律，道徳等は「支配階級の存在諸条件」，言い換えれば，市民社会の領域を前提として，それを支配統合するための諸条件を，観念的に表すもの，すなわち，それは支配 - 被支配関係を前提とする支配の諸思想としてとらえられるのである。イデオローグ，理論的自立化などは措くとして（後述），法律，道徳等，つまり意識形態（の一部）は，支配の諸思想という次元でとらえられていることが確認される。

意識形態は支配階級の存在諸条件の観念的表現であり，支配の思想である。このことが確認されるならば，この段階で意識形態論は H^{5b} の支配的思想論（本書第 4 章 2 節）と接続することが可能になる。じっさい，H^{5b} でも，支配的思想は，1)「支配階級の支配の思想」であり，2)「ある歴史時代の全範囲を規定」(I/5：60) し，社会全体の統合をはからねばならないとされる。

第 2 に，意識形態は，「政治，法律，道徳，宗教，形而上学等」の意識形態に限られる。かつてこれらと区別される「経済的意識形態」や「社会的意識形態」が論議されたことがある。しかし，以上の把握からすれば，「経済的意識」は土台に存在するにしても，上部構造に属する意識形態ではありえない。また狭義の「社会的意識」は，家族意識や友人関係の意識として存在するとしても，それはむしろ土台に属する。マルクスに固有な意味での「社会的意識形態」は，道徳等の意識形態の総称である。要するに，意識形態は支配的思想の諸形態であり，上部構造に属する。このことを確認するのが肝心である[4]。

以上，2 つの性格によって，意識形態は，支配秩序と社会統合を実現するために創り出された形態性（社会的妥当性）を帯びた意識であると了解される。

イデオロギー概念およびイデオロギー的歴史観の批判

では，イデオロギーとは何か。イデオロギーは，すでに示されたように（本

---

4) では，芸術や科学は意識形態か（この問題もまた過去に論争されたことがある）。しかし，これは定義によって意識形態に属さないと考えるほうが妥当であろう。もちろん，芸術が支配的思想を表現し，科学が支配統合と結びつく可能性は否定されない。しかし，芸術や科学は支配統合だけを目指す活動ではなく，自己確証の活動でもありうる。それゆえ，芸術や科学が支配統合に関わるときは，それぞれについてイデオロギー性を問題とすればよいであろう（このことは教育，医療などにも妥当する）。

192

書第4章2節），意識形態と照応させて理解されるのであり，一言でいえば，「自立化された[5]意識形態」，すなわち歴史から自立化された普遍的理性的原理（人間的本性，自然法，自由，所有など）を根拠・前提として構成された——端的には「啓蒙主義的理論構成」にもとづく——意識形態である。マルクスからすれば，意識形態は，既存の社会的諸関係にもとづいて形成される支配秩序・社会統合のための観念体系（観念論的上部構造）にほかならない。しかし，イデオローグにとっては，反対に歴史から自立化した普遍的抽象的理念が支配秩序・社会統合をつくりあげる土台とみなされる。この自立性を僭称するがゆえに，それは「イデオロギー」と規定される。

　たとえばカントは道徳を意志の自律によって基礎づけた。マルクスはそれを物質的生産諸関係によって規定された意志ととらえる。道徳的意識は，私的性格をもった意志がつねに同時に共同関係性——「これまでの生産様式および交通様式の内部で，普遍的利害にまで自立化させられ，理想的利害という形態で表象され通用させられる共同的利害」(I/5：303)——を担うように規制され形態化されることを，観念において要請するものであり，階級性を帯びる。

　　「カントは，上記の理論的表現［自由主義］を，それが表現する利害から切り離し，フランスのブルジョアがもつ意志の物質的に動機づけられた諸規定を，自由意志の，即自的かつ対自的な意志の，純粋な自己規定にしたのであり，こうしてこの意志を純粋にイデオロギー的な概念規定や道徳的要請に転化したのである」(I/5：249-250)

　道徳はブルジョア社会の分裂性を前提して，共同関係性を観念的に実現しようとする。しかし，道徳によっては意志の共同性という前提にもかかわらず，要請の基礎となる分裂性は廃棄されない。また意志の本質的自己規定や自立性が原理的に要請されたときに，道徳はイデオロギーに転化する。

5）意識形態がイデオロギーとして自立化する理由の1つは，支配＝隷属関係の「普遍性」にある。旧支配階級に取って代わろうとする新しい階級は，「自らの思想に普遍性の形式を与え，それを唯一の理性的な，普遍的に妥当な思想として表現すること」(I/5：62-63)を余儀なくされ，支配的思想は，歴史とともにますます普遍性の形態をとるに至る。「ここ［支配の意識］では，総じてイデオローグたちがそうであるように，彼ら［支配階級のイデオローグ］は必然的に事柄を転倒させて，彼らのイデオロギーがすべての社会的諸関係を生み出す力であり，すべての社会的諸関係の目的でもあるとみなすのである」(ibid. 476)。

　さてイデオロギーは現実的諸関係から自立化させられ，それゆえに歴史および社会に対する観念的支配力に転化され，一種の歴史観——「観念論的歴史観」——を形成する。唯物史観はそれをイデオロギー的歴史観として批判する（イデオロギー批判の歴史的拡張）。

　　　「ひとたび支配的思想が支配的な諸個人から，とりわけ生産様式の所与の
　　　段階から生じる諸関係から，切り離され，その結果，歴史の中ではつねに
　　　思想が支配するという見方が成立してしまうと，後はきわめてたやすく，
　　　これらのさまざまな思想から「思想」そのもの，理念等が歴史の中で支配
　　　するものとして抽象され，こうしてあらゆる個々の思想と概念が，歴史の
　　　中で自己展開を遂げる概念そのものの，諸々の「自己規定」としてとらえ
　　　られることになる」(I/5：64)

　支配的思想とは，「人間本性」や「人間の自然的権利」，「普遍的理性」にもとづいて構想される社会契約説その他と理解して大過ないであろう。マルクスらによれば，それは，「生産様式の所与の段階から生じる諸関係」，すなわちブルジョア的社会諸関係から生じるものであるにもかかわらず，具体的な社会的諸関係から切り離され自立化されて，反対に歴史の発展の根拠とされる。換言すれば，特殊歴史的なブルジョア的諸関係の理念——たとえば「人間」——が，歴史貫通的な普遍的理念に仕立てあげられる。これがイデオロギー的歴史観の基本性格である。

　　　「もはや分業に従属させられない諸個人を，哲学者たちは理想として「人
　　　間」の名のもとに表象し，われわれが展開してきた全過程を，「人間」の発
　　　展過程としてとらえた。その結果，それぞれの歴史段階における従来の各
　　　個人に「人間」が押し込まれ，それが歴史の原動力として叙述された」
　　　(I/5：114)

　イデオロギーは，歴史の原動力としての普遍的理念に関わる。しかし，この理念はブルジョア社会の支配的諸関係を前提し，それを普遍化＝脱歴史化して表現するものであり，したがって，いかに歴史的に普遍的であろうとも，歴史と現実を超えない。言い換えればイデオロギーは——本書序論に予示したとおり——，現実の社会的関係構造（私的所有）と個人の隷属／貧困との関連（疎外）を把握せず，それゆえに，市民社会の変革ではなく，せいぜいのところ現

状に適合的な理念にもとづく改革を提起するだけの，本質的には市民社会を擁
護ないし受容する理論である。『ドイツ・イデオロギー』がイデオロギー的歴
史観を批判したのも，それゆえのことであったと考えられる。

　以上を概括するなら，イデオロギーの特性は次の3点に求められる。そし
て『ドイツ・イデオロギー』はこうした特性をもつものとしてイデオロギーを
批判したのである。

　第1は，階級性。イデオロギーは支配階級の存在諸条件を理念的に表現す
る。このかぎり，それは階級性を帯びる。ただし，階級意識一般がイデオロギ
ーなのではない。土台に属する資本家の意識は階級意識を表すとしても，イデ
オロギーではない。しかし反対に，イデオロギーはつねに支配秩序・社会統合
にかかわる階級的な意識形態であることをやめない。

　第2に，虚偽性（欺瞞性）。マルクスはイデオロギーを虚偽意識と規定した
ことはない。「共同的利害の幻想。はじめはこの幻想は真実であった」(I/5：63)
とさえ記している。しかし，イデオロギーは「現実の社会諸関係に対応してい
ない意識」という意味での虚偽意識に転化しうる。

> 「社会の正規の交通形態が，それとともに支配階級の諸条件が，進歩した
> 生産諸力との対立を発展させればさせるほど，したがって，支配階級の内
> 部分裂および被支配階級との分裂が大きくなればなるほど，この交通形態
> にもともと対応していた意識は当然，ますます真ならざるものとなってい
> く。……これらの交通諸関係についての以前あった伝来の表象は，……ま
> すます理想論を弄ぶ空文句，意識的な幻想，故意の虚偽に落ち込んでい
> く」(ibid. 348)

イデオロギーは，支配階級の存在諸条件（私的所有の不可侵性，等価交換
等）を理念的に表現するかぎり，被支配階級の存在とは相容れない内容を，し
かし普遍的に表現するのであり，必然的に虚偽性（理念と現実との乖離）を内
在させる。具体的には，私的所有（と無所有）を土台とするブルジョア的階級
的内容をもちながら，万人に私的所有が成立しているかの仮構を生み出す。こ
れは今日でも一般に共有されている「幻想」である。

　第3に，包括性（転倒性）。イデオロギーは独自の理念的世界を構築し，世
界をそれ独自の論理によって読み解く。法律は法律の論理によって現実を読み

解く。宗教は宗教の論理によって現実を解釈する。だからこそ，それは世界の根拠とされるのであるが，包括性をもつがゆえに転倒的なのである。イデオロギーは私的所有を人間本来の在り方（人間的本質）として設定することによって，なぜ私的所有が歴史的に成立したのか，また今日なぜ無所有が存在しているかという疑問を覆い隠す。

2　シュティルナー章のイデオロギー批判

　すでにフォイエルバッハ批判は『経哲草稿』，《テーゼ》の批判（本書第 2 章）と『ドイツ・イデオロギー』H^{5a} 基底稿の叙述（本書第 4 章）などによって，またバウアー批判も，《ユダヤ人問題によせて》や『聖家族』での批判等（本書第 2 章）によって，概要は考察済みである。残るは，『ドイツ・イデオロギー』シュティルナー章のイデオロギー批判を考察することである。以下ではテーマをイデオロギー批判に限定し，第 I 部「旧約」における「理念と歴史（現実）との関連づけ」の批判と，第 II 部「新約」における「所有人」および「唯一者」の批判を，考察する。

理念と歴史（現実）との関連づけの批判
　理念と歴史（現実）との関連づけの批判は，「近代人」を論じるところにとくに現れる。問題は，古代人が「実在論―子ども―黒人」の系列において描かれるとすれば，近代人が「観念論―青年―蒙古人」の系列において規定されることである[6]。いずれにおいても，現実世界はその世界に対する意識によって把握されるところが問題となる。

　　「お人好しジャックは近代人を……その観想的な，しかも宗教的な態度において理解する。中世と近代の歴史が，彼にとってはまたしても宗教と哲学の歴史としてしか存在せず，これらの時代のあらゆる幻想と，この幻想に関する哲学的幻想がそのままに信じ込む対象になる」(I/5：194)

---

[6]　そして最終段階で，唯一者が「実在論と観念論の否定的一体性―おとな―コーカサス人」の系列においてとらえられる。

196

　かかる批判の条件は何か。それは，端的にいえば，土台＝上部構造論的視角（イデオロギー批判）であり，唯物史観であった。

　たとえばシュティルナーが「精霊のみを精神と認める」ことに対して，マルクスは，それ自身が１つの宗教的立場を表すと批判して，「宗教を経験的な諸条件から説明する」(I/5：204) べきことを主張する。あるいは妄念による支配＝「教権秩序」の命題に対して，マルクスは「教権秩序は封建制の観念的形態であり，封建制は中世的生産関係，交通形態の政治的形態である」(ibid. 230) と，教権秩序の土台を指摘した。

　いずれの事例でも示されるのは，宗教，政治等の意識形態は交通形態を土台とする上部構造であるという認識であり，この認識にもとづいてマルクスはシュティルナーによる意識形態／イデオロギーの自立化を批判した。

　　　「ブルジョアたちのもつ神聖ありげな偽善的イデオロギーは，彼らの個別
　　　的利害を普遍的利害として歪んだ形態で表明する。この形態を，山をも移
　　　す信仰によって我らがお人好しジャックはブルジョア社会の現実的な世俗
　　　的基礎として受容する」(I/5：233)

　シュティルナーは，婚姻や家族，所有という経験的な諸関係が支配しているところに，「神聖なるものの支配」(I/5：233) を看取し，それを現実の基礎として設定する。他方，マルクスによれば，ブルジョアジーは自らの存在諸条件（婚姻関係，家族等）を基礎に支配をうち立て，ここからその「普遍的形態の１つ」として「ブルジョア道徳」(ibid.) を形成する。かくて道徳というイデオロギーは支配の普遍的形態の脈絡でとらえられる。それゆえ，シュティルナーのいう「神聖なるものの支配」という把握自体がイデオロギーと規定されることになる。このことはさらに一般化して，次のように言われる。

　　　「人間［各個人］の理念と思想とはもちろん，人間自身とその諸関係に関す
　　　る理念と思想，自己についての，人間についての人間の意識であった。
　　　……人間は各人から独立した諸条件の内部で各人の生活を生産する。この
　　　場合，これらの諸条件，それと連関した必然的な交通形態，それによって
　　　与えられる人格的かつ社会的諸関係は，思想において表現されるかぎり，
　　　理念的諸条件および必然的諸関係という形態をとらざるをえなかった。
　　　……ところでイデオローグが，理念と思想が従来の歴史を支配したのであ

り，理念と思想の歴史こそ従来の全歴史をなすと前提し，……一般に人間
の自己に関する意識の歴史を現実的歴史の基礎に仕立てあげたのちには，
意識，理念，神聖なるもの，固定観念の歴史を「人間」の歴史と名づけ，
これを現実の歴史にすり替えることほど容易なものはなかった」(ibid. 236)
『ドイツ・イデオロギー』が，唯物史観を前提にシュティルナー批判を行っ
たことは明らかである。そして，以上の批判は，シュティルナーの自由主義批
判にも妥当するのである。
　政治的自由主義批判では，主として，１）政治的自由主義とカント哲学との
関わり，２）自由主義に関するシュティルナーのイデオロギー的転倒，が指摘
される。１）で問題とされるのは，カントが，ブルジョアのもつ意志の物質的
に動機づけられた自由主義の諸規定を，自由意志の純粋な自己規定，すなわち
純粋にイデオロギー的な概念規定や道徳的要請に転化したこと（前出），である。
２）では，ブルジョアジーこそ公民の真理とするのではなく，公民こそブルジ
ョアの真理とするシュティルナーが問題とされる。自由主義は，「ブルジョア
ジーの実在的利害の観念論的表現」(I/5：251-252) である。にもかかわらず，シ
ュティルナーの政治的自由主義では，「ブルジョアの究極目的が完成された自
由主義者，公民になること」(ibid. 252)，とされ，国家が「真の人間」として現
れ，ブルジョアが「神聖な自由主義者」(ibid.) とされる。ここでも問題は，イ
デオロギー的転倒であった。
　社会的自由主義で論じられるのは，細部を措けば，１）シュティルナーが所
有を「社会」に譲渡し，万人を「ルンペン」と化したこと，２）シュティルナー
が共産主義を「相互関係」から基礎づけて把握したこと，である。１）につい
てマルクスは，「社会を最高の所有者に高めること」が「人格的なものに対する
第２の収奪」（前出）となり，「個人は社会の奴隷になる」というシュティルナー
の言説に対して，それは聖サンチョが共産主義についてもっている根本的知識
がブルンチュリ報告やシュタインの知識によるものゆえであると指摘し (cf.
I/5：265)，２）では，シュティルナーの共産主義理解を次のように問題とした。
　　「聖マックスは共産主義全体を，普遍的な労働者体制 [Arbeiterthum] とし
　　て，平等な労賃へ還元した。……こうして聖マックスは私的所有を，分配
　　と賃労働という二重の姿態で，ふたたび共産主義のなかに持ち込む。……

198

　　ここでもふたたび聖マックスは，最もありふれた，かつ最も偏狭なるブル
　　ジョア的観念を，共産主義に対する自らの「固有な」「洞察」として表明す
　　るのである」(ibid. 271)

　「社会」がすべてを所有し，労働者は普遍的な労働者体制の下で，賃労働を
行い，平等な分配に与る。これがシュティルナーの共産主義イメージである。
それがいかにマルクス自身の共産主義把握（本書第4章4節）とかけ離れたもの
であるかは言うまでもない。

　人間的自由主義での論点は，1）人間の本質が最高の存在とされ，「人間」が
歴史をつくってきたというイデオロギー的信仰をシュティルナーがフォイエル
バッハから受け容れたこと，2）フォイエルバッハもまた，同じ幻想を共有し
ていたこと，である。それゆえ，内容は1つのことに帰着する。すなわち，
それは，いずれも「今日の世界におけるイデオロギーの抽象的な思想による支
配を，現実的に信じている」(I/5：292)というイデオロギー的転倒に対する批
判であった。

「固有人」および「唯一者」の批判

　第II部「新約」の「固有人」および「唯一者」に対する批判は，反論以上のさ
まざまな論点を提示している。論点は，1）個人的利害と一般的利害の対立，
あるいは個人における人格的発展の対立，「真のエゴイスト」と「意識改革」，
2）国家論および法律論，3）「固有人」論／「連合」論，あるいは市民社会論／
交通論，4）意識形態論，5）「唯一者」論，等，多岐にわたる。すでに，論点
2）は本書第2章3節で，論点4）は前節で，簡略ながら考察した。ここでは，
主として，論点の1）と3）と5）を論じる。

　まず論点の1）個人的利害と一般的利害の対立，「真のエゴイスト」と「意識
改革」について。シュティルナーの「経綸」によれば，個人は，一方で国家，
法律，宗教，社会，人間などの疎遠かつ神聖な「固定観念」によって支配され
ながら，他方では「固有性」をもつ。「固有性」は，シュティルナーの場合，現
実の諸関係と関わりなく，個人のうちに自己完結的に存在する固有のものとさ
れる。それゆえ「意識改革」によって固定観念を「頭から叩き出」せば，容易に
固有性を私の所有に転化し，「真のエゴイスト」たることができるようになる。

これに対する『ドイツ・イデオロギー』の反論は 3 点に要約される。

　第 1 に，シュティルナー固有の「真のエゴイスト」は，通常のエゴイストと理想的エゴイストとの対立，また現実的人間の現実的諸関係，に関する幻想にもとづいているということである (cf. I/5：302-303)。シュティルナーは理想的エゴイストを共同的利害のために尽くすエゴイストとして，個人的利害に囚われる通常のエゴイストと対立させる。こうしてブルジョアを「非エゴイスト」に転化させた上で，それが無意識にもつ現実的エゴイズムを指摘し，それゆえに「意識改革」によって「真のエゴイスト」への転換をはかる。非エゴイストの意識は「あるべきでないエゴイズムの意識」(ibid. 304)，である。かくて『ドイツ・イデオロギー』はこう結論づけるのである。

　　　「いま述べたことからすでに明らかなとおり，従来の［現実的］エゴイスト
　　　は，通常外の［真の］エゴイストになるためにはその意識を変更しさえすれ
　　　ばよいのである。……「唯一無類の」歴史が示したのは，聖マックスがい
　　　かに歴史的諸関係を理念に転化し，そしてエゴイストをこれら理念に反逆
　　　する罪人に転化したか……ということである」(ibid. 308)

　マルクスによれば，シュティルナーのいう共同的利害と個人的利害との対立は「見せかけ」のものであるにすぎない。共同的利害は，階級的な利害が自立化したものであってそれ自体も現実的な利害である。それをシュティルナーは理念に転化し，容易に廃棄するのだが，それは幻想である。むしろ個人の二側面は，現実的諸個人のもつ二側面として，切り離すことができない。それゆえ個人的利害と一般的利害の矛盾は，個人においてはそれ自身に内属する二側面として現れるのである。

　　　「各個人は……つねに自己から出発しており，したがってサンチョの記し
　　　た両側面とは，各個人の人格的発展の両側面であり，どちらも各個人の等
　　　しく経験的な生活諸条件によって産出されたもの，どちらもただ人びとの
　　　同じ人格的発展の表現であるにすぎない」(I/5：301)

「一個人の発展は，この個人が直接ないし間接に交通している他のすべての個人の発展によって制約されて」(I/5：496) おり，上記の両側面——つまりは関係構造と個体性——は矛盾に陥る。だから，シュティルナーは固有性を自立的にとらえ，この矛盾を意識（思考）によってたやすく解消するとはいえ，矛

盾の存在そのものは何ら廃棄できない。「真のエゴイスト」とは，この矛盾の外部に，自己享受に浸るエゴイストにすぎない。それゆえ『ドイツ・イデオロギー』は，シュティルナーの「エゴイストになれ，君たち各々が全能の自我になれ」という命令を，「自己と一致するエゴイストのナンセンスが総括されている」(ibid. 325) と評するのである。

　第2に指摘される反論は，シュティルナーが世界そのものをそのまま存続させ，この世界を自己の「固有性」とするということである。聖サンチョはすべての現実的諸関係を「神聖なもの」に転化すること（聖別化）によって，それを廃棄し，自己の「固有性」を実現する。この場合，シュティルナーは現実的諸関係そのものに一切触れることはない。

> 「いまやわれわれは，聖サンチョが現存世界を聖別化し，かくて批判かつ蕩尽するさいの根拠となる最も主要な論理的芸当を示した。サンチョは現実にはただ世界に付帯する神聖なるものを蕩尽するだけであって，世界そのものに触れさえもしない。したがって，彼が実践的にまったく保守的に立ち回らざるをえないというのは，自明のことである」(I/5：348)

結果的には，シュティルナーの主張する「固有性」は，現存世界との関わりでしか存在しえない。「神聖なるもの」の世界はシュティルナーにあっては「人間」において総括された。世界はすべて「人間」の世界に転化される (cf. I/5：348)。こうなれば，聖サンチョはこの「人間」の表象を放棄することによって世界の「領有」に進むことができ，自己の諸属性の主人となる。それゆえに「世界の主人になるためには，世界を自己の属性にしさえすればよい」(ibid. 349)。このことは，国民性についても，宗教についても，家族愛についても，国家についても，所有についても，妥当する (cf. ibid. 349-350)。すべては自己の対象であり，すなわち自己の「所有」であるから，サンチョは，自らが「あらゆる対象の所有者である」(ibid. 351) と宣言し，それを「廃棄」するとはいえ，現存世界との関わりを断ち切ることができないのである。

　第3の反論。シュティルナーの固有性論は，「現実的離脱と固有な現存在の享受」(I/5：360) を求めるがゆえに，「ドイツ小市民に固有な無力さ」(ibid. 368) を自ら慰める自己曲飾に還元されるということである。シュティルナーによれば，「固有人としては，君たちは現実に一切から離脱しているのであり，身に

帯びるのは自ら採用したもの，つまり選択と選好である。固有人は生来の自由人である」(Stirner [1844] 216＝下 20)。それゆえ，自由，離脱こそはシュティルナーの「固有性に属する」(I/5：363) ものであるが，この場合，現実的諸関係がそのまま存立するかぎり，固有人はこの諸関係を自己の固有の存在として享受し，これに適合した固有性を甘受するほかはない。シュティルナーが「いかに不自由であろうとも，幾千の桎梏に囚われていようとも，やはり私はある。……最も打ち棄てられた奴隷であろうとも，私はやはり現在する」(Stirner [1844] 215＝下 19) というように，固有性はたんなる現存，現在，しかも「最も打ち棄てられた」現在 (cf. I/5：364) となる。こうなれば，私の固有性は，「遮断された固有性」(ibid. 365) であり，諸制限を「習慣によって自己の固有性」(ibid.)となすだけである。それは「ドイツ小市民に固有な無力さ」を表すだけであるとされる所以である。

　続いて論点の 3）「固有人」論／「連合」論について。シュティルナーにとって，もはや世界が，神や法に隷従すべきものではなく，われわれに固有のものであるべきなのであり，それゆえわれわれに対して力を振るうものではなく，われわれとともにあるのみであった。かくてシュティルナーは以上の「固有性」にもとづく固有人の交通を，社会と対立させて「連合」ないし「連合化」として描く。連合は私自身の創造であり，被造物である。そして私は連合において，世界を享受することを望む。私は私の力，私の所有，私の享受を望む。この場合，シュティルナーによれば，固有人は一切のものを自己の力によって獲得するのであり，それゆえ連合は，現存のさまざまな諸関係を受容する。これらに対する『ドイツ・イデオロギー』の反論を要約すれば，次のとおり。

　第 1 は，「私の力」に関わる。シュティルナーは力を法（権利）の実在的基礎として展開する。ここでの等式は「法は私の法にあらず」等として与えられる。かくてシュティルナーは国家と法を否定し，「私の力」を直接肯定する。それゆえ『ドイツ・イデオロギー』は総括的に，「これまでの等式は，国家や法律に対して純粋に破壊的であった」(I/5：387) と述べ，こう結論づける。

　　「法に関する聖サンチョの全批判は，上述の諸等式において，ただ法的諸関係の文明化された表現および文明化された分業を「固定観念」の，聖なるものの，一成果と言明し，これに対してそれらを調停する野蛮な表現と

202

　野蛮な仕方を，自己に返還請求することに限定される」(ibid. 397)

　第2は，「私的所有＝国家所有」批判。ここでの問題は，私的所有を国家所有に転化し，それを「私の所有」に対立させるという論法である。とくに「論考二」は「私的所有，国家および法」を論じ，「私的所有の政治的承認が私的所有の基礎である」とするシュティルナーの見解を，「実在的所有関係の真の基礎を生産諸関係に見る」(I/5：420) のではなく，「法的概念を法的所有の土台とする」(ibid.) 幻想と批判した。

　第3は，「連合」論の批判。シュティルナーは社会の諸関係を「固定観念」＝概念に転化し，それゆえにそれを否定し，固有性の次元を開き，ここで固有人の連合 [Verein] を提起する。だが，それは現実の諸関係をまったく変革しないで「土地所有，分業および貨幣の現存形態」を「小市民の観念のうちに生きているような様式」(I/5：457) で保持するだけである。それゆえマルクスが指摘するのは，何よりも，「連合」が現存の社会的諸関係と適合的であるということである。

　　「サンチョの連合全体は結局，次のことに帰着する。すなわち，以前は批判のさいに現存する諸関係をただ幻想の側面からのみ考察していたとすれば，いまや彼は連合において現存諸関係をその現実的内容にしたがって承知し，しかも以前の幻想に対立させてこの内容にものを言わせようとする，ということである」(ibid. 460)

　この結果は，固有性論に指摘されたとおり。シュティルナーは「遮られた固有性」を享受するほかなく，「ドイツ小市民に固有な無力さ」を表すだけに終わるのである。

　第4は，「私の自己享受」批判。シュティルナーは「私の自己享受」に至って，人間は使命も任務も本分ももつわけでなく，「真の人間」として現に存在し，可能性と現実性はつねに一致しており，「完全」であると述べた。これに対してマルクスは，こう反論した。

　　「書全体から分かるように，肝腎なのはただ，別の道徳，サンショにとって見かけ新しい人生観であり，何某かの「固定観念」を「頭から叩き出す」ことだけであり，そうすれば，すべての人が人生を楽しみ，生活を享受できるということである」(I/5：475)

　最後に論点の５）「唯一者」論について。シュティルナーは人間主義を批判し，「人間」「人間の本質」等の「固定観念」を頭から叩き出すことができれば，各個人は自己享受を達成し，「唯一者」となる，と主張した。このとき，人は「己れの成りうるところのもの」に成り，「真の人間は，この現在に，現実に存在している」とされたとおり，シュティルナーは，現状をそのままに肯定する「保守主義者」(I/5：488) に行き着く。これに対してシュティルナー章が提起したのは，包括的な変革論であった。

　　　「現代においては，各個人に対する物象的諸関係の支配，偶然性による個
　　　体性の圧殺は，最も鋭く，かつ普遍的な形態をとっており，かくて現存す
　　　る各個人に，１つのきわめて明確な任務を提起している。すなわち，それ
　　　は，各個人に対する諸関係および偶然性の支配に代えて，偶然性および諸
　　　関係に対する各個人の支配をうち立てる任務である。サンチョの思い込み
　　　と異なり，それは「私は私を展開すべし」という要請を立てたわけではな
　　　い」(ibid. 496)

小括

　要約。シュティルナー章は，『唯一者とその所有』に匹敵するほどの詳細をきわめた批判であった。それがイデオロギー論争の脈絡でなされたことも疑いがない。しかし，マルクスの批判がシュティルナーの著作に衝撃を受けて，それから紡ぎ出されたというのは，説得力がない。シュティルナーの議論が与えられただけで，マルクスの批判が形成されることの説明はつかないからである。むしろ反対に，これまで示してきたように，1843 年秋-44 年の著作・草稿を基礎にしてこそ，シュティルナー批判は可能になったというべきである。たしかに，シュティルナー批判では個々に新しい論点が示される。しかし，細部の議論は別として，イデオロギー批判の基本的な論理は，1844 年段階までに形成されていたとみなしうる (本書第 3 章 2 節)。それは，以上の批判にも明確に示される。

　かくてイデオロギーとは，再度結論的にいえば，１）歴史から自立化された普遍的理性的原理を根拠・前提として構成された――端的に言えば「啓蒙主義的理論構成」にもとづく――意識形態であり，２）現実の社会的関係構造と個

人との関連（疎外）を把握せず，それゆえに， 3）市民社会の変革ではなく，本質的には市民社会を受容する理論である。このことはシュティルナー章の批判を通しても確認されるであろう[7]。

3　知の構造的把握

イデオロギー批判の総括

　本章1節では，イデオロギーの特性を，階級性，虚偽性（欺瞞性），包括性（転倒性）の3つにおいて示した。しかし，これには1つの補正が必要である。それは，イデオロギーのもつ力である。『ドイツ・イデオロギー』では，イデオロギーは非自立的であり，それ自体が歴史をもたない，とされる。このようにとらえることは基本的に正しい。ただし，この認識によっては得てしてイデオロギーそのもののもつ力が見失われる。

　イデオロギーは，政治的法的な意識形態，あるいは宗教的，哲学的，道徳的な意識形態が自立化したものであるかぎり，たんなる幻想，妄言の体系ではありえない。虚偽意識であるとしても，それは階級的な意識形態が「普遍性」を僭称するがゆえに生じることであって，たんなる仮構，大言壮語ではなく，支

7）真正社会主義のイデオロギー性について，簡略にコメントする。『ドイツ・イデオロギー』は第2巻「真正社会主義」で，社会主義の理論に関してもイデオロギー性を問題とした。これはもっぱら，真正社会主義の理論構成に関わるものであり，フォイエルバッハ批判，プルドン批判に通底する批判であった。それによれば，真正社会主義者たちは，「ドイツの学問」に，「共産主義と社会主義の真理を，絶対的な社会主義，真正な社会主義をはじめて明るみに出すという使命」（I/5：515）を与えるのであり，共産主義および社会主義文献の諸観念を，「ドイツ・イデオロギー，とりわけヘーゲルおよびフォイエルバッハのイデオロギーによって明らかにしようとした」（ibid. 516）とされる。「彼ら［真正社会主義者］は，共産主義的体系や批判，論争書を現実の運動から切り離し……，続いてそれらをドイツ哲学と恣意的に連関づける。彼らは歴史的に条件づけられた特定の生活圏域の意識を，この生活圏域から分離し，それを真正の絶対的な意識，すなわちドイツ哲学的意識に照らして測るのである。彼らは，まったく首尾一貫して，以上の特定の個人がもつ諸関係を「人間」の諸関係に転化し，かかる個人が自己自身の諸関係についてもつ思想を説明して，「人間」の思想であるとみなす。かくて現実的歴史的基盤からイデオロギーの基盤に立ち返った彼らは，……容易に空想的な連関を構成することができるのである」（ibid.）。真正社会主義批判はヘーゲル哲学およびフォイエルバッハ哲学をイデオロギーととらえる批判と同列である。ここでもイデオロギーの性格づけは変わらないことが確認される。

配階級の階級利害と強制力（権力）を基盤として，一定の現実的な力をもつことは言うまでもない。このことは，政治と法律の意識形態が支配統合に果たす力を考えれば，否定しがたい事実である。また宗教が歴史的に果たした統合作用を反省してみれば，了解しうる事柄であろう。

　この意味では，ドイツ・イデオロギーもまた無力ではない。バウアーの自己意識の哲学が政治的解放を根拠として，宗教からの解放を構想したのは，マルクスからすれば理論的に転倒であるとしても，近代の論理を拡張するかぎり「現実的」であった。シュティルナーの「唯一者」の哲学も，各人の固有性を根拠としてその享受を称揚したかぎり，荒唐無稽な理論であるどころか，一定の「現実性」をもつ理論であった。あるいはそれは，個人の無力さを表すにせよ，市民社会の現実と適合するかぎり，ある「現実性」を表現したのである。フォイエルバッハ哲学が，諸個人に存在する無限の富を共同関係において実現しようとしたことも一概に否定されない。諸個人に存在する無限の富とは，マルクスの表現でいえば，個体性である。フォイエルバッハがここに理論の根拠を定めたのは，その「現実性」を担保するものであった。

　だから，イデオロギーを現実性のまったくない虚偽意識，大言壮語のように理解することは間違いである。政治的法的イデオロギーや哲学的道徳的イデオロギーは，今日でも何か事が起これば，要請される意識形態である。たとえば，今日最も有力なイデオロギーたる新自由主義は，所有権の不可侵という原理によって国家の介入すら認めない理論構成をとりながら，支配秩序維持・社会統合ではやはり国家権力を要請する。あるいは新自由主義に対抗する理論（公共圏論／ラディカル・デモクラシー／「市民社会論」その他）の場合も，たいていは政治的理性／権利に訴える政治的性格をもつのであり，理性的なコミュニケーション／熟議民主主義を政治的に要請するというイデオロギー性ゆえにまったく荒唐無稽であるというわけではない。政治的自由は，今日さまざまに掘り崩されている現状では，それ自体が価値をもつことを否定してはならない。

　イデオロギーの現実的力についてさらに付言すれば，それはある程度普遍的拘束力をもつということである。イデオロギーは階級性をもち，虚偽性，転倒性をもつとはいえ，いかなる個人もそれゆえに全否定できない。権利と法はブルジョア的であるとしても，変革の運動はそれを破って不法を犯すことはでき

ない。道徳がブルジョア的であるとしても，それを全否定して，反道徳に走ることはできない。それゆえ運動はつねにイデオロギー的に拘束される（とはいえ，これは運動がブルジョア化することとはまったく異なる）[8]。

　では，イデオロギーの何が問題なのか。それは，社会の関係構造と個人の自己関係の関連をとらえず，個人が権利主体のゆえに自立性を獲得できるかのような啓蒙主義的理論構成をとるからである。イデオロギーは，本質的に万人の普遍的自由を想定する。それゆえに不自由な現実には異議申し立てを行い，本来，人間は自由であるべきであるという当為を掲起することもある。だが，それは，いかに語ったところで本来性を本質的に実現できない。

　このことは，バウアー，シュティルナーでも，フォイエルバッハやヘスでも，同様である。いずれの論者も，関係構造と個人の現実的な関連を把握せず，理論的には個人の自立性を前提して，それを肯定した。このとき，当然ながら，それぞれの理論は，関係構造を変革することはないのであるから，結果としてそれを受容し，現状肯定に行き着くほかはない。繰り返すなら，ドイツ・イデオロギーは荒唐無稽な理論ではない。バウアーの政治的解放論も，シュティルナーの「唯一者」論や「連合」論も，フォイエルバッハの「共産主義」論も，それぞれは現実と一定の接点をもっていた。しかし，この「現実性」は，現状の受容と一体であり，イデオロギーであるほかはなかった。マルクスが彼らの理論をイデオロギーとして批判したのは，ひとえにそれが現実の関係構造（私的所有）を変革しない，したがって貧困／隷属を変革できない理論であったからである。

イデオロギーと科学と理論

　マルクスが理論転換とイデオロギー批判をとおして獲得した成果——すなわ

---

[8] マルクスの社会理論は二重の意味で，イデオロギーではない。1つは，支配階級の存在諸条件を表現せず，むしろそれの変革を指向すること，いま1つは，理論の自立性を僣称せず，むしろ理論の現実依存性を主張すること，である。マルクスがイデオロギー批判の上に，理論を形成した事実は曖昧にできない。ただし同時に，土台（および上部構造）を変革する運動は今日，必ず上部構造と関わり，その形態を身に帯びて，具体的には，政治的法的闘争，哲学的闘争，宗教的闘争等として現れる。この場合，被支配階級の闘争も理論も，ある種のイデオロギー的な形態を（副次的に）とって現れることは避けられない。しかし，それは，運動の理論それ自体がイデオロギーであることとは意味が異なる。

ち，1）土台＝上部構造論の発見にもとづいて啓蒙主義的理論構成を廃棄し，イデオロギー批判を生成させたこと，2）市民社会の分析によって資本（私的所有）と労働の対立にもとづく生産様式という社会の関係構造をとらえ，この関係構造から自己関係に生じる疎外を把握したこと，そして，3）疎外の「歴史変革の論理」を見出し，市民社会を実践的に変革する理論を構築したこと，それゆえ理論を運動の表現としてとらえたこと――は，それぞれが新しい認識の獲得を意味していた。

　第 1 の土台＝上部構造論の発見は，上部構造としてのイデオロギーという次元を開拓し，第 2 の市民社会分析では，社会の関係構造の把握とそれから生じる自己関係次元における矛盾（疎外）という現実認識を，第 3 の「歴史変革の論理」では，関係構造を変革する運動の表現としての理論の次元を，開発した。ここにある知の形態をあえて区別していえば，第 1 はイデオロギー，第 2 は科学，第 3 は理論，と性格づけれられる。つまり，マルクスはこれまでの理論形成の過程で，知（認識）の構造把握を果たしたということができる。

　このときに注目されるのは，『ドイツ・イデオロギー』H[8] の次の文章である。

　　「かくて思弁のやむところにおいて，すなわち現実的生活の場において，現実的な，実証的科学が，人間の実践的な確証，実践的発展過程の叙述が始まる。意識の空文句がやみ，現実的知がそれにとって代わらねばならない。自立的な哲学は現実の叙述とともに，その糧道を失うのである」(1/5：136)

　ここには，1）「自立的な哲学」と，2）現実的な実証的科学，そして，3）人間の実践的発展過程の叙述，という 3 つの知が指摘されている。人間の実践的発展過程の叙述とは，現実の運動の叙述，つまり理論を指すのであり，現実的な実証的科学と異なる（共産主義が科学になったという言明はマルクスに存在しない）。そうではなく，以上が示唆するのは，理論が「現実的な実証的科学」と結合されて成り立つということである。

　では，「現実的な実証的科学」とは何か。これまでの理論形成を回顧するかぎり，それは社会の関係構造の把握とそれから生じる自己関係次元における矛盾（疎外）という現実認識以外にはありえないであろう。マルクスは，客観的関係構造の存在とそれによる労働者の自己関係に対する規定を発見し，ここか

208

ら得られる関係構造認識（対象関係認識）を「科学」と規定した。それは「社会科学の生成」と言ってよい認識の成果であった。上記の文章は，このことの自己認識を示す。

さて，理論は，この科学と結合されるとしても，相対的には区別される。それは，イデオロギーと共通の自己関係という次元で成立する。これまで各所で指摘してきたように，マルクスの変革理論（共産主義）には必ず，対象関係視座と自己関係視座という，2つの視座が存在していた。自己関係とは，人間各個人が生きるために自然と社会（他の諸個人）に対して形成する諸関係の総体であり，各個人にとってその「生活」そのものを構成する全体を意味する。この自己関係を基本とする視座は『ドイツ・イデオロギー』でも，生産や意識，運動等のあらゆる次元に貫かれており，マルクスの理論を構成する本質的な視座である。以下，自己関係視座について3点を確認しよう。

まず第1に，自己関係視座は，現実的な生産／生活次元において示される。

　「各個人は，いつでも自己自身から出発したが，もちろん各人の与えられた歴史的な諸条件および諸関係において存在する自己自身からであり，イデオローグのいう意味での「純粋な」個人からではない」(I/5 : 96)

この箇所において肝心なのは，「与えられた歴史的諸条件と諸関係」に成立する自己関係である。各個人は，いかに歴史的社会的に規定されるとしても，「自己自身から出発」し，現実の諸条件と諸関係によって可能な範囲において自己の諸関係を，すなわち各人の生活を形成する。この指摘は『ドイツ・イデオロギー』で繰り返される (cf. I/5 : 301, 495)。この場合，肝要なのは，自己関係には必ず，各人の欲求や能力——個体性——にもとづく対象に対する主体的関わり（必要，利害），各人からのパースペクティヴ（遠近法），傾向性，方向性が存在し，この次元における経験が問題とされていることである。

第2に，自己関係と社会的諸関係との関わりである。人間（各個人）は，いつでも自己自身から出発し，自己の諸関係を，すなわち各人の生活を形成するとともに，各々の生活諸関係が異なるにしたがって自己についての異なる表象を各自につくり出してきた。人間は自己の活動をとおして自己関係を形成する。このことは疑いがない。しかし同時に，各個人は自己関係を自立的に形成することができない。換言すれば，つねに具体的な交通形態／生産様式（関係構

造）においてしか，各個人は自己関係を取り結ぶことができない。たしかに「各個人は，いつでも自己自身から出発した」と言われるのだが，にもかかわらず，さしあたりは，つねに「与えられた歴史的諸条件と諸関係において」現実的に可能な自己関係を形成せざるをえない。ここが，バウアーの「自己意識」論やシュティルナーの「唯一者」論と異なるところである。

　さて最後に第 3 に，自己関係視座は変革の運動および理論（共産主義）をも貫く視座であったことが指摘されてよい。このことは前述したとおり。ここではプロレタリア個人の課題として革命が提起される箇所を示す。

　　「たとえばプロレタリアは他のあらゆる人間と同様に自己の欲求を充足す
　　るべき使命をもっているが，他のあらゆる人間と共通の欲求すら充足する
　　ことができず，……自らに残された唯一の地位である単なる生産力の地位
　　から他のより強力な生産諸力によって押しのけられるとすれば，このプロ
　　レタリアはすでにこのことによって，自己の諸関係に革命を起こす［seine
　　Verhältnisse revolutionieren］べき現実的な課題をもつのである」（I/5：344）

　こうしてマルクスの変革理論は，総括的にいえば，自己関係視座で貫かれ，最終的に私的所有の廃棄と個体性の確証を結合する理論であったということである。その根拠は，人間本来の普遍的本質などではなく，現実に生成する諸欲求や能力等の個体性にある。マルクスの変革理論は，現実的疎外を廃棄する運動としての社会革命（社会的諸関係の変革）の理論であるが，同時に自己関係の変革の理論としても性格づけられる。マルクスは関係構造と接合させた自己関係論によって，独自の自己意識論を形成した。この要素が理論にとって大前提をなしていたことはもはや明らかである。

　以上，イデオロギー，科学，そして理論，という，マルクスの知の認識における 3 つの要素（これに，「意識一般」という要素を加えて 4 つとしてもよい），の関わりを指摘した。いずれにしても，対象関係知（科学）と自己関係知の区別が基本をなし，自己関係知のうちに，イデオロギーと理論が区別される。既存の理論の多くがイデオロギー的性格を前提に構想されていることを考えれば，マルクスの理論はきわめて独自的であることが知られるであろう。

第6章　初期マルクスのオリジナリティ

　以上で，マルクスの 1843 年秋–44 年の著作・草稿と『ドイツ・イデオロギー』との接合関係を確認し，マルクス理論の生成とイデオロギー批判の条件形成の過程を考察するという，本書の課題は基本的にほぼ果たされたと言ってよい。本章では，疎外論と物象化論の関係づけ，というなお残るテーマを論じ，最後に，初期マルクスのオリジナリティに関する考察を行うことにする。

1　疎外論と物象化論

　『経哲草稿』と『ドイツ・イデオロギー』の間に「断絶」を見る一解釈（廣松渉など）では，マルクス理論における「疎外論から物象化論への転換」が設定される。以下では，この論点に関して 1843 年秋–44 年の著作・草稿と『ドイツ・イデオロギー』の接合関係を論ずる。

マルクス理論の生成期における物象化論

　そもそも物象化論は『ドイツ・イデオロギー』ではじめて提起されたものではない。それは，後述するように，すでに《ユダヤ人問題によせて》，『経哲草稿』，《ミル評注》に現れており，1）貨幣論，2）労働疎外論の前提，という2つの脈絡で論じられたテーマであった。本項では，これらの著作・草稿の物象化論を考察する。

　ただし，この考察にあたっては，あらかじめ2つのことを確認しておかなければならない。1つは，生成期に現れる物象化が，さしあたり「貨幣に媒介された諸関係の形成」というレベルでとらえられ，後年定式化された労働価値論にもとづく本格的な物象化としては把握されていないということである。いま1つは，物象化と疎外が概念的に区別されず，物象化は広義の疎外に包括されていたことである。それゆえ，後に「物象化」と規定される関係も「疎外」として語られ，初期の疎外論は，1）貨幣関係の形成，2）資本の下での労働，

という2つの脈絡での物象化をも包括する広義の疎外論であった。以下では，これらのことを確認した上で，物象化を「貨幣に媒介された諸関係の形成」として，そして疎外（狭義）を関係構造と個体性の自己関係的矛盾として了解し，実質的には，物象化論が疎外論の基礎にあったことを論ずる。

　まず《ユダヤ人問題によせて》。マルクスが《ユダヤ人問題によせて》第1論文で，市民社会における「非人間的な諸関係や諸要素の支配のもとにおかれている人間」に言及していたことは，本書第1章1節で見たとおりである。この「非人間的な諸関係や諸要素の支配」を，《ユダヤ人問題によせて》第2論文は，貨幣，およびユダヤ教の現世的根拠としての実利的利己主義と結びつけて，次のように論じた。

　　「ユダヤ教の現世的根拠とは何か。実利的［praktisch］欲求，私利［Eigennutz］である。／ユダヤ人の現世的祭祀は何か。暴利商売［Schacher］である。ユダヤ人の現世の神は何か。貨幣である」(I/2：164)

　それゆえ，マルクスは，ユダヤ教のうちに「現在の反社会的な一般的要素」(I/2：165) を認め，それからの解放を「ユダヤ教からの人間の解放」(ibid.) ととらえた。これは実質的に私的所有の廃棄を意味する。ただし，《ユダヤ人問題によせて》ではなお資本主義的生産様式の規定はなく，あくまで貨幣（資本をも含む）の支配が問題とされる。

　　「実利的欲求，利己主義は，市民社会の原理であり，市民社会が政治的国家を完全に自己のうちから生み出すや，純粋にそれ自体として現れる。実利的な欲求と利己主義の神は，貨幣である。／……貨幣は人間のあらゆる神々を貶下し──それを商品に転化する。貨幣は，自立的なものとして構成された，あらゆる事物の一般的な価値である。したがって，それは世界全体から，人間世界および自然から，その独自の価値を奪い取った。貨幣とは，人間の労働および人間の存在の本質が人間から疎外されたものであり，この疎遠な本質が人間を支配し，他方人間はこれを崇めることになるのである」(ibid. 166)

　ここでは貨幣は疎外の脈絡で規定され，貨幣関係の形成としての物象化と，人間および自然の「独自の価値」の喪失として現れる疎外（狭義）とが一体化される（それでも2つの要素は相対的に区別されうる）。《ユダヤ人問題によせ

て》段階では，なお市民社会は階級的に把握されていなかった。かくて物象化と疎外とは貨幣の水準で論じられたにすぎない。ただし，これは物象化と疎外の一体性を示すものではなく，事柄に即していえば，物象化は疎外をもたらすのであり，物象化を表す初期の「疎外」概念（cf. I/2：165, 166, 171）は，未分化のうちに，物象化と同時に「疎外」本来の意味を表していたと解釈される。そして，この貨幣は資本の機能をも含む近代市民社会の「ユダヤ教」を表すかぎり，それからの解放はそれ自体が〈人間的解放〉ないし社会的解放の脈絡で位置づけられた。

> 「ユダヤ教は市民社会の完成をもって頂点に達する。だが，市民社会はキリスト教的世界においてはじめて完成されるのであり，ただキリスト教の支配下でのみ，……市民社会は国家生活から完全に自己を分離し，人間のあらゆる類的紐帯を引き裂き，利己主義，私利的欲求をこの類的紐帯に置き換えたのであり，人間世界を互いに敵対しあうアトム的個人の世界に解消することができたのである」（ibid. 168）

> 「ユダヤ人の真の本質は市民社会において一般的に現実化され現世化された。……今日の社会のうちに，われわれは今日のユダヤ人の本質を，……社会のユダヤ人的偏狭さとして見出す。／ユダヤ人の社会的解放は，社会のユダヤ教からの解放である」（ibid. 168-169）

社会のユダヤ教は，市民社会がなお抽象的に把握されるにすぎない段階では，資本主義的精神を表すことができない。ただ，問題場面は明らかに資本主義的私的所有の世界であり，この発見が《批判序説》で果たされる過程は本書第1章に示したとおりである。

続いて『経哲草稿』における物象化論。ここでも物象化は，第1に貨幣論，第2に労働疎外論の前提，という2つの脈絡で現れる。後者の疎外論が，貨幣関係（物象化）を前提とした資本と労働の分離および資本主義的生産様式という関係構造にもとづくものであることは，すでに論じたとおり（本書第1章3節）であり，それゆえ労働疎外が物象化を前提して把握されていたことはここで再説するまでもない。以下では，第1の脈絡（貨幣論）における物象化を考察する。

貨幣論は，『経哲草稿』第3草稿に現れる。それによれば，「貨幣の本質は疎

外され外化され譲渡された人間の類的本質にほかならない」(I/2：320) のであり，「人類の外化された力能」である（この規定の意味は，後述の《ミル評注》に示される）。1844 年段階でも，物象化概念は未形成であり，この箇所でも，物象化は「疎外」と規定された。では，貨幣関係の形成，すなわち物象化はなぜ「疎外」なのか。貨幣関係は，人間の社会的諸関連の疎外され外化されたものであるが，いまや人間から独立した威力となり，人間を左右する力となって現れるからであり，貨幣は現実の神（全能の神）となり，それへの崇拝——致富欲あるいは貨幣欲求 [Das Bedürfnis des Geldes] —— が自己目的となり，この貨幣と切り離された対象（使用価値）は価値を喪失するからである。

　　「[私的所有の内部では] 誰しもが他人に対する疎遠な本質力を創り出し，ここに自らの利己的な欲求の充足を得ようと欲する。対象の量が増大すればするだけ，人間を屈従させる疎遠な存在の王国は増大し，新しい生産物はいずれも，相互の欺瞞と相互の瞞着の新しい潜勢力となる。人間は人間としてますます貧しくなり，敵対する存在を支配しようとしてますます貨幣を必要とするようになる。……したがって貨幣欲求は，国民経済が生産する真の欲求であり，それが生産する唯一の欲求である。貨幣の量はますます貨幣のもつ唯一の威力ある特性となる」(ibid. 279)

　　「貨幣は，あらゆるものを購うという性質をもち，すべての対象を領有しうるという性質をもつがゆえに，すぐれた意味での対象となる。貨幣のもつ性質の普遍性は，その本質の万能性にある。それゆえ貨幣は万能な存在として妥当する」(ibid. 318)

　他方，貨幣は「疎遠な本質力」として自立化することによって，「あらゆる人間的および自然的性質を転倒させ混同し，諸々の不可能事を和合させる，という神通力」(I/2：320) をもつのであり，ここでは疎外（狭義）をもたらす。このことをマルクスはシェイクスピアの貨幣論に拠りながら次のように指摘する。

　　「シェイクスピアは，貨幣においてとくに 2 つの性質を取り出している。第 1 に，貨幣は目に見える神であり，あらゆる人間的および自然的性質の，その反対物への転化，諸事物 [Dinge] の全般的混同と転倒である。……第 2 に，貨幣は人間たちならびに諸国民の普遍的な娼婦，普遍的な取持役である」(ibid. 320)

　この場合，肝要なのは，貨幣がまさに「あらゆる人間的および自然的性質の，その反対物への転化」という矛盾を生み出すところである。「あらゆる人間的および自然的性質」とは，換言すれば個体性である。貨幣とは個体性の転倒なのである。じっさいマルクスはこのことをこう規定する。

　　「この規定［諸事物の全般的混同と転倒］からして貨幣はすでにまた，個体性の全般的転倒であり，この転倒によって個体性はその反対物に転じられ，その属性と矛盾する属性を付与されるのである」(I/2：321)

　個体性の転倒こそ，物象化を第 1 の脈絡での疎外の根拠たらしめる。マルクスは，同じ第 3 草稿で「あらゆる身体的および精神的感覚に代わって，これらすべての感覚の単純な疎外，すなわち「所持 [Haben]」の感覚が現れた」(I/2：269)と指摘して，それを「絶対的貧困」(ibid.)と規定した。「所持」において想定されるのは，とりわけ貨幣所持である。貨幣は，富をなすあらゆる人間的感覚を否定するかぎりにおいて，「疎外」と規定される。そして疎外の実体的根拠は，否定され実現されることのない個体性にある。

　さて最後に《ミル評注》は，とりわけ「人間の社会的関連の疎外としての貨幣」を交換と関係づけ，物象化と疎外を論じた。ここでも貨幣は，人間の媒介的な活動（交換）の「疎外」としてとらえられる。これは，まだ物象化を概念化していないとはいえ，物象化論の原型をなすと言ってよい。

　　「貨幣の本質は，さしあたり，貨幣において所有が外化されていることにあるのではなく，人間の生産物を相互に補完しあう媒介的な活動や運動，つまり人間的社会的な行為が疎外されて，それが人間の外に存在する物質的な物 [Ding] の，すなわち貨幣の属性になっていることにある。人間はここでは，この媒介的活動そのものを外化することによって，自己を喪失し，非人間的人間として活動するに至る。物象と物象との関連そのもの，物象を扱う人間の作用が，人間の外部に，しかも人間の上に存在する存在者 [Wesen] の作用になっている。この疎遠な仲介者をつうじて……，人間は自己の意志，自己の活動，他者に対する自己の関係が，自己からも他者からも独立した威力となっているのを直観する。こうして人間の奴隷状態は頂点に達する。この媒介者がいまや現実の神となることは明らかである」(IV/2：447-448)

216

　媒介者（第三者）は，いまや人間を支配する現実の力であり，この媒介者から分離した場合，対象は価値を失ってしまう。それゆえマルクスは貨幣について，「この媒介者は，私的所有の本質が自己喪失に至った疎外された在り方であり，自己自身に外面的となった，外化された私的所有であると同時に，人間的生産と人間的生産の外化された媒介であり，人間の外化された類的活動である」（IV/2：448）と述べる。

　では，なぜ人間は類的活動を外化するのか。《ミル評注》は次のように述べている。

　　「なぜ私的所有は貨幣制度へと行き着かざるをえないのか。それは，人間が社会的存在として交換に行き着き，交換は――私的所有の前提の下では――価値に行き着かざるをえないからである。つまり，交換しあう人間の媒介的運動は，社会的運動，人間的運動ではなく，人間的関係ではないからであり，私的所有と私的所有の抽象的関係であって，この抽象的関係は価値であり，この価値の現実的存在こそ貨幣だからである。交換しあう人間は互いに人間として関係しあうことがないから，事物［物象］は人間的所有，人格的所有の意味を喪失する。私的所有と私的所有の社会的関係という関係においては，私的所有は［貨幣として］それ自身から疎外される。この関係の自立した存在である貨幣は，したがって私的所有の外化，私的所有が特有にもつ人格的本性の抽象である」（IV/2：448-449）

　私的所有の前提の下で必然化する交換は，価値（交換価値）を生成させ，それゆえにこの価値の現実的存在として貨幣を生み出す[1]。それは私的所有の外化（物象化）である。じっさい，商品の生産関係では第1に，商品を生産する場合，個人の労働の内容は外的に規定される。労働はいまや自己の欲求にもとづくのではない。貨幣を獲得するために，他者の欲求に適合しうるものを生産する。第2に，個人は自己の生産物を譲渡し販売することによってはじめて自己の所有を獲得する。第3に，貨幣が神となり，貨幣を自己目的とする貨幣欲求が生まれる。とくに第3の段階では，欲求・能力・感覚等の本質諸

1）私的所有→交換→商品生産→貨幣関係，という以上の認識は，大前提をなす私的所有を説明できない欠陥をもつ。この問題性については後述。

力／個体性は全般的に転倒され，貨幣欲求に還元される。

　ところで交換関係を前提し，商品を生産する労働は，《ミル評注》では「営利労働」（Ⅳ/2：455）と規定される。営利労働は，貨幣の獲得を目指す疎外された労働である。それ自体は資本と労働の分離を前提する「疎外された労働」（第 1 草稿）と異なるものの[2]，マルクスは営利労働に——私的所有を前提する労働であるかぎり——「疎外」を読み取る。

　　　「営利労働には，次のことが現れる。第 1。労働主体からの労働の疎外と
　　　偶然性。第 2。労働対象からの労働の疎外と偶然性。第 3。社会的諸欲求
　　　による労働者に対する規定。社会的諸欲求は，労働者にとっては疎遠なも
　　　の，利己的欲求や必要に迫られて服従せざるをえない強制であり，労働者
　　　が自己の必要を充足するための源泉という意味しかもたない。……第 4。
　　　労働者にとっては個人的生存の維持が活動の目的として現れ，その現実的
　　　行為はただ手段としてしか意味をもたないこと」（ibid.）

　こうしてここでは労働における疎外が貨幣関係の疎外に接続する。

　以上が生成期における物象化論の概要である。かくて物象化論は『経哲草稿』期までに現れているのであり，疎外論から物象化論への転換は存在しない。しかも，物象化の生成根拠や疎外との関連に関する明確な説明は，『ドイツ・イデオロギー』の物象化論／疎外論と十分に接合可能な水準にあったと見られる。

『ドイツ・イデオロギー』の物象化論

　『ドイツ・イデオロギー』にも二重の疎外論が存在した。第 1 は，貨幣（物象化）と関連づけられる疎外，第 2 は，生産諸力と交通形態との矛盾と関連づけられる労働の疎外，である。そして，それぞれに前提をなす物象化が論じられた。第 2 の脈絡で現れる資本の物象化は，すでに本書第 4 章 3 節および 5 節で示したところであり，再論を要さないであろう。以下では第 1 の脈絡で現れる貨幣の物象化を論じる。

　『ドイツ・イデオロギー』には「物象化」を語る部分が 2 箇所ある[3]。次の箇

2）営利労働には，無所有は想定されない。あくまで自己労働→自己所有が基本である。要するに，営利労働は「疎外された労働」であるが，あらゆる「疎外された労働」が営利労働であるわけではない。

218

所では，人格的諸関係の物象化が論じられる。

　　　「人格的利害が各人格の意に反してつねに階級利害へと，すなわち個々の
　　　人格に対して自立する共同的利害へと発展を遂げ，この自立化において普
　　　遍的利害という姿態をとり，このようなものとして現実的諸個人に対立す
　　　る……のは，どうして起こるのか。人格的利害が階級利害へと自立化して
　　　いく以上の過程の内部において，個人の人格的関わりが不可避的に物象化
　　　され疎外され [sich versachlichen, entfremden]，同時に個人から独立な，交通
　　　によって生み出された力として，個人なしに存立し，社会的諸関係に転化
　　　する，すなわち個人を規定し，服属させ，それゆえ表象では「神聖な」力
　　　として現れるような一連の力に転化するのは，どうして起こるのか」(I/5：
　　　300)

　さしあたり物象化と疎外の関連づけは措いて，「個人の人格的関わりが不可
避的に物象化され疎外され，同時に個人から独立な社会的諸関係に転化する」，
つまり人格的諸関係の物象化というのは，何を意味するのか。競争と関わらせ
て「人格の物象化」(I/5：431) に言及したもう 1 箇所の前後では，同じ事柄がこ
う言われる。

　　　「競争による社会の巨大な変革は，ブルジョアの相互の諸関係およびプロ
　　　レタリアに対する諸関係を純粋な貨幣関係に解消し，上記の「聖化された
　　　財」の全体を商品に転化したのであり，そしてプロレタリアにとってはす
　　　べての自然生的かつ伝来の諸関係を，……その全イデオロギー的上部構造
　　　とともに破壊した」(ibid. 430)

　「人格の物象化」――正確には「人格的諸関係の物象化」[4]――が貨幣関係へ
の転化および貨幣の資本への転化，という脈絡で語られていることは明らかで
ある。しかも，歴史の二大区分説 (本書第 4 章 5 節) によれば，「諸個人が相互に
独立しており，ただ交換によってのみ共同関係を保持する」第 2 段階は，「あ

3）初期における「物象化」論は，なお労働価値説を基礎とした意識的な議論ではなく，この
　意味で本格的な物象化論とは言い難い。ただし，人格的諸関係の貨幣関係 (物象的諸関
　係) への転化が問題とされていたことはたしかである。
4）後期マルクスでは，「人格の物象化」と「人格的諸関係の物象化」は位相が区別される。し
　かし，ここでは前者はまだ後者の意味で語られる。

る第三者，つまり貨幣において，物的な姿態をとって」いるのであり，貨幣関係が社会的諸関係の基礎となり，資本が支配する段階であるとされる。この意味で，マルクスは貨幣関係への転化および貨幣の資本への転化を「人格的諸関係の物象化」としてとらえていた。

　では，なぜこの物象化と同時に疎外が提起されるのか。それは，物象化が疎外をただちに引き起こすからである。物象化と疎外とは同一なのではない。論理構造が異なる。物象化は，分業（私的労働）と私的所有という前提の下で社会的に生成する交換価値（商品→貨幣）にもとづく客観的な社会的諸関係の自立化という過程（対象関係視座）であり，「分業による人格的力（諸関係）の物象的な力への転化」(I/5：95) である。他方，疎外は物象的な諸関係にもとづく生産様式（関係構造）に規定された労働／生活と人間各個人の個体性との矛盾関係（自己関係視座）を表す。だから，物象化が，個人の内部に物象的な関係構造と個体性という諸力の対立，すなわち疎外を引き起こす。

　たとえば『ドイツ・イデオロギー』シュティルナー章は貨幣について，「貨幣の力のうちに，すなわち一般的交換手段が社会ならびに個々人に対して自立化するということのうちに，生産および交通の諸関係の自立化は一般に最もあからさまに現れる」(I/5：453) と認める一方で，この貨幣を「あらゆる個性的なものがはぎ取られている純粋に社会的な所有」(ibid.) と性格づける。ここには貨幣における諸関係の自立化とあらゆる個体性の転換という疎外との関連が示される。人間はたんに対象を受容するだけの従属物ではない。個体性をもって現実的諸対象に関わる主体である。このときに，個体性を確証できない事態は，自ら生産した対象との疎遠な関係，つまり疎外として現れる。疎外には，対象に対する人間の関わりが――たとえ確証されなくとも――現実に存在していなければならない。物象化はそれの前提的過程をなす。

　要約。疎外論は物象化論に転換されたのではない。疎外と物象化は相互否定的なものではなく，前者は後者を前提し，次元を異にしながら相補的関連をなすのである。このことは『ドイツ・イデオロギー』でも変わることはない。

小括

　すでに繰り返したように，初期マルクスの疎外概念には 2 つの脈絡が区別

される。1つは，貨幣関係（物象化）の下における人間の社会的関連の疎外。もう1つは，資本（私的所有）の下における労働の疎外。いずれの疎外においても，物象化の事態が前提されていたことは明らかである。1843年秋-44年の著作・草稿でも『ドイツ・イデオロギー』でも，貨幣関係の形成と資本形成という2つの位相において物象化が前提され，かつそれぞれにおいて疎外が指摘された。疎外論から物象化論への転換は存在しない。両者は最初から一体的に把握されていたのである。

廣松渉が，初期マルクスにおける「疎外論から物象化論への転換」を主張した根拠は，［1］『経哲草稿』では現実的疎外が「人間の類的本質の自己疎外」（廣松［1969］241）という規定においてとらえられ，類的本質としての人間が「擬神化」されていたこと，これに対して，［2］『ドイツ・イデオロギー』では「貨幣や賃労働，等々は人間の本質の外化である」という命題は卻けられ，疎外の論理に代わって物象化の論理が現れ，「分業」を説明原理として，社会的諸関係が物象的な力に転化すること（cf. 同上245-246）が主張されたところにある。これを要するに，マルクスは，『経哲草稿』では「人間」という主体を前提し，人間の「本来的在り方」（同上248）を想定していたとすれば，《テーゼ》や『ドイツ・イデオロギー』では，「社会的諸関係の総体」としての人間へと主体概念を転換し，分業論を基礎に社会的諸関係が物象的な力に転化する物象化をとらえるに至ったというのである。だが，この解釈は成り立たない。

まず第1に，主体概念の転換に関して指摘すれば，それはすでに《批判序説》で，「人間とは，人間の世界のことであり，国家，社会のことである。この国家，この社会が倒錯した世界であるがために，倒錯した世界意識である宗教を生み出すのである」と示されていたのであり，《テーゼ》6はそれを根拠としていたことが指摘されてよい。すなわち抽象的な「人間の本質」にもとづくフォイエルバッハ哲学の理論構成に対する批判を，マルクスはすでに『独仏年誌』期に為し遂げていたことが確認されなければならない。

第2に，物象化は，社会的諸関係が物象的な力（貨幣や資本）に転化する事象を意味するならば，すでに1843年秋-44年の著作・草稿で人間的社会的な行為が「疎外」され，貨幣の属性になるという脈絡で論じられていた。なるほど概念的に未形成とはいえ，生成期にも物象化→疎外の基本的な把握が形成さ

れていた。

　第 3 に，分業論的視角についていえば，たしかに分業と所有形態の歴史的
把握は『ドイツ・イデオロギー』に固有のものであるが，すでにスミスに学ん
で労働と資本を論じた『経哲草稿』でも分業論／疎外論は基本的なテーマをな
していた。

> 「分業とは，疎外のうちにある労働の社会性の国民経済学的表現である。
> 言い換えると，労働は外化の，すなわち生命外化としての生命発現のうち
> にある人間活動の表現にすぎないのであるから，分業もまた，現実的な類
> 的活動としての，あるいは類的存在たる人間の活動としての，人間活動を
> 疎外，外化において措定することにほかならない」(I/2：309)

　労働とは疎外された労働であり，人間（労働者）はこの活動をとおして物象
としての私的所有（貨幣・資本）を措定し，自らを疎外する。分業とは，この
ような物象化を含む広義の疎外の活動である。

　「疎外論から物象化論への転換」を主張する場合には，それはなぜ，いかな
る条件のもとでなされたのか，という転換根拠と成立条件が問われなければな
らない。だが，廣松渉はマルクスの 1843 年秋–44 年の著作・草稿を「人間的
本質の哲学」の枠内でとらえたがゆえに，転換根拠と可能条件を示すことがで
きず，結果としては，表面の性格づけに終始するほかなく，それによってマル
クスの理論の核心にある疎外論を見失ったのである。

2　考察──初期マルクスのオリジナリティ

　以上，マルクスの 1843 年秋–44 年の著作・草稿と『ドイツ・イデオロギー』
との接合関係を確認し，マルクス理論の生成とイデオロギー批判の条件形成の
過程を考察しえたとすれば，最後の課題は，接合関係の確認を前提して初期マ
ルクスのオリジナリティを探ることである。

　初期マルクスの理論的成果は，あえて大別するなら，以後の研究の「導きの
糸」となった，いわば決着済みの論点と，それ以後長期にわたって研究テーマ
となり続けた課題の獲得と，に分けられる。以下では，前者をとくに「初期マ
ルクスのオリジナリティ」ととらえ，後者もまたのちにつながる課題の獲得と

して評価し，全体として初期マルクスの到達点を考察することにしたい。

「導きの糸」

まず，1）土台＝上部構造論，2）市民社会分析，3）「歴史変革の論理」，4）唯物史観の構想，の要素に現れるオリジナリティを，「導きの糸」となる成果として取り上げる。

第1の土台＝上部構造論。マルクスは土台＝上部構造論の形成によって，ヘーゲル哲学をはじめとするあらゆる近代的理論に共通の啓蒙主義的理論構成を廃棄し，近代社会思想史 300 年の転換をもたらす理論の新しい次元を開拓した。それは，『ドイツ・イデオロギー』に至って，さらにイデオロギー批判ないし「運動の表現としての理論」という了解として整備された。ここに第1のオリジナリティが示されるであろう。

『ドイツ・イデオロギー』以後，イデオロギー批判は後景に退く。それは基本的に自己了解を遂げた結果と見られる。ただし，イデオロギー批判はマルクスの一貫した課題をなしていた[5]。ここでは『共産党宣言』の一節が想起されてよい。

> 「階級対立がいかなる形態をとるとしても，社会の一部分が他の部分を搾
> 取していたことは過去のあらゆる時代に共通な事実である。したがって，
> あらゆる時代の社会的意識がきわめて他種多様でありながら，ある共通の
> 形態をとって動いていることに，何らの不思議もない。これらの形態，意
> 識諸形態［宗教，道徳，哲学，政治，法律等のイデオロギー諸形態］は，階級対立
> がまったく消失するときにはじめて完全に解体する」（MEW 4：480-481）

マルクスがイデオロギーを階級対立ないし支配統合と関係づけて把握し，イデオロギーの解体を論じたことは，明らかである。この認識が失われるはずはない。

第2は，市民社会分析。マルクスは，旧来の市民社会概念を変容させ，市民社会の分析を，資本（私的所有）と労働の対立にもとづく生産様式（関係構

5）「イデオロギーの終焉」論が提起された後の今日でも，イデオロギー批判は意義を失わない。それは，支配秩序・社会統合を要するシステムが存在するかぎり，イデオロギーが存在し続けるからである。

造）と各個人の労働／個体性との関連および矛盾（疎外）をとらえること——生産様式論／疎外論——によって果たした。これらの把握は，第 4 章 3 節でも指摘したとおり，スミスやヘーゲル，またヘーゲル左派の論者その他にも存在するものではなく，この意味で，生産様式論／疎外論はマルクス理論の肝心な要素をなすのであり，マルクスのオリジナリティを構成するのである。

　疎外論は，これまで，『ドイツ・イデオロギー』において廃棄されたととらえられる傾向があった。しかし，疎外論なしにマルクスの理論体系はない。それゆえに，マルクスは以後も，『経済学批判要綱』や『資本論』でも疎外論的視角を失うことはなかった。『資本論』から一例をとれば，次のとおり。

　　　「資本主義的生産様式が一般に，労働諸条件および労働生産物を労働者に
　　　対立させ，それらに与える自立化した疎外された姿態は，こうして機械と
　　　ともに，完全な対立にまで発展する」(II/6：417)

　ここで問題とされるのは，資本による実質的包摂が生じ，労働者を部分人間に不具化し，機械の付属物に貶めることによって服従させることである。生産様式（関係構造）と各個人の労働／個体性との関連および矛盾（疎外）をとらえる視座は，一貫している[6]。

　第 3 は，変革理論（共産主義）。マルクスにとって肝要なのは，市民社会を変革し，個人の現実的疎外を廃棄することである。そして，マルクスによれば，現実的疎外の廃棄は，資本（私的所有）と労働の対立にもとづく交通形態／生産様式（関係構造）のうちで必然化される生産諸力（対象的富と主体的富）の普遍的発展と交通形態との客観的な矛盾，そして，かかる関係構造ゆえに階級的に規定される個人と人格的な個体性との矛盾という，疎外の事態の深化を根拠として，それによって現実化する。

　この段階では十分に確認されうるように，市民社会そのものの変革を関係構造に存在する矛盾から内在的に提起した論者は存在しない。ヘーゲルもヘーゲ

6）『経済学批判要綱』から一例を示す。「所有と労働との，生きた労働力能とその実現との，対象化された労働と生きた労働との，価値と価値創造的活動との，こうした絶対的分離——したがってまた労働の内容の労働者そのものに対する疎遠性——，こうした分断がいまや労働そのものの生産物，労働自身の諸契機の対象化，客体化として現れるのである」(II/1：361-362)。

ル左派の論者たちも，さらにはプルドンも，市民社会の内在的変革は理論的に提起しえない。関係構造および疎外の把握が初期マルクスのオリジナリティであるとすれば，現実的疎外の深化が，市民社会に内在した「歴史変革の論理」としての「生産諸力と交通形態の矛盾」を形成し，市民社会そのものの変革に至ると把握したのは，思想史上から見て，初期マルクスの創見になるいま1つのオリジナリティと言ってよい。

　第4は，唯物史観の構想。唯物史観は，1）土台＝上部構造論を歴史全体に拡張し，2）生産諸力の所有関係／生産様式によって交通形態が生み出され，3）再生産過程において生産諸力と交通形態の矛盾が生じ，歴史的変動が生まれる，という「歴史変革の論理」を基礎として構想される。この認識はマルクス独自の理解であり，リストもシュルツも把握せず，およそイデオロギー的歴史観が把握しないところであった。そして，それは『ドイツ・イデオロギー』自身が意識していたことでもある。すでにH^{5a}基底稿には「観念論的歴史観」に関連してこう叙述されていた。

　　「これまでのすべての歴史観は，歴史のこの現実的土台をまったく顧みないか，さもなければそれをただ歴史的経過と何の連関もない副次的事象とみなしただけであった。それゆえかかる歴史観は，歴史のうちに，政治的な領袖や国家の行動，そして宗教的な／理論的な闘争しか見ることができず，そしてとくに，いかなる歴史的時代にも，その時代の幻想を共有せざるをえなかったのである」(M 25^{2L})

　唯物史観の構想には，もう1つのオリジナリティがある。これまでの歴史観が市民社会という現実的土台を顧慮せず，それゆえに現状を超える歴史を構想できなかったとすれば，唯物史観は変革理論と結合することによって，資本主義的生産様式を，「純粋な貨幣関係への解消」，「純粋な私的所有」と関連づけて，歴史的に相対化したのである。

長期的課題の獲得

　長期にわたる研究テーマとして獲得された課題は，1）私的所有の把握，2）資本主義的生産様式の経済学的分析，3）変革理論（共産主義）の具体化，4）歴史理論の諸構想，5）アジアの位置づけ，等々。

　第 1 に，私的所有の把握。初期マルクスは，この把握を為し遂げることができなかった。私的所有はたしかに物象化と疎外の根拠とされた。また，私的所有はさまざまな形態をとって歴史に存在し，ついに純粋な私的所有としての資本主義的私的所有に達したこと，それが分業とともに発展してきたことも，認識として示された。共産主義が私的所有の廃棄として明確に規定されたことも否定できない。にもかかわらず初期マルクスにおいては，私的所有の生成について明確な説明がなされていないのである。マルクスにとって，原初に共同所有が存在していたことは自明の前提であった。そして，共同所有から何らかの根拠によって私的所有が生成したことも認められ，マルクスが，それを分業と結びつけて把握したように見られる箇所もたしかにある。しかし，『ドイツ・イデオロギー』が私的所有の生成について明示しえたのは，古典古代における土地の分割による私的所有だけである。問題は，この私的所有によっては，交換の必然性が説明できないというところにある。他方，マルクスは歴史のある段階に，私的所有→交換→商品生産→貨幣関係という系統の成立を想定し，貨幣関係を媒介とした私的所有を論じた。だが，この大前提をなす私的所有はいかにして成立したのか。初期マルクスはこの大前提を把握できていないのである。

　貨幣関係を媒介とした私的所有の生成を把握したのは，『経済学批判要綱』である。この段階でマルクスははじめて，共同社会と共同社会との間の交換から——私的所有を前提せずに——商品生産と貨幣関係の生成，さらに貨幣関係を媒介とした私的所有の成立を説明し，歴史的にはそれがまず共同社会と併存するに至ったこと，そしてのちにそれが共同社会を解体したことを論じた。もちろんここで古典古代の土地の分割による私的所有の生成も否定されていないが，少なくともこれとは独立に，共同社会間の交換→商品生産→貨幣関係→私的所有という私的所有生成の系統を認めた。つまり『経済学批判要綱』によれば，私的所有生成には 2 系統が存在する。このことを初期マルクスは把握せず，したがって私的所有の生成を説明できなかったのである。

　第 2 に，資本主義的生産様式の経済学的分析。『ドイツ・イデオロギー』の分析は，資本主義的生産様式下での生産諸力と交通形態の矛盾を把握し，物象化と疎外を指摘するところに尽きていると言っても過言ではない。後期の著

作・草稿と比較して，本源的所有形態論，貨幣関係論／私的所有形態論，資本の原初的形成論，資本主義的私的所有論（生産過程→流通過程→総生産過程）など，多くの論点が未形成である。何よりも労働価値説，剰余価値学説の明確な定式化がなされておらず，流通における「資本の価値喪失過程」，領有法則の転回，資本の循環，利潤率の傾向的低下，資本主義的蓄積，など『経済学批判要綱』以後の経済学研究におけるテーマは，なお現れていない。

したがって物象化と疎外を論じるとしても，『ドイツ・イデオロギー』はなお十分な経済学研究を基礎としていたとは言い難い。『経済学批判要綱』の物象化論と疎外論の充実度は『ドイツ・イデオロギー』をはるかに超える。何よりも『経済学批判要綱』では，疎外が生産過程における労働の疎外としてだけ語られることはない。疎外は，たとえば資本の流通過程においても，「資本の偉大な文明化作用」と関連づけて次のように言われる。

> 「ブルジョア経済——そしてそれが照応している生産の時代——においては，人間の内実を以上のように〔流通過程をとおして〕完全に形成することが，それの完全な空洞化として現れ，かかる普遍的対象化がトータルな疎外として現れ，そして一切の特定の一面的目的を取り払うことが，自己目的をまったく外的な目的のために犠牲にすることとして現れるのである」
> (II/1：392)

また「果実をもたらすものとしての資本」の段階でも，資本それ自体が「能動的な主体，過程の主体」として現れる事実を，疎外の脈絡で次のように規定した。

> 「ここで強調が置かれるのは，対象化されて存在するということではなくて，疎外され・外化され・譲渡されて存在するということ，すなわち対象化された巨大な力が労働者にではなく，人格化された生産諸条件たる資本に帰属し，これに社会的労働そのものがかかる力の契機の１つとして対置されるということである」(II/1：697-698)

かくて諸研究も多くが『経済学批判要綱』を「疎外論の体系」として——疎外論解釈の適否は措いて——正当にも把握してきたのである。初期マルクスの疎外論は，理論の水準においてこれに及ばない。

第３に，変革理論（共産主義）の具体化。マルクスはすでに『ドイツ・イデ

オロギー』において，諸個人の協同関係にもとづいて私的所有の廃棄を果たし，
万人の個体性の確証を実現する共産主義を構想していた。共産主義の指標は，
生産手段の共同所有と諸個人の協同関係，個体性の確証，である。マルクスは
『経済学批判要綱』で人類史の第 3 区分を共同的生産の上に築かれた「自由な
個体性」(II/1：91) と規定し，『資本論』では将来社会を生産手段の共同所有に
もとづく「個人的所有の再建」と規定した。この構想は一貫している。しかし，
周知のとおり，共産主義の段階規定，協同関係の組織などは変化を遂げた。とく
くに指摘されてよいのはやはり『ゴータ綱領批判』における共産主義の低次段
階と高次段階の区別，「生産手段の共同所有にもとづく協同組合的社会」(I/25：
13) などである。これらに立ち入ることはここでの課題ではない。いずれにせ
よ，マルクスは共同所有の形態，協同関係の在り方を模索し続けた。協同関係
の在り方と個体性の確証とはいかにして結合できるのか。マルクスは，後者を
こそ目的にして共産主義を構想したとき，この課題を未解決の生涯のテーマと
して獲得したとしなければならない。

　第 4 に，歴史理論の諸構想。マルクスは周知のように，『ドイツ・イデオロ
ギー』以後，いくつかの歴史理論構想を残している。代表的なものは，『経済
学批判要綱』の人類史三大区分説，『経済学批判』序文の歴史段階説，『資本論』
等における社会構成体論，《ザスーリチ宛ての手紙草稿》における農業共同体
論，等。これらを概観するだけでも，マルクスが終生，歴史段階説を追求し続
けたこと（しかも確定的な歴史段階説には到達しなかったこと），同時に各歴
史段階説には共通項があったこと，をうかがうことができる。

　共通項とは，1）原初的な共同所有（本源的所有）と共同社会の想定，2）共
同所有から私的所有の生成をとらえる視角，3）私的所有段階での人格的依存
関係から物象的依存関係への転換，4）物象的依存関係の全面化としての資本
主義的私的所有の把握，等々。

　これらの共通項を想起すれば，『ドイツ・イデオロギー』の歴史段階説は，
なお概括的な歴史記述であり，原初的な共同所有からの私的所有の生成史，私
的所有諸形態の分析，資本主義的私的所有の生成史など，『経済学批判要綱』
と比較しても端緒的な叙述に終わっていることは否定できない。マルクスは歴
史家ではない。歴史研究を行うことが主要関心事ではない。そうではなくて，

228

あくまで私的所有の廃棄を歴史的課題としたときに，その私的所有の生成を原初からとらえる課題を設定したのであり，そのかぎりにおいて歴史の総体的類型化を試みたにすぎないともいいうる（それによって多くの歴史研究に示唆を与える知見をもたらした歴史的意義は否定されないとしても）。

　第5に，アジアの位置づけ。これは文明史観の把握と絡む。マルクスは『ドイツ・イデオロギー』においてアジアの位置づけを行わなかっただけではない。やはり文明史観への囚われを払拭できなかった。

> 「分業がインド人やエジプト人の場合に現れるさいの粗野な形態が，これらの民族の場合に，国家や宗教のうちでカスト制度を生じさせるとすれば，歴史家は，カスト制度こそこれらの粗野な歴史的形態を産出した力であると信じ込むのである」(I/5：48)

「粗野な形態」とは一般に，「未開」か「野蛮」を表す。少なくとも国家を成立させる農耕段階にある――「文明」段階にあるとも規定しうる――インドやエジプトを想定しながら，それを「粗野な形態」ととらえることはアジアの位置づけの曖昧さを示す。ここに文明史観への囚われが存在しないか。このことはたとえば『共産党宣言』にも現れる。

> 「ブルジョアジーは，あらゆる生産用具を急速に改善することによって，……あらゆる民族を，どんなに野蛮な [barbarisch] 民族をも，文明に引き込む。彼らの商品の安い価格は，いかなる万里の長城をも突き崩し，野蛮人 [Barbaren] のどんな頑迷な外国人嫌いをも降伏させずにはいない重砲である。／ブルジョアジーは，農村を都市の支配に服させた。……農村を都市に依存させたように，ブルジョアジーは野蛮国や半野蛮国 [halbbarbarischen Länder] を文明国に，農民国をブルジョア国に，東洋を西洋に，依存させた」(MEW 4：466)

マルクスは「未開」と「野蛮」の区別が明確でない。またアジア諸国を指示するはずの「半野蛮国」[7]という規定を無批判に文明国に対立させる。それゆえに「野蛮」の範囲が未開から前近代的文明までにも及ぶ幅をもっている。そし

7）一般には「半開 [half-civilized]」と規定される。「半野蛮」ないし「半開」は19世紀型文明史観に現れた規定であり，スペンサーなどに見られる。

てここに文明化作用の客観的叙述というよりも，傾向的正当化が現れる[8]。本源的所有のアジア的形態を論じた『経済学批判要綱』もまた，「文明―野蛮」図式を「資本の偉大な文明化作用」(II/1：322) という脈絡で語った。マルクスがそれについて反省を加えるのは，ようやく 1860 年代になってからであろう。アジアの位置づけは，長期にわたる検討課題としてあったと見られる。

　マルクスは初期の段階で完成を遂げたわけではない。それどころか，以上に示されるとおり，長期に研究を持続させ，深めたテーマのほうが多く，理論は本質的に未完成であったとさえ言いうる。ただし，それらもまた，のちにいかなる展開を遂げたかは措いて，初期の理論的営為により胚胎したテーマであり，マルクス理論の形成につながる基盤をなしたのである。

現代と初期マルクス

　初期マルクスはそれ自体としてオリジナリティをもつ。これを等閑視することは現代にとって理論的な喪失である。とりわけ現代的な課題との関連からいえば，次の諸点を逸することができない。

　第 1 に，土台＝上部構造論的視角，とりわけ再生産領域への視角。世界には無限の問題が存在し，さまざまな視角からアプローチがなされる。しかし，土台＝上部構造論にしたがうかぎり肝要なのは，たとえば貧困や隷属，自己喪失などの基本的な問題は，政治や法律，道徳等の上部構造によっては本質的に解決されないということである。もちろん，貧困や隷属などの諸問題に，政治，法律がまったく無力であるとはいえない。だが，それは本質的に支配統合の形態であって，貧困や隷属などを生み出すシステムを変革するものではない。今日，一方では所有問題を二次的にとらえる議論，さらには私的所有の変革不能を前提とする理論 (ハーバーマスらの「第三領域としての市民社会」論など) が現れ，一定の地歩を得ているなかで，他方では，再生産領域の問題は重層化し，国際的に拡がりを見せている。エコロジー問題，資源エネルギー問題，発展途

8）公正を期すならば，『共産党宣言』には，「一個人に対する他の個人の搾取が廃棄されるにつれて，一ネイションに対する他のネイションの搾取も廃棄される。／各ネイションの内部の階級対立がなくなれば，諸ネイション相互間の敵対的態度もなくなる」(MEW 4：479) という叙述もある。

上国に限られない貧困問題，ジェンダー問題，いずれも再生産に関わる問題として顕在化している。だからこそ，土台＝上部構造論は今日でも有効な視角として活かされて然るべきである[9]。

　第2に，市民社会批判。ハーバーマス以来，「第三領域としての市民社会」論や「公共圏」論などが地歩を占め，市民社会批判は後景に退いたように見える。「第三領域としての市民社会」論では，資本主義的経済システムおよび自立した官僚制的な支配システムを前提した戦略が立てられる。もはや，政治も経済も変革の対象とはならない。あえていえば，資本主義的世界体制は乗り越え不能なものとして，受容される。万人の協議に対抗の期待がかけられるとしても，それはあくまでシステム内の運動を生み出すにすぎず，したがってハーバーマス『公共性の構造転換』刊行時の「イデオロギーの終焉」論，あるいは第2版刊行時の「歴史の終わり」論――統治システムの原理としてのリベラルな民主主義それ自体を「これ以上改善の余地がないほど申し分のないもの」とする議論――にも符合するものであろう。もちろん，システムの変革は容易でなく，社会主義システムの崩壊という経験は決定的な意味をもち，それはそれで深甚の考察が必要である。しかし，もし現行システムを永遠化するなら，「第三領域としての市民社会」論は，大多数の人びとの従属化を究極的には受容し，解放理論としては体を為さないものとなろう。この理論状況においては，改めてマルクスの市民社会批判が再措定されてよい。

　第3に，〈理論と実践〉の了解転換と啓蒙主義的理論構成の克服。この課題は，第1の課題に現れるイデオロギー批判と異なるところはない。ここではリベラリズムを例に挙げて考える。

　リベラリズムは，人間の本性をなすとされる各個人の権利を土台に，権利（とりわけ所有権）の保全を国家の目的として設定する啓蒙主義的理論構成のイデオロギーである。それは，先進諸国の憲法の基礎となり，戦後日本の思想

9）このことは今日の上部構造分析にも妥当する。すでに論じたように，上部構造は，たんなる副次的な機関・制度や観念体系ではない。明確に支配統合を目指す，きわめて権力的な機関・制度，あるいは能動的な観念体系である。それは今日ますます巨大化し，強力な装置と化した（官僚制化・第4の権力等々）。これらの分析を，土台＝上部構造論にもとづいて把握する作業が求められる。

をも根本において規定している。しかし，リベラリズムは一般に了解されるほ
どに民主主義的でもなく平和的でもない。それは何よりも——ロックに示され
るように[10]——，1）市民を「能動市民」と「受動市民」とに区分し，かつ法的
統治の下に万人の「受動的服従」を強制し，2）「文明と野蛮」の図式にもとづ
いて，植民地支配と「野蛮」に対する戦争を正当化するものであった。ところ
が，リベラリズムのこれらの性格は等閑視され，権利と人民主権，抵抗権など
の構成要素が理解の基本とされたがゆえに，いまなお啓蒙主義的理論構成は克
服されないままに，多くの思考を規定している。このことの反省なしに，われ
われは「受動的服従」と植民地支配と戦争を免れることができない。たしかに
女性参政権など民主主義が進展し，植民地体制が崩壊した今日では，リベラリ
ズムも変容した。しかし，このことは新自由主義の下での支配と戦争を廃棄す
るものではない。かくて，リベラリズム（啓蒙主義的理論構成）批判が要請さ
れる根拠が今日なお存在するのである。

　他方，初期マルクスは 1844 年までに啓蒙主義的理論構成の批判を為し遂げ，
土台そのものの変革理論（共産主義）を立てることによって，『ドイツ・イデオ
ロギー』に示される理論の基礎を据えた。この場合，現実的疎外および「歴史
変革の論理」を成立させる根拠となる要素は，欲求・能力・感覚等の個体性で
あり，それゆえに万人の個体性の確証こそ，マルクス変革理論（共産主義）の
核心，その根拠・目的をなしていた。

　個体性の確証は資本主義的私的所有と無所有の下で，根本的な制約を帯びて
いる。しかし今日では，マルクスの時代と異なり，政治的解放の前進によって
資本主義に対する法的規制が一定の効果を上げ，個体性を確証する自由時間も
また，限定的にせよ実現可能となっている。もとより，非正規就業が拡大し，
不正企業が蔓延する「資本主義の終焉」の時代に，なお資本主義的私的所有に
対抗する闘いが基本的課題として存在することは疑いない。しかし同時に各個
人において無限の多様さとして存在する個体性の確証を求めることが，現存の
社会のうちに「新しい要素」を形成する闘いとして存在することも認められな
ければならない。マルクスはのちに『フランスにおける内乱』（1871 年）で，労

10）渡辺 [2014-15] を参照。

働者階級のなすべき仕事として，「崩壊しつつある古いブルジョア社会そのものに孕まれている新しい社会の要素を解放すること」(I/17：343) を語った。初期マルクスの形成した理論は，この核心において，今日の運動そのものが新しい社会の解放過程でもあることの示唆を与えるものである。

あとがき

　本書は，拙著『近代批判とマルクス』青木書店 (1989) の続編である。この間
30 年以上が経過した理由は，個人的事情を措けば，主要に草稿『ドイツ・イ
デオロギー』のテキスト問題，オーサーシップ問題が存在していたことにある。
　2006 年に原草稿にもとづく『ドイツ・イデオロギー』CD 版 (のちにオンラ
イン版) の編集作業が日本／中国のグループ——大村泉 (責任者)・渋谷正・窪
俊一・平子友長・韓立新 (敬称略) と渡辺——を中心に始まり，私も遅ればせな
がら，テキスト問題に関わるようになった。オンライン版の編集は，新
MEGA 版の学術研究資料 [Apparat] にもとづくという原則でなされたとはいえ，
すべてを原草稿 (写真) に立ち返って確認し，独自の再現方法をとって行われ
た (この結果として，新 MEGA 版 I/5 学術研究資料の充実にも一定の貢献を
果たした)。特徴は何よりも，基底稿 (即時異文を除いた草稿左欄の原稿) と改
訂稿 (左右両欄の加筆により成立した原稿) を区別し，かつマルクスとエンゲ
ルスの筆跡を色分けして原草稿を立体的に再現したところにある。これは『ド
イツ・イデオロギー』研究に多大な寄与をなすものと確信する。
　注目すべきことが，いま 1 つある。それは，この作業の結果，草稿『ドイ
ツ・イデオロギー』のオーサーシップ問題に関して，「マルクス口述・エンゲ
ルス筆記」説が大村泉さんから提起されたことである。これまでも「マルクス
口述・エンゲルス筆記」説は存在していたが，今回の提起は従来まったく意識
されていなかった即時異文の分析によって，テキストの筆記 (ほとんどはエン
ゲルスによる) に通常では起こりえない変更——冠詞 das と接続詞 daß，前置
詞 für と動詞 führ，等の変更——があり，マルクス口述を想定しなければ説明
不可とするものであった。こうして蓋然性の高い推測が与えられ，『ドイツ・
イデオロギー』のマルクス主導説はほぼ確定したのである。これは，マルクス
理論に関する文献的欠落を埋め，マルクスの理論形成史を一貫して把握する道
を拓く画期的結論である。また，それは初期マルクスの理論形成史によっても
確証されることであり，私は本書でそれを示そうとしたのである。
　本書では，これまでの『ドイツ・イデオロギー』編集史についてほとんど立

234

ち入らなかった（すでにいくつかの文献が蓄積されており，それに本質的に加えるものがない）。ただし，アドラツキー版についてはここで一言述べておきたい。アドラツキー版が，『ドイツ・イデオロギー』フォイエルバッハ章に関して原草稿を寸断して，特定のタイトルの下に再編成する恣意的な編集をしたことは，周知のとおりであり，擁護のしようがない。しかし，それだけではない。アドラツキー版は，マルクス理論に対するドグマ化した了解にもとづいて原草稿を再構成したのであり，『ドイツ・イデオロギー』の達成したオリジナリティの確証をきわめて困難ならしめるテキストであった。本書が初期マルクスのオリジナリティを論じる意味の一端はここにもある。

　本書のもとになった論文の初出は下記のとおりである。

《フォイエルバッハの非哲学の哲学》＃石塚編『ヘーゲル左派』法政大学出版局（1992）

《マルクスのフォイエルバッハ批判の意味》＃岩佐ほか編『『ドイツ・イデオロギー』の射程』創風社（1992）

《自己関係視座から『ドイツ・イデオロギー』を読む》＃季報『唯物論研究』刊行会編『季報唯物論研究』第 120 号（2012）

《近代国家の二重構造と理性》＃東京唯物論研究会『唯物論』第 90 号（2016）

《市民社会概念の両義性について》＃関東学院大学『経済系』第 270 集（2017）

《マルクス社会理論の生成》＃大村編『唯物史観と新 MEGA 版『ドイツ・イデオロギー』』社会評論社（2018）

《イデオロギー批判は，いつ，いかにして成立したのか──新 MEGA I/5 解題に対する異論──》＃大村編『唯物史観と新 MEGA 版『ドイツ・イデオロギー』』社会評論社（2018）

《マルクスの労働＝所有形態論》＃季報『唯物論研究』刊行会編『季報唯物論研究』第 145 号（2018）

　研究史を顧みるとき，初期マルクス研究として本書になお不足する部分は多い。ヘーゲル左派に関しても独自に研究が必要であろう。とはいえ，それは別の機会に譲るほかはない。

　本書の刊行にあたっては，今日の出版事情の下で容易ならぬ困難があった。最後にはともかく何らかの形で『『ドイツ・イデオロギー』の研究』を残すと決

めて,『近代批判とマルクス』刊行でお世話になった桜井香さんに打診の連絡を差し上げたのが 2021 年 9 月 30 日。それからは,偶然も重なり,本書刊行に至るまでの僥倖を得た。改めて桜井さんに深甚の感謝を申し上げたい。

　また本書が出来上がるまでには,多くの方々の恩義を被っている。具体的に記すことは控えるとして,とくに唯物論研究協会の多くのメンバー,関東学院大学の元同僚たち,『ドイツ・イデオロギー』オンライン版編集のメンバーには,これまでの交誼に深い感謝の意を表したい。家族にも長い間の支えに心からの御礼を記す。

2022 年 3 月 10 日　著者記

文献一覧

L. Althusser [1965], *Pour Marx*, Paris.＝アルチュセール [1968]『甦るマルクス』人文
書院

Anonym [1844], Ludwig Feuerbach, in: *Norddeutsche Blätter*, Heft 4.＝匿名《ルートヴ
ィヒ・フォイエルバッハ》#良知編 [1974]

B. Bauer [1841], Die Posaune des jüngsten Gerichts über Hegel den Atheisten und
Antichristen, Leipzig.＝バウアー『ヘーゲルを裁く最後の審判ラッパ』#良知／廣松
編 [1986-2006] 第4巻

B. Bauer [1843a], *Die Judenfrage*, Braunschweig.＝バウアー『ユダヤ人問題』#良知／
廣松編 [1986-2006] 第3巻

B. Bauer [1843b], *Das entdeckte Christentum*, Nachdruck; Das entdeckte Christentum im
Vormärz, hrsg. von E. Barnikol, Jena 1927.＝バウアー『暴かれたキリスト教』#良知／
廣松編 [1986-2006] 第4巻

B. Bauer [1844], Was ist jetzt der Gegenstand der Kritik?, in: ALZ, Heft 8, Berlin.＝バウ
アー《いまや何が批判の対象であるか》#良知編 [1974]

B. Bauer [1845], Charakteristik Ludwig Feuerbachs, in: *Wigand's Vierteljahrsschrift*,
1845, Bd. 3, Leipzig.＝バウアー《ルートヴィヒ・フォイエルバッハの特性描写》#
良知／廣松編 [1986-2006] 第1巻

A. Ferguson [1966], *An Essay on the History of Civil Society*, Edinburgh UP 1966.

L. Feuerbach [1843], *Das Wesen des Christentums*, 2. Aufl., Leipzig.＝フォイエルバッハ
[1937]『キリスト教の本質』(上下) 岩波文庫

K. Grün [1845], Feuerbach und die Socialisten, in: *Deutsches Bürgerbuch für 1845*, hrsg.
von H. Püttman, Darmstadt.＝グリューン《フォイエルバッハと社会主義者》#良知
編 [1974]

M. Heß [1843], Socialismus und Communismus, in: *Einundzwanzig Bogen aus der
Schweiz*, hrsg. von G. Herweg, Zürich und Winterthur.＝ヘス《社会主義と共産主義》
#ヘス [1970]『初期社会主義論集』未来社

M. Heß [1845a], Über die sozialistische Bewegung in Deutschland, in: *Neue Anekdota*,
hrsg. von K. Grün, Darmstadt.＝ヘス《ドイツにおける社会主義運動》#良知編
[1974]

M. Heß [1845b], *Die letzten Philosophen*, Darmstadt.＝ヘス『最後の哲学者たち』＃良知／廣松編［1986-2006］第 1 巻

G. Julius [1845], Der Streit der sichtbaren mit der unsichtbaren Menschenkirche, oder Kritik der Kritik der kritischen Kritik, in: *Wigand's Vierteljahrsschrift*, 1845, Bd. 2, Leipzig.＝ユリウス《可視的人間教会と不可視的人間教会との争い，または批判的批判の批判の批判》＃良知／廣松編［1986-2006］第 3 巻

F. List [1971], Das nationale System der politischen Ökonomie, hrsg. von A. Sommer, durchgesehener Neudruck der Ausgabe Berlin 1930, in: *F. List, Schriften/Reden/Briefe*, Bd. 4, Scientia Verlag Aalen.＝リスト［1970]『経済学の国民的体系』岩波書店

J. Locke [1988], *Two Treatises of Government*, ed. by P. Laslett, Student Edition, Cambridge.

K. Marx [1972], Über F. Lists Buch „Das nationale System der politischen Ökonomie", in: *Beiträge zur Geschichte der Arbeiterbewegung*, H. 3.

K. Marx/F. Engels [2019], Die deutsche Ideologie, Online Edition, ed. by I. Omura, at el. http://online-dif.com/index.html

M. Riedel [1975], Bürgerliche Gesellschaft, in: *Geschichtliche Grundbegriffe, Historisches Lexikon* , Bd. 2, Stuttgart 1975.＝リーデル［1990]『市民社会の概念史』以文社

W. Schulz [1843], *Die Bewegung der Produktion*, Zürich und Winterthur, Nachdruck, Glashutten im Taunus 1974.

H. Semmig [1845], Communismus, Socialismus, Humanismus, in: *Rheinische Jahrbücher zur gesellschaftlichen Reform*, hrsg, von H. Püttmann, Bd. 1, Darmstadt, Nachdruck, Leipzig 1970.＝ゼミッヒ《共産主義・社会主義・人間主義》＃良知編［1974]

M. Stirner [1845], *Der Einzige und sein Eigentum*, Leipzig.＝シュティルナー［1967-68]『唯一者とその所有』現代思潮社

石塚正英編［1992]『ヘーゲル左派──思想・運動・歴史』法政大学出版局
岩佐茂／小林一穂／渡辺憲正編［1992]『『ドイツ・イデオロギー』の射程』創風社
植村邦彦［1990]『シュルツとマルクス──「近代」の自己認識』新評論
植村邦彦［2010]『市民社会とは何か』平凡社
大石高久［1997]『マルクス全体像の解明』八朔社
大野節夫［1979]『生産様式と所有の理論』青木書店
大村泉／渋谷正／窪俊一編［2015]『新 MEGA と『ドイツ・イデオロギー』研究の現在』八朔社
大村泉編［2018]『唯物史観と新 MEGA 版『ドイツ・イデオロギー』』社会評論社

熊野聡［1976］『共同体と国家の歴史理論』青木書店

渋谷正編・訳［1998］『草稿完全復元版　ドイツ・イデオロギー』新日本出版社

渋谷正［2002-03］《初期マルクスの経済学研究と 1844 年―1847 年の手帳》#『経済』新日本出版社

滝口清英［2009］『マックス・シュティルナーとヘーゲル左派』理想社

田畑稔［2004］『マルクスと哲学』新泉社

田村伊知朗［1994］『近代ドイツの国家と民衆』新評論

中川弘［1997］『マルクス・エンゲルスの思想形成』創風社

服部文男［1984］『マルクス主義の形成』青木書店

平田清明［1969］『市民社会と社会主義』岩波書店

平田清明［1971］『経済学と歴史認識』岩波書店

廣松渉［1968］『マルクス主義の成立過程』至誠堂　#廣松［1996-97］第 8 巻

廣松渉［1969］『マルクス主義の地平』勁草書房　#廣松［1996-97］第 10 巻

廣松渉［1971a］『青年マルクス論』平凡社　#廣松［1996-97］第 8 巻

廣松渉［1971b］『唯物史観の原像』三一新書　#廣松［1996-97］第 9 巻

廣松渉［1974］『マルクス主義の理路』勁草書房　#廣松［1996-97］第 10 巻

廣松渉［1983］『物象化論の構図』岩波書店　#廣松［1996-97］第 13 巻

廣松渉［1996-97］『廣松渉著作集』（全 16 巻）岩波書店

細谷昂［1979］『マルクス社会理論の研究』東京大学出版会

望月清司［1972］《コメンタール『ドイツ・イデオロギー』》#現代の理論編集部編『マルクス・コメンタールⅢ』現代の理論社

望月清司［1973］『マルクス歴史理論の研究』岩波書店

森田桐郎／望月清司［1974］『社会認識と歴史理論』日本評論社

山中隆次［1972］『初期マルクスの思想形成』新評論

良知力編［1974］『資料ドイツ初期社会主義』平凡社

良知力／廣松渉編［1986-2006］『ヘーゲル左派論叢』（全 4 巻）御茶の水書房

渡辺憲正［1989］『近代批判とマルクス』青木書店

渡辺憲正［1992a］《フォイエルバッハの非哲学の哲学》#石塚編［1992］

渡辺憲正［1992b］《マルクスのフォイエルバッハ批判の意味》#岩佐／ほか編［1992］

渡辺憲正［2001］『イデオロギー論の再構築』青木書店

渡辺憲正［2005］《『経済学批判要綱』の共同体／共同社会論》#関東学院大学『経済系』第 223 集

渡辺憲正［2014-15］《ジョン・ロックの自然状態論》（上中下）#関東学院大学『経済系』第 261, 262, 264 集

240

渡辺憲正［2017］《市民社会概念の両義性について》＃関東学院大学『経済系』第 270 集

渡辺憲正［2018a］《ホッブズの自然状態論》＃関東学院大学『経済系』第 275 集

渡辺憲正［2018b］《マルクス社会理論の生成》＃大村編［2018］

渡辺憲正［2018c］《イデオロギー批判は，いつ，いかにして成立したのか──新 MEGA I/5 解題に対する異論──》＃大村編［2018］

渡辺憲正［2019］《マルクスの私的所有形態論》＃関東学院大学『経済経営研究所年報』第 41 集

<ruby>渡辺憲正<rt>わたなべのりまさ</rt></ruby>

1948 年生まれ。

関東学院大学名誉教授。

一橋大学大学院社会学研究科博士課程単位修得退学。

専門はマルクス研究，社会思想史，イデオロギー論。

【著作／論文】マルクス研究の分野では，『近代批判とマルクス』(青木書店，1989 年)，『唯物史観と新 MEGA 版『ドイツ・イデオロギー』』(共著，社会評論社，2018 年) ほか。社会思想史の分野では，《ジョン・ロックの自然状態論》(関東学院大学『経済系』第 261・262・264 集，2014-15 年)，《『学問のすすめ』考：前期福沢諭吉の思想構造》(関東学院大学『経済経営研究所年報』第 38 集，2016 年) ほか。イデオロギー論の分野では，『イデオロギー論の再構築』(青木書店，2001 年)，《丸山眞男のナショナリズム観》(関東学院大学『経済経営研究所年報』第 34 集，2012 年) ほか。

【翻訳その他】ブルーノ・バウアー『暴かれたキリスト教』(良知／廣松編『ヘーゲル左派論叢』第 4 巻，御茶の水書房，1987 年)，マルクス『資本論草稿集 2』(共訳，大月書店，1993 年)，エーリヒ・フロム『愛と性と母権制』(共訳，新評論，1997 年)，『マルクス・カテゴリー事典』(共編著，青木書店，1998 年)，『哲学中辞典』(共編著，知泉書館，2016 年) ほか。

『ドイツ・イデオロギー』の研究　初期マルクスのオリジナリティ

2022 年 4 月 1 日　初　版

著　者　渡辺憲正
装幀者　加藤昌子
発行者　桜井　香
発行所　株式会社 桜井書店
　　　　東京都文京区本郷 1 丁目 5-17 三洋ビル 16
　　　　〒 113-0033
　　　　電話 (03)5803-7353
　　　　FAX (03)5803-7356
　　　　http://www.sakurai-shoten.com/

印刷・製本　株式会社 三陽社

ISBN978-4-905261-50-6 Printed in Japan